凤凰师轩
FENGHUANG SHIXUAN

Education 行知工程
行思讲坛系列

灵动而朴素地教语文

潘文彬的微格教育生活

潘文彬 著

江苏凤凰教育出版社
Phoenix Education Publishing, Ltd

图书在版编目（CIP）数据

灵动而朴素地教语文：潘文彬的微格教育生活/潘文彬著.
—南京：江苏凤凰教育出版社，2015.6

ISBN 978-7-5499-5064-5

Ⅰ.①灵…　Ⅱ.①潘…　Ⅲ.①小学语文课—教学研究
Ⅳ.①G623.202

中国版本图书馆 CIP 数据核字（2015）第 116988 号

书　　名	灵动而朴素地教语文——潘文彬的微格教育生活
作　　者	潘文彬
责任编辑	刘丹丹　雷利军
出版发行	凤凰出版传媒股份有限公司
	江苏凤凰教育出版社（南京市湖南路 1 号 A 楼　邮编 210009）
苏教网址	http：//www.1088.com.cn
照　　排	润星之源文化有限公司
印　　刷	三河市华润印刷有限公司
厂　　址	河北省三河市杨庄镇杨庄村
开　　本	787 毫米×1092 毫米　1/16
印　　张	18
字　　数	304 千字
版　　次	2015 年 6 月第 1 版　2015 年 6 月第 1 次印刷
书　　号	ISBN 978-7-5499-5064-5
定　　价	30.00 元
网店地址	http：//jsfhjycbs.tmall.com
邮购电话	025-85406265，85400774　短信　02585420909
E - mail	jsep@vip.163.com
盗版举报	025-83658579

苏教版图书若有印装错误可向承印厂调换
提供盗版线索者给予重奖

自 序

做一个思想的行者

人只是一根芦苇，是所有生物中最脆弱的生物，但这是会思想的芦苇。

——题 记

自1985年8月参加工作以来，我一直从事小学语文教学工作。在语文教学路上，我秉持着“实实在在教语文，真真切切谋发展”的信念，保持着自己行走的姿态，坚守着语文教学的“实在”，积极探寻既合乎母语教育规律又切近学生实际的，且能又好又快地促进学生语文素养的形成和发展的母语教育的真谛，努力把最美的语言奉献给学生。

30年的语文教学实践，让我愈来愈深切地体悟到：语文教师应该是一个有思想的行者，因为有思想的教师，才是有深度、有品位的教师，才是可持续发展的教师。

一、思想，砥砺教学智慧

30年来，我一直没有停止过思考。在实践中，我坚持既做“加法”，又做“减法”。做“加法”，让我学会了学习和思考，学会了借鉴与积累，增长了一些教学的智慧；做“减法”，让我学会了消化和运用，学会了探索与实践，解决了一些教学的问题。这里，撷取两例，展示过程，与君分享。

1. 寻求教学的“陌生化”

记得我刚走上工作岗位的那几年，尽管我对语文教学一直抱定一丝不苟的态度，然而，我的课堂教学总是难以引起学生的兴趣。这让我苦恼不已。

我问学生为何对我的语文课兴趣不浓。

学生说：“你上课总是老一套，没有什么新鲜感。”

学生率真的话语让我感到汗颜，同时也让我茅塞顿开。

于是，我就下定决心，有意识地去寻求解决这个问题的办法。那么，如何让我的课堂能够摆脱陈旧的俗套，给学生一种新鲜感呢？就在我百思不得其解之际，我在图书馆里读到了俄国形式主义理论家什克洛夫斯基的《作为手法的艺术》这篇文章。什克洛夫斯基在文中提出了一种叫“陌生化”的理论。所谓“陌生化”，就是指把与人太切近的事物或现象推陈出新，以造成似曾相识的生疏感，使丧失了感觉的语言变得生动起来。“陌生化”手法是以一种新颖的、独特的信息，引起人们有意注意的高度集中，不断打破或修正人们的心理定式，使人们的感受从麻木不仁中惊醒过来，从而对周围的事物产生一种新的感觉和新的发现。

“陌生化”的理论，让我眼睛为之一亮。这真是“踏破铁鞋无觅处，得来全不费工夫”！于是，我就尝试着把“陌生化”的理论，引进我的语文课堂，让我的语文课能够产生一种“陌生化”效应，吸引学生的注意力，引发学生的学习兴趣，提高课堂教学的效率。

我以为，寻求语文教学的“陌生化”效应，就是将语文课堂中熟悉的陈旧变为陌生的新鲜，将意料之中变为意料之外，以唤醒或者刺激学生对“新”的感觉，从而让学生对语文学习能够产生浓厚的兴趣。

为此，在钻研教材的时候，我总是竭力地摆脱思维的定式，最大限度地发挥自己的想象力和创造力，用陌生的眼光来审视文本，努力从文本当中去寻找教学的新意，并注意采用学生喜闻乐见的形式来达成教学目标。比如，教学《幸福是什么》时，我抓住了文中的四个“快乐”，引导学生品味文本的语言，理解“幸福”的意义；教学《粜米》这课时，我抓住文中的“送进”这个词，辐射全篇，引领学生走进文本，理解旧社会的黑暗、残忍和农民生活的悲惨，体会遣词造句的恰如其分；教学《记金华的双龙洞》这课时，我抓住了“泉水”这条线索，点引学生理清文章的脉络，体会文章构思的精妙。实践证明，寻找这些新颖的教学切入点，能够调动学生的学习兴趣，有效地引导学生用好奇的眼光来审视文本，提取有效信息，加深对课文的理解和感悟。

当然，“陌生化”只是求得语文教学实效的一种手段，绝不是语文教学的终极目标。所以，在寻求语文教学的“陌生化”效应的过程中，我始终坚持一种求真务实的科学态度，不做表面的文章，注意处理好内容与形式的关系，突出语文的本体，强化对语言文字的理解和运用。

因为寻求教学的“陌生化”，我的学生愈来愈喜爱我的语文课了；因为寻求教学的“陌生化”，我的学生体会到了语文学习的无穷魅力；因为寻求教学的“陌生化”，我感悟到了教学语文的真谛——备课要更加深入，目光要更加敏锐，思路要更加灵活，语言要更加鲜活，设计要更加新颖；因为寻求教学的“陌生化”，我感受到了做一个语文教师的幸福。

2. 在课堂上开设“超市”

超市是20世纪90年代才兴起的一种开放的购物形式。顾客总喜欢到超市里购物，因为这里自由度大，选择空间大，置身于超市之中可以任意挑选自己需要的或喜爱的物品，体验着一种被信赖和尊重的感受。

这种“给人自由，任其选择”的购物理念给了我启发，引发了我对语文教育的些许思考。当时，我就想，何不把“超市”的理念引进语文教学的课堂，让学生在开放、轻松、和谐、民主的氛围中，根据自己的发展要求自主选择、自主探究、自主学习呢？于是，我就在自己的语文课堂上进行了尝试。

在中、高年级的识字教学中，我发现课文中出现的生字新词对学生来说并不全都是陌生的、一无所知的，其中的有些生字，一些学生已经会读、会写，甚至会用了。但在教学中，我们往往会忽略这一点，而采用“齐步走”的形式进行教学，让全班同学都站在同一起跑线上进行认读、记忆。如此教学不仅会浪费时间，还会使学生感到索然寡味。于是，我就在课堂上开设了识字“超市”，让学生各取所需，自由支配时间，读一读自己还不认识的字，写一写自己还不会写的字，查一查自己不理解的新词，产生了比较好的效果。

朗读在语文教学中是最经常最重要的训练。在教学中，朗读训练时总是由教师指导学生读文章的某几句话或某几个自然段，就连用什么语气来读，要读出何种感情，都作了具体提示和详细要求，形式也很多，如个别读、分角色读、引读、齐读等有时都会用上。这样的读书活动从表面上看学生是读了许多遍课文，但这样的读书活动始终是在老师的严格监控之下进行，其实质是一种被动的读书活动。为此，我在课堂上开设了读书“超市”，给学生充分的时间自主选择读书内容，让他们把自己最喜欢读的或者感受最深的部分读一读，把自己最有把握读好的段落读给同座或者全班同学听一听。这样，学生读书的兴致高涨，都会踊跃去选择自己想要读的段落，都会用心去体察、揣摩，并力图把它读好，以展示出自己的最佳朗读水平。

精读感悟是语文教学中最为重要的环节。那么，在精读感悟课文的阶段，是否可以开设“超市”，让学生进行自主选择呢？回答是肯定的。比如，我在引导学生精读《草原》的第 1 自然段时，只提了这样一个问题："这一自然段写出了草原的美丽景色，请同学们仔细地读一读，画一画，然后说一说你觉得哪些地方写得最美，给你的感受最深刻？为什么？"启发学生感悟文章的内容。这是一个问域颇宽、思维强度颇大的问题，它给了学生一个比较宽松的自主选择的范围，有利于形成一个人人都能够参与、个个都乐于参与的课堂教学新格局。其间，我的任务只是对学生的理解和感悟作出相应的启发、指导和帮助。事实证明，开设这样的"超市"，不仅能充分展示学生自读自悟课文的过程，甚至还能引发学生思维的撞击，出现不可多得的课堂争辩的场面。

练习是语文教学中最常用的一种训练形式，它能有效地帮助学生巩固和强化所学的内容。在设计和布置练习时，我注意从学生的实际需要出发，为学生开设练习"超市"，给学生一个宽松的选题范围。如教学《穷人》这课时，我为学生设计了辨字组词、造句、根据课文内容填空、任选课文的一个自然段进行背诵、仿写这五道训练题，让学生根据自己的发展水平和实际需要，任意选择自己认为最有必要训练的 3—4 道题目进行练习。学生的兴趣异常浓厚，而且作业的质量大大提高了。

在课堂开设"超市"，不仅彰显了学生的主体地位，更让我的课堂变得灵动起来了。

笛卡儿说，"我思故我在"。30 年来，我坚持在学习中思考，在思考中实践，在实践中反思，在反思中前行，在平凡的教学岗位上不断磨砺自己，让自己的课堂教学在思想的引领下熠熠生辉。回首我 30 年的心路历程，我深深地体悟到——思想，给了我一个语文教师的底气和智慧，也给了我一个语文教师的职业自信感；思想，给了我一个语文教师的骄傲和幸福，也给了我一个语文教师的职业神圣感；思想，给了我一个语文教师的胸襟和视野，也给了我一个语文教师的职业成就感。当然，思想，也花费了我不少的精力，占去了我宝贵的青春岁月，但我无怨无悔，因为我思考，所以我存在；因为我存在，所以我快乐。

二、实践，炼就教学风格

2002 年，我成为语文特级教师。这时，恰逢新一轮课程改革，沐浴着新一轮课程改革的春风，我在思索着如何把新课程、新理念切实地转化为具体的课堂教学行为。于是，我就在语文课改的路上学习着，思考着，实践着，尝试着用课例来诠释自己对新课程、新理念的理解。那一个个课例留下了我的思想痕迹，印刻着我的探索足迹，也折射出我的教学风格。这里，我将记下这些年来上过的几节课。

2003年11月，南京市教育局举办了“特级教师潘文彬语文教学研讨会”。会上，我执教了《爷爷的芦笛》这一课。在教学中，我结合新课程的要求，融入了“学习地图”的理念，在引导学生自主阅读的基础上，让学生创作“阅读地图”，然后，抓住“阅读地图”启发学生品析词句，朗读课文，感悟文本，交流讨论，步步深入。著名特级教师袁浩听完这节课后，十分激动地说：“这节课，孩子们兴致勃勃，各抒己见，学得主动而扎实；潘老师亲切从容，凝神倾听孩子发言，尊重各人切身感受，在平等对话中，把学习任务落到了实处。课堂里既不见‘涛声依旧’的陈年旧景，也没有‘乱花迷眼’的形式翻新。”对这一课，南京市课改办戴兴海主任是这样评价的：“课如其人！潘老师的课既灵动又实在。实在，是一种朴实无华的气质与风格，是一种扎扎实实的过程与效果，更是一种实事求是的态度和品质。”

2006年9月，在“南京市名特优教师教学观摩展示活动”上，我执教了《生命的林子》这一课。这是一篇饱含着深刻的哲理和禅机的课文，对于小学六年级孩子来说，这样的课文理解起来还是有一定难度的。在教学中，我围绕着玄奘“走”和“留”的抉择，创造性地挖掘文本，将教材化难为易，抓住“晨钟暮鼓、香客如流、名满天下、水深龙多、喧喧嚷嚷、高僧济济”这6个描写法门寺的词语，并把它们作为主线，为学生营造“听、说、读、写”的“双基”实践的场所，串起了整堂课的教学。对于这节课的教学，著名特级教师孙双金的评价是：“在教材设计上很大气。听写词语不是随便的，而是把听写的词语当作一条学习的主线，贯穿于整个教学之中。这堂课就像一部精彩的文学作品，给人美的享受。这是其一。其二，这堂课的问题少而精。整堂课只抓了为什么‘走’和‘留’这两个问题。这样的问题给孩子留下了很大的思考空间。更为巧妙的是，潘老师以文中方丈所提的四个问题作支撑，引导学生走进玄奘的内心深处，感悟文章的精髓。”

2007年4月，在“国家课程标准小学语文实验教科书第12期培训会”上，我执教了《孔子游春》这一课。这堂课，我抓住孔子赞扬水有德行、有情义、有志向、善施教化的四句话，引领学生读文感悟，主动探究。课堂上，学生能够自由地阅读，大胆地质疑，热烈地辩论。没有思想的桎梏，没有传统的约束，有的是直率、坦诚、碰撞、争论，是自由精神的淋漓尽致的舒展。著名特级教师高林生是这样评价这节课的：“这是一节很扎实的高年级语文课，篇章概念把握得很好。潘老师抓住了‘赏景、论水、言志’这三个要点，勾画出了三者的内在联系。潘老师的高明之处就在于他抓住了内在的联系，并注意引导学生从文字中揣摩意思，到文本中走个来回。”对于这节课，《小学语文研究》的主编王向东先生在一篇文章中这样评价道：“在课堂上，学生不仅学得轻松、快乐，还能拥有‘蓦然回首，那人却在灯火阑珊处’的发现，拥有‘山重水复疑无路，柳暗花明又一村’的意外收获，拥有‘心有灵犀一点通’的和谐共鸣，拥有‘此时无声胜有声的心灵释放，……你说这是简单语文还是智慧语文？是本色语文还是诗意语文？都是，又都不是。此时，好像没有必要去对号入座，给其冠上什么名号。”

2009年11月，我应邀去安徽省六安市执教了《钱学森》这一课。这堂课，我关注文本的形式，启发学生自己读悟课文，彰显学生的主体地位，使课堂向四面八方打开。著名特级教师钱正权对这堂课的评价是：“纵观教学过程，朴素自然地彰显出‘教’建立在学生‘学’的基点上的理念。教学过程自始至终对‘学’进行着引导、激励和唤醒。给人的感觉是，它完全卸去了披在语文外面形形色色的彩衣，显露了原本朴实健壮的容颜；它告别了烦琐的内容问答与分析，担当起语文课堂本该担当的字词句篇的教学责任。”

……

有这样一句歌词唱得好，“敢问路在何方？路在脚下！”这些年，我一直坚守着三尺讲坛，在语文新课改的路上探索着，实践着，反思着，收获着，形成了“灵动而实在”的教学风格。著名教育专家成尚荣先生对我的教学风格评价：“平衡中的突破，扎实中的灵动。”南京师范大学吴永军教授对我的评价：“潘文彬老师是我所认识的特级教师中最为智慧、最有思想的教师之一，他的理性，他的诗性，他的睿智，他的才情在课堂上得到淋漓尽致地发挥。他诗意地栖居在小学语文教学的园地上，用全身心守护着儿童的天性。这是潘文彬的幸福，也是语文教师的幸福，更是孩子们的幸福！”

我们既然选择了远方，就注定要与新课改、与语文、与学生一路同行，共同成长。尽管前行的路依然那般崎岖而漫长，但我始终要以一个思想者的方式在语文的路上大步前行。

三、写作，酿造教学思想

有这样的一件事情一直铭刻在我的心中。

那是1995年暑假前夕，我们区里首次进行破格晋升小学高级教师职称的评审。当时，我在业务上已经取得了一些成果，既在区里赛课中夺冠，又获得了“南京市首届优秀青年教师”的称号，是区里小学语文青年教师中的佼佼者。所以，对于这次破格晋升小学高级教师职称，我是成竹在胸。然而，出乎我意料的是，最终因为我缺少了一篇获奖论文而未能遂愿。如果当时我能有一篇在区里获得三等奖的论文，就能顺利过关了。令我惭愧的是，整整工作了十年的我，当时竟连一篇这样的论文也没有。

这件事对我影响很大。于是，我开始剖析自己，反思自己。通过反思，我认识到光顾埋头教死书，而缺少对理论的学习和积淀、对教学的研究和思考以及对经验的总结和提升，只会把自己引入一个没有出路的“死胡同”。要想使自己获得持续的发展，就要择高而立，仰望星空，改变行走方式，脚踏实地，恒练“写功”，把语文教学与科学研究紧密地结合起来，使得两者齐头并进，促进自己的专业成长。

当年的暑假，我开始了自己的写作实践之旅。在近两个月的假期中，我一口气“硬”写了十来篇有关教学的文章。在写作的过程中，我发现自己的文字是那么笨拙，尽管有时自己心里的感受很强烈，可倾吐出来的文字却是那样的“蹩脚”。我这才幡然醒悟，原来写作是需要经过一番漫长而艰苦的修炼的。然而，让我欣慰的是，我在暑假中“硬”写出来的这些文章后来都相继公开发表了。

1996年，我终于如愿以偿，顺利地破格晋升为小学高级教师。

常言道，不经一事，不长一智。这次挫折的经历，洞开了我生命的一方天空，让我悟到了写作是一个教师的生命的应然状态，也只有写作，才能够唤醒和改变一个教师的生命状态。

从此，我就把写作当作自己教学行走的一种方式。

在教学中，我们时常会遇到一些值得关注，需要解决的实际问题。教学之余，我总会用笔把这些问题及解决的办法记录下来，整理成文。比如，作文教学一直是语文教学中的一个难点问题。“作文难写，难写作文”几乎成了学生的口头禅；“作文难教，难教作文”近乎成了语文教师的心病。为了解开学生畏惧作文的情结，我对作文教学进行了长期探索和研究，并先后写了《感知生活，写好作文》《作文，想说爱你也容易》《呵护童真，守住童心》等一系列的文章。这些文章也都相继公开发表在《教育科学论坛》《语文教学通讯》等刊物上。

公开教学的机会是极其难得的，我也会把握住公开教学的机会动笔写些文章。我第一次围绕公开课的教学来撰写文章是在1996年。那年4月，我在南京市中小学语文衔接活动中执教了《詹天佑》一课。对于这课的教学，除了我自己认真研读文本，精心备课外，还得到了市、区教研专家的真诚帮助和细心指点，所以公开课上得很成功。课后，我就围绕这次公开教学写了两篇文章。一篇题为《抓住中心，辐射全文》，这篇文章写的是我教这一课的教学思路和设计理念，重点谈了在教学中我是如何抓住“詹天佑是我国杰出的爱国工程师”这个中心句来点引学生质疑问难、辐射全文的。此文公开发表在《教育科学论坛》上。另一篇题为《阅读教学要以训练为主线》，因为当时语文教学的主旋律就是强调要把语文课上成语言文字的训练课。这篇文章也获得1996年度南京市教学论文评比一等奖。

我有时还会写一些自己对教改热点问题的思考。记得我第一次写这类文章是在20世纪末。当时，培养学生的创新精神和实践能力是教育界所探讨的热点话题。培养学生的创新智慧是开发人的潜能的需要，更是素质教育对教育教学提出的要求。那么，如何在小学作文教学中培养学生的创新智慧呢？我结合自己的作文教学实践，就尝试着来思考、探究这个问题。通过研究，我写了一篇题为《作文教学中创新智慧的培养》的文章。这篇文章从三个方面总结了我探索和实践的一些体会：模仿起步，为“创新”奠定基础；拓宽思路，为“创新”寻求策略；多管齐下，为“创新”注入活力。这篇洋洋洒洒近万字的文章，公开发表在了国家级刊物《中小学教师培训》2000年第3期上。

播种文字，酿造思想，收获幸福。写作，记录着我与学生共同成长的心路历程，链接着现实与未来，彰显着教育之美，追寻着美的教育；写作，让我学会了对语文教学的思考，加快了我的专业成长步伐；写作，让我的教育生命添了激情，长了智慧，多了艺术，有了创造。

写作现已成了我的一种习惯。这些年，我在各级各类报刊上公开发表100余篇教学文章，出版了《走在语文路上》《潘文彬讲语文》《守护儿童的天性——潘文彬讲作文》《用语文的方式教语文——潘文彬教学主张与实践智慧》四部专著。

用文字进行教学的行走虽然辛苦，但很快乐！

CONTENTS 目 录

§ 寻真 §

让教育回归朴素

§ 悟道 §

多给儿童些“干货”

§ 观课 §

品出语文的真滋味

§ 导学 §

为迁移运用而教

§ 赏诗 §

咂摸经典的味道

寻真

让教育回归朴素

让教育回归朴素

朴素，是一个颇为朴素的词汇，在追求时尚生活的当下，回归朴素似乎有些不合时宜。然而，朴素，又是一个意蕴丰厚的词汇，在追求科学发展的当下，回归朴素亦正合乎时宜。的确，现在人们的物质生活日益丰富起来了，衣食住行的品质也愈来愈高了，这本属时代发展之必然。其实，朴素，不只是外化为物质的多寡丰简，也应该是人所具有的一种最基本的生活态度和道德情怀，是人的一种内在的精神品性和价值追寻。丰富的物质生活与朴素的生活情怀应该是相生相伴、并行不悖的。可是，在追求时尚的物质生活的当下，人们似乎忘却了朴素，因而时常会发出一些不够和谐的音符来。回归朴素，就是要以一种朴素的情怀对待生活，尊重规律，实事求是，使人们能够从容而优雅、自然而舒坦地生活着。教育即生活，作为教育者更应该以一种朴素的情怀对待学生，对待教育，以人为本，寻求真谛，真正让每一个学生都能够通过教育成为他自己，变成他自己。回归朴素，不浮夸，不虚假，不做作，当属教育的应然之追求。

教育回归朴素，就是要以一种朴素的思想来认识教育。认识你自己，是一个古老而朴素的哲学命题。认识教育，对于教育者来说，也是一个最为朴素的命题。但是，我们可以尝试着用自己朴素的思想去探寻教育的真谛。我们知道，教育是为人的发展服务的；我们知道，培养和造就合格的公民，是教育的神圣使命；我们还知道，要尊重教育规律和学生身心发展规律，为每个学生提供适合的教育，是教育的本质追寻。如此等等，都是我们最为朴素的教育思想。当我们用这些朴素的思想来理解、认识教育的时候，学生的主体地位自然就会在教育当中凸显出来。尊重学生，理解学生，善待学生，成就学生，自然就会成为我们的自觉行为。这样，教育对于学生来说就是一种生长和快乐，对于教师来说就是一种创造和享受。

教育回归朴素，就是要以一种朴素的情感来拥抱教育。这种朴素的情感，就是对学生、对教育、对课程的一种最真挚的爱。没有爱就没有教育。当教育者用这种最为朴素的情感投身教育的时候，教育就会成为其终身乐此不疲追求的事业，就会努力为每位学生创造适合的教育，让学生活得像个儿童的样子。常言道："亲其师，信其道。"学生的这种"亲师""信道"的朴素情感，其实是需要教师用这种最朴素的教育情感去培育的。教师一旦拥有了这种朴素而真挚的教育情感，自然就会热爱每一位学生，关注每一位学生，亲近每一位学生，信任每一位学生，研究每一位学生，发展每一位学生。如此投之以桃，学生就会报之以李，自然就会"亲师""信道"了。这样，学生就会心甘情愿地接受教师的教育，在课堂内外，学生和教师就会以课程为剧本，演绎出一幕幕精彩的话剧，让课堂洋溢着生命的活力。

教育回归朴素，就是要以一种朴素的方法来践行教育。教育需要爱，但教育唯有爱是远远不够的，还要有践行的智慧和方法，以促进每一位学生和谐健康地成长。其实，每位学生都是朴素的人，他们的身心尚处在一种萌芽的、未发展的状态，都具有一种发展的可能性。而教育则为学生的这种发展的可能性提供了必要的条件。想起卢梭说的话："误用光阴比虚掷光阴损失更大，教育错了的儿童比未受教育的儿童离智慧更远。"不误用光阴，不教育错了儿童，这其实是教育者最朴素的良知，然而，这更是需要智慧的。我们只有用对了教育儿童的方法，教育才会转变成一种影响儿童、发展儿童的"正能量"。事实上，这种教育儿童的方法，可能很简单——只要贴近儿童的"最近发展区"，就能走进儿童的心灵，在每一位学生的身上发挥着有效的作用；这种教育儿童的方法，可能很朴实——只要驱动儿童的思维和想象，就能培育儿童的智慧，让每一位学生享受到成长的愉悦和幸福。所以，基于儿童，为了儿童，发展儿童，是我们践行教育、探寻真谛、育人教书的最为朴素的方法。

回归朴素，让教育变得自然而舒展起来！

用美的姿态行走

立美，是南京市石鼓路小学（以下简称“石小”）的办学理念。石小人把立美教育作为自己的价值追寻，在立美教育的路上上下求索，用他们的思想和智慧锻造了享誉全国的立美教育的品牌。

美，在石小无处不在。迈入石小的校园，一种优雅自然之美便会扑面而来，充盈着我们的心田；走进石小的课堂，一种和谐互动之美又会流溢出来，荡漾在我们的心头……

置身于石小，便会发现——美，成了石小人最惬意、最自然的行走姿态。

石小的领导以立美立人为旨归，开拓创新，追求立美教育的品质。他们关注教师和学生的发展，极力为师生营造一种美的校园环境，着力打造一支美的教师团队，最大限度地为每一个学生提供最适切的、最优质的教育。用美的教育来滋养师生的心灵，提升师生的幸福感。

石小的教师以立美育人为己任，潜心钻研，追求立美课堂的品位。他们用美的思想驱动美的课堂，用美的设计丰富美的课堂，用美的语言激活美的课堂，最大限度地彰显学生的生命活力，让学生的知识与能力、情感与智慧在美的课堂情境中得以生成与发展。

石小的学生以立美修德为根本，勤学善思，追求美的理想和美的未来。他们与美同行，立德修身，用美的品行，争做“四好少年”。课堂上，他们美美地学，或潜心会文，或凝神思考，或交流对话，动脑动手，表现得灵动而又睿智；课堂外，他们美美地读，以书为友，或同大师交流，或与智者对话，品尝着读书的醇美滋味。

教育追求美。追求教育之美，需要拥有一种智慧。立美，就是一种教育的智慧。石小人用他们的这种智慧把握住教育发展的航向，驾驶着教育这艘航船，向着教育内涵的更深处漫溯。石小人在教育实践中砥砺着自己立美教育的智慧。

有境界自成高格。立美教育，拥有一种高远的境界。“择高而立，就平地坐，向宽处行”，是立美教育的至美之境；“慢慢走，欣赏啊”，是立美教育的自然之道。石小人把培育具有高远境界的一代立美新人，作为立美教育的神圣使命，从容、舒缓、优雅地行进在素质教育的路上。

用美的姿态行走，这是石小人的一种幸福！

真爱，教育的真谛

爱，对于教育来说至为重要。鲁迅先生说：“教育植根于爱。”苏霍姆林斯基说：“没有爱，就没有教育。”南京市江东门小学（以下简称“江小”）的领导和老师们用自己的真心真情，用自己的思想智慧，用自己的实际行动，为我们诠释了真爱的意蕴。

真爱，一种精神的诉求；真爱，是对人性的尊重。只有以人为本、以生为本的教育，才是一种真爱教育。在江小人看来，这种精神至少包含以下一些要义：

其一，奉献的精神。江小人本着对学生负责，对家长负责，对学校负责，对社会负责的精神，教书育人，奉献在岗位。

其二，求真的精神。“千教万教教人求真，千学万学学做真人。”江小人本着实事求是、求真立诚的精神，且思且行，寻求着爱的真谛。

第三，探索的精神。面对一批又一批流动人口的子弟，江小人以一颗虔诚之心去接纳他们，去呵护他们，去教育他们，进行着艰辛的真爱教育的探索历程。

真爱，一种真诚的服务。教育是一种服务，是一种为人终身发展的服务。江小人始终关注着学生的发展，研究学生，为学生的发展最大限度地提供最适切的、最优质的服务。

真爱，一种教育的智慧。教育需要爱，但是，教育只有爱还远远不够。教育必须拥有智慧。教师应该是一个智者，能够用自己的智慧把握住教育发展的航向，驾驶着教育这艘航船，向着教育内涵的更深处行进；能够用自己的智慧去开启学生的智慧。真的，智慧能够产生力量，教育需要智慧。而真爱，乃是一种教育的大智慧。江小人在教育实践中砥砺着自己的这种育人的智慧。

真爱，一种高远的境界。成就他人，无私忘我，这是真爱教育的一种当然境界。培育具有高远境界的一代新人，是真爱教育的一种神圣使命。江小人深谙此道，因而每一位江小人都努力使自己成为一个具有高远境界的人。他们深知，唯有如此，自己的言行才会有力度，自己的言行才会真正影响学生，感染学生，教育学生。

真爱，教育的真谛。这是江小人对教育最有意味的诠释。

教育，一种慢养的艺术

拔苗助长是个大家耳熟能详的故事，那位农民本想把地里的禾苗拔起，以助其生长，结果却事与愿违，非但没能助其生长，反而致其死亡。其中缘由在于违反了庄稼的生长规律。庄稼是在不知不觉中成长起来的，它的生长是一个缓慢的过程，急不得，快不得。这是常识。

由此，我想到了教育。《学会生存——教育世界的今天与明天》中有这样一句话："教育的目的在于使人成为他自己，变成他自己。"其实，"使人成为他自己，变成他自己"的过程，与庄稼的生长一样，也是一个缓慢的过程，急不得，快不得。

舒缓自然，乃为生命成长的一种本真的状态，也是教育本该具有的一种优雅的姿态。难怪有人会说，教育更像农业，而非工业。所以，教育就应该是一种慢养的艺术，它需要教育者能够拥有一种"孩子，你慢慢来"的定力和耐性。这或许就是教育的一种规律吧。

世界上万事万物都有着自身的发展规律。尊重规律，按规律办事，才能办成事，办好事。这也是常识。然而，当下违背教育规律的现象还是屡见不鲜。譬如，有些父母因担心自己的孩子输在起跑线上，就不惜重金纷纷将孩子送入各种各样的"幼小衔接班"，恶补小学知识；有些老师因担心自己的学生考不出好的分数，就不厌其烦地给学生布置大量的题目，大搞题海战术。这些行为其实与那位拔苗助长的农民的行为异曲同工，如出一辙，得不偿失。

《国家中长期教育改革和发展规划纲要（2010—2020年）》明确指出："尊重教育规律和学生身心发展规律，为每个学生提供适合的教育。"我以为，要让学生能够"成为他自己""变成他自己"，就必须尊重教育规律和学生身心发展规律，守护学生的天性，为学生的生命成长提供所需要的土壤、阳光和雨露，并注意适时地施肥、除草，让学生能够在一种适宜的环境中自然舒缓地成长，活得像个儿童的样子，拥有本该属于自己的那份闲暇和惬意，经风雨，见世面，享受着生命成长带给他们的那种欢愉和幸福。试想，拔苗助长，焉能使学生"成为他自己""变成他自己"？

每个学生都是独特的"这一个"，他们的天赋和秉性、兴趣和爱好，各不相同。即使是同一个学生，在不同的成长阶段，其认知能力、兴趣和关注点也是不相同的。因此，每个学生对教育就有着不同的需求。这就意味着让每一个学生都能够"成为他自己""变成他自己"的过程不仅舒缓，也是极其复杂的。它需要教育者能以一种从容的心态，用心、用情、用智地去面对每一个学生，关爱每一个学生，研究每一个学生，最大限度地为每一个学生创造适合的教育。因为只有适合的教育，才能够满足不同学生成长的需求，为学生的自主发展和快乐成长提供一种广阔的空间和无限的可能。进而，才能够又好又快地发展每一个学生，成就每一个学生，幸福每一个学生。而这，正是因材施教、发展个性的一种必然要求，更是素质教育的一种应然境界。

当然，适合的教育，必然是一种舒缓而又自然的慢教育！

课堂，当有自己的句子

课堂，当有自己的追求。让学是南京师范大学附属中学新城小学（以下简称“新城小学”）的课堂追求。几年来，新城小学在教育科研的驱动引领之下，在领导的精心谋划之下，在教师的潜心探索之下，使课堂教学发生了质的变化：课堂上，儿童学得主动了，学得快乐了，学习能够发生在每一位儿童身上了，课堂业已成为了儿童的学堂。

让学，作为一种理念，如今已经植入新城小学每一位老师的心中，转化和规约着老师们的课堂教学行为：课堂上，当教则教，教得适时，教得适当，教得巧妙，变“教”为“学”，以“教”促“学”，绝不越俎代庖。

让学，作为一种状态，现在已经是新城小学课堂最为本然的状态，是新城小学课堂文化的一种常态：课堂上，学生的心智得以开启，学生的潜能得以释放，唤醒学生生命的自觉，使得学习成为儿童一种探索的乐趣、一种发现的惊喜、一种成长的愉悦。

雅斯贝尔斯说得好，教育的过程是受教育者在实践中自我练习、自我学习和成长，而实践的特性是自由游戏和不断尝试。让学课堂，就是儿童自由游戏和不断尝试的课堂，就是儿童自我练习、自我学习和成长的课堂。走进新城小学的课堂，就会发现，让学课堂其实有着属于它自己的句子。

——喊破嗓子，不如甩开膀子。这是李克强总理在谈及改革时说的话。多么生动形象的比喻啊！他虽说的是改革，但课堂教学也是如此。课堂上，教师与其喊破嗓子“教”，不如让学生甩开膀子“学”。让学课堂是儿童学习的场域。课堂上，最大限度地让学生甩开膀子“学”，亲历过程，自主实践，快乐分享，在实践中养成习惯，在实践中历练能力，在实践中获得经验，在实践中生成智慧。

——道而弗牵，强而弗抑，开而弗达。用这样的话来描述让学课堂的情境是最恰当不过的了。让学课堂，为了让儿童的学习能够真实发生，教师或“道”，或“强”，或“开”，这样的课堂，就诚如《学记》所言：“道而弗牵则和，强而弗抑则易，开而弗达则思。和易以思，可谓善喻矣。”这正是让学课堂最为美丽的风景。

——寻找到属于自己的句子。让学课堂，给学生自主学习的时空，让每一位学生都能够通过自主、合作、探究的学习方式，遵循“寻找—发现—探索”的循环途径，展开学习活动，寻幽探秘，从平凡中发现不平凡，找寻到属于自己的句子。

——大家好，才是真的好。这是让学课堂的价值追求。让学课堂面向每一个学生，发展每一个学生，最大限度地为每一个学生提供适合的教育，因材施教，关注每一个学生的幸福体验，关注每一个学生的和谐发展，关注每一个学生的生命成长。这与素质教育所追寻的目标是一脉相承的。因而，让学课堂是素质教育在课堂教学中的一种最为有效的实施策略，一种最为美丽的行进姿态，更是一种以人为本的实践智慧。

课堂，当有了自己的追求，教学就有了自己的个性，学生就有了更好的发展，教师就有了更大的幸福，学校自然也就有了自己的声音。

家庭作业，为谁辛苦为谁甜

有一些学校，要求家长批改学生的家庭作业。对此，家长纳闷，也愤愤不平：批改家庭作业都是教师的职责，怎么现在就转嫁到了家长头上？有家长说，这是教师在偷懒，有失职的嫌疑；有家长甚至说，这样做，还要教师干什么？主张家长批改家庭作业的教师则强调，这是一种教学方法，如果家长能认真把孩子的作业改完，就很容易掌握孩子的学习情况，有利于配合学校教学。

一时间，谁来批改学生的家庭作业成为人们热议的话题。

家庭作业，顾名思义，就是学生在家庭里完成的作业。既然在家庭里完成的作业，让家长督促检查一下，这也无可厚非。倘若家长有能力，适当地批改一下孩子的家庭作业，这也纯属正常。但是，凡事都得有个度。家庭作业毕竟是教师布置的，带有一定的目的性。所以，批改家庭作业的主要责任人应该是教师，而不是家长。如果教师一味地把批改家庭作业的责任推卸给家长，那就是不恰当的做法。因为这样做，虽然减除了教师的批改负担，但是得不偿失：增加了家长的负担，却难以保证家庭作业的有效性，更不利于教师及时、完整地了解学生的学习情况，完全是为了作业而布置作业。这是一个简单的常识性问题。

家庭作业谁来改，这其实不是一个问题。而教师该布置什么样的家庭作业来让学生完成，这才是一个真正的问题。

目前，教师布置家庭作业是相当随意的，而且方式也是极其简单的。机械单一的作业过多，富有思维含量的作业甚少。布置家庭作业几乎不分层次，不管会与不会，全班学生都得做。比如，小学语文学科主要布置的是抄写生字新词、组词、造句、背诵课文之类的家庭作业。

叶圣陶先生在《给〈中学语文〉的题词》一文中说："教任何功课，最终目的都在于达到不需要教。假如学生进入这一种境界，能够自己去探索，自己去辨析，自己去历练，从而获得正确的知识和熟练的能力，岂不就是不需要教了吗?"但我们有多少教师以此为追求？有多少教师的教学能达到这一境界？答案是令人沮丧的。现实情况是，课堂的时间不够，要拖堂、补课，然后把课堂一直延伸到家庭。

如此布置家庭作业，至少有以下一些弊端：

教材至上，考试第一。教师总是把目光聚焦在课文上，对课文所涉及的内容几乎来了个"地毯式轰炸"，生怕有所遗漏，生怕考试时万一考到了，学生不会。因为教师心存万一，所以，学生陷入题海，沦为无休止的做题机器。

漠视差异，机械操练。教师把学生当作容器，让学生无条件地接受。因而，布置作业时，对学情不加以分析，漠视学生的差异，全班学生一个不能少，都得齐步走，人人要操练。因为教师深信不疑，只有如此操练，才会熟能生巧，所以，学生只得听命，去做那些机械乏味的作业。

禁锢思维，阻碍发展。教师布置这些家庭作业来让学生完成，只能说明教师的课堂教学效率低下，课堂没有被打开，思维更没有被打开。完成如此机械的家庭作业，只能让学生尝到学习的单调和无味，只能禁锢学生的思维，阻碍学生的发展。这样的家庭作业不做远比做了有益得多。

在新课程的背景下，来探讨家庭作业的问题，这是很有意义的，也是很有意思的。我以为，对于这个问题的探究，教师应该从以下几个方面来考虑：

第一，为什么布置家庭作业？抑或说，布置家庭作业到底为什么？这是一个本源性的问题。布置家庭作业，既不是为了增加学生的负担，也不是为了增加家长的负担，而是为了解放学生，给学生更多的自由与自主，帮助学生转变学习方式，让学生在完成家庭作业的过程中寻找到适合自己的学习方法。布置家庭作业，既不是简单地重复课堂学习的内容，也不是为了机械的操练，而是帮助学生，打开学生的思维，开拓学生的视野，充实学生的课余生活，让学生在完成家庭作业的过程中享受到更多的属于自己的学习乐趣。

第二，布置什么样的家庭作业？抑或说，家庭作业做些什么？这是一个操作性的问题。家庭作业做些什么？这不是一个简单的问题，而是需要教师拥有以人为本的教育理念和因材施教的教育智慧，精心设计，促进学生又好又快地成长。家庭作业的设计要充分体现基础性、趣味性、综合性、差异性和发展性的特点。比如，这些年，在家庭作业的布置方面，我做了一些尝试。我让学生做的家庭作业主要有以下几项：

1. 每天阅读课外书籍的时间不少于20分钟，读什么，由自己定；

2. 每周至少背诵2篇优美的诗文，背什么，由自己定；

3. 每周至少完成1篇习作，写什么，由自己定；

4. 每周从报刊上、电视中至少搜集两条新闻，与全班同学分享，搜集什么，由自己定。

事实证明，学生是乐于完成这样的家庭作业的。这样的家庭作业，其实是把学习的主动权和选择权还给了学生，能够充实学生的课余学习生活，训练学生读写听说的能力，提升学生的语文素养。

第三，家庭作业怎么批改？抑或说，家庭作业谁来批改？这是一个评价性的问题。新课程倡导作业评价的多样性。对于学生家庭作业的批改，教师应该承担主要责任，确立教师是学生家庭作业批改的第一责任人，因为教书育人是教师的神圣使命。当然，可以尝试着在教师引导下让学生进行自改和互改，使学生在自我批改和相互批改的过程中，培育信心，分享成果，提高能力。也可以适当地尝试着让有能力的家长来进行批改，使家长能够适时地了解孩子的学习状况，参与到孩子的学习过程中来。值得一提的是，对于学生自改、互改以及家长批改的情况，教师要及时了解，及时反馈，以最大限度地发挥这些评价的功效。

美国进步教育运动的领军人物艾尔菲·科恩，在《家庭作业的迷思》一书中，用实证的方法打破了家庭作业的虚假神话。他认为，家庭作业不仅是学生的负担，也是家长的负担。他的看法有道理，影响也很广泛。但我们不能据此反对家庭作业，而是要寻找更好的方法，把家庭作业利用好。

为了学生生动活泼的发展，教师需要舞动爱心，倾注智慧，慎重对待家庭作业，真正让家庭作业成为学生的最爱。

减负增效，我们该怎么做

减负增效，是当下基础教育的主旋律。那么，何为负？负从何而来？为什么要减负？怎样减负？我以为，我们只有思考清楚这些问题，才能真正弄明白减负增效的内涵。这里，我想起了黑格尔说的话："人们经常挂在嘴边上的名词，往往是我们最无知的东西。"也想到了纪伯伦说的话："我们已经走得太远，以至于忘记了为什么而出发。"减负的问题已经不是一个新的问题了。但是，就是这样一个老生常谈的问题，我们对它的关注和研究却不甚深入，以至于很少有人能够说清楚它的本质和内涵。

何为负？负，即为负担，就是所承受的压力。学习，固然需要一定的压力，没有适度的压力，何来学习的动力？但是，这种压力应该是学生所能承受的。"减负"之"负"却是一种过度的"负"，是超出了学生承受能力的"负"，是已经把学生压得喘不过气来了，让学生苦不堪言的"负"。这样的"负"，非但不能促进学生的发展，还会扼杀学生的学习兴趣，影响学生的身心健康。这样的"负"，一日不减，学生就没有学习的幸福可言。

负何来？造成学生过重的学业负担，有着多方的因素。首先是社会的因素。当下社会竞争是很激烈的，这种竞争也给学生及家长带来了一种负担。其次是家庭的因素。现在的孩子大多是独生子女，家长望子成才心情极为迫切，这种迫切的心态给学生也带来了一种负担。再次是学校的因素。当下对学校、对教师的评价还缺少一整套科学的方法，学校的领导和教师还是关注学生考试的分数，关注升学率。这就给学校和教师带来了一种压力，这种压力转嫁到学生的身上就是无休止地做题目，落入题海，不能自拔。

为何减？减负，是实施素质教育的必然要求，是提升学生素养的自然选择。我以为，减负增效，是素质教育的核心价值取向。减负的目的就是为了增效，就是又好又快地培养人，塑造人。“减”与“增”对于学生的身心发展来说，应该是一种动态的平衡。减负增效，意味着我们的教育要关注每一个人的健康成长，意味着我们的教育要关注每一个人全面协调的发展，意味着我们的教育要关注学生学习过程的幸福感。如此看待减负，才能体现以人为本的教育思想，才能促进每一位学生生动活泼的发展。

如何减？减负增效是一项极为复杂的系统工程，是需要我们倾注智慧的。

我以为，减负增效，对于老师来说，一要减糊涂落后的教学思想，增科学先进的教学理念；二要减不思不想的教学习惯，增善思善想的研究方式；三要减埋头死干的工作方法，增抬头巧干的工作智慧；四要减喋喋不休的烦琐讲解，增要言不烦的启发点拨。而这些都需要我们通过不断的学习来充实和提高，通过不断的研究来探索和总结。倘若这样，减负增效就会变成可能。

减负增效，对于学生来说，既要减厌倦学习的心态，增快乐学习的情趣；又要减机械单一的训练，增灵活多样的实践；还要减被动的接受学习，增自主的探究学习。而这些都需要我们去研究、探索。倘若这样，我们的学生就会在学习中找寻到一种幸福的体验，就会通过学习、实践变得自信起来，乐观起来，灵动而智慧起来。

古人云：“极高明而道中庸。”在当下应该如何科学有效地把持住“减负”与“增效”这对矛盾，寻求一种平衡，以更好地促进学生健康协调的发展，这是亟待研究和解决的问题。

享受属于自己的阅读生活

有句话说得好，改变了一个民族的闲暇品性，就改变了一个民族的性格。当下，我们的教师和学生拥有的属于自己的闲暇时间真是太少了。其实，阅读，需要闲暇，有闲暇方可阅读。然而，现今的教师整天都要忙于应付各种事务，而无闲暇，读书甚少；学生整天都要忙于应付各种作业，即便双休日，也要去上各种补习班，更无闲暇，读书几乎成为一种奢望。长此以往，势必会造成精神的疲软，影响和制约着教师的成长和学校的发展。

开学伊始，学校给老师们推荐了德国著名哲学家卡尔·雅斯贝尔斯的《什么是教育》这部经典教育名著，让老师们能够利用课余时间潜心阅读，写下自己的阅读感受。在每个月最后一周的星期五，学校将组织全校教师开展读书交流的活动。

9月25日，是9月份的最后一个星期五。下午两节课后，全校教师集中在会议室里，开展本学期的第一次读书交流活动。

"'腹有诗书气自华。'为了引领教师以书为友，与经典对话，与阅读同行，提高理论素养和教育教学能力，今天我们在这里进行中华附小首次'相约星期五'读书交流活动。"主持人简短而充满激情的开场白道出了活动的意旨。

这次读书交流活动是采取随机抽签的方式进行的。

第一位发言者是一位语文老师。她工作时间不长，平日里说话时有点腼腆，但在今天发言时，她自信大方，侃侃而谈。她满怀深情地说道："最早想读《什么是教育》，是因为那句名言：'教育的本质意味着：一棵树摇动另一棵树，一朵云推动另一朵云，一个灵魂唤醒另一个灵魂。'卡尔·雅斯贝尔斯，一个德国的存在主义哲学家就是那么的诗意。现在，读了这本书，他的观点：'教育是人的灵魂的教育，而非理智知识和认知的堆积。'触动了我。卡尔·雅斯贝尔斯，一个德国的存在主义哲学家对教育的理解是这么的深刻。"话语间，自然而然地流露出对雅斯贝尔斯的一种崇敬和对教育的一种顿悟。

第二位发言的是一位英语教师。她深有感触地说道："平日里，我更多的是埋头教学，埋头批改没完没了的作业，很少有时间静下心来读书。前段时间，细心拜读了雅斯贝尔斯的《什么是教育》，感触颇深。读过这本书后，我对教育的本质有了更深层次的理解，为我教育实践工作的开展，奠定了很好的理论基础……以后，我会读更多的书籍，在书中寻找智慧，做个有思想的教师。"

接着发言的是一位美术教师。她结合自己的工作深有体会地谈道："在美术课堂上，我们注重的是学习兴趣的激发，创新意识的培养，让学生在游戏与玩耍中感受学习的快乐；营造宽松的学习氛围，设置问题情境，提供原型启发，引导学生进行观察、想象和表现活动，鼓励学生独立思考，发现问题，形成创意，并运用美术语言和多种媒材创造性地加以表达，解决问题。这些恰恰印证了雅斯贝尔斯所倡导的苏格拉底式的教育，即学生和教师处于平等的地位，是教育的参与者与互动者，在对话、交流与争论中，学生的潜力得到发掘，从而逐步获得知识，并认识真理、提升精神。"

……

几位来自不同学科的老师，与全体教师分享了他们真切的阅读感受。他们结合实际，对照经典，诠释了自己对书中所提及的教育哲学的理解和感悟，对教育的本质有了全新的认识，对今后的教育教学工作也有了明晰的方向。

活动最后，我对此次活动做出了点评——读书不是一项任务，而应该是一种生活方式；读书不是一种痛苦的煎熬，而应该是一种快乐的享受；读书不是一个人的修行，而应该是众人相互增进的交流。

经典的魅力深深地吸引着每一位老师，淡淡的书香浸润着每一位老师的心。老师们都表示一定要把这项活动持续、有效地开展下去，使之成为学校一道亮丽的风景。

这次读书交流为学校的“相约星期五”活动拉开了序幕。虽为首次活动，但老师们在活动中所表现出来的读书的热望、交流的热情和探讨的深度，给我留下了极其深刻的印象，更引发了我对教师阅读的些许思考。

1. 教师的生命要靠阅读给以滋养

一个充实而有意义的人生，应该是伴随着读书而度过、而发展、而超越的。阅读，拨亮的是心灯，升华的是灵魂。从某种意义上说，一个人的精神发育史就是他的阅读史。因为书是香甜的，是温暖的，是富有灵性的。书中有知识，那是勤奋而聪慧的先人们，在漫长的历史长河中，探寻和打捞出来的璀璨之珠；书中有情感，那是真诚而善良的人们，用生命力量和炽热情感酿造而成的醇香之酒；书中有精神，那是勇敢而坚韧的人们，在不懈追求的进程中，将理想上升为行动，从而盛开出来的生命之花；书中有思想，那是长久思考与无畏批判的哲人们，以其全部的精神力量种植而成的永恒之果；书中有智慧，那是用人生的体悟与理性的拷问，融会而成的灵魂之光……一个人如果缺少了书的滋养，他的生命就会变得暗淡无光。教师阅读，就是给自己的心灵给养加钙；教师阅读，就是让自己圣洁而自信地走过每一个人生驿站；教师阅读，更是为了让自己养成良好的阅读习惯，把阅读当作一种生活方式，在心里装上一台成长的发动机，滋养生命的成长。而这“相约星期五”的活动，就是给老师们提供了这样的一种契机和可能。

2. 教师的阅读更是为了影响学生

教书育人是教师的神圣使命。雅斯贝尔斯在《什么是教育》中指出：“教育的本质意味着：一棵树摇动另一棵树，一朵云推动另一朵云，一个灵魂唤醒另一个灵魂。”教育不是知识的传授，而是一种灵魂的救赎。所以，教师阅读不只是美丽自己，更是为了影响学生，追寻教育的本真。因而，教师的阅读就不同于一般人的阅读。教师的阅读在很大程度上是为了提升自己的专业素养和实践智慧，并用以教育和影响学生。有一位语文老师为了培养学生的阅读兴趣，自己就时常拿着一本书在学生面前忘情地阅读，时而会心一笑，时而凝神思考，时而动笔圈画……学生看到老师如此痴情地阅读，就来了兴致，纷纷买来书籍，学着老师的样子津津有味地读了起来。渐渐地，读书的风气就在班级蔓延开来。教育需要智慧，而阅读书籍便可汲取智慧。而这“相约星期五”的活动，就是给老师们提供了这样的一种条件和氛围。

3. 学校的文化需要阅读方能养育

学校要有自己的精气神，要有自己的文化特质。而这种精气神，这种文化特质，时常是通过师生的言行举止而透发出来的一种习惯和气质，一种历久弥新的文化气息。恰如爱因斯坦所言，什么是教育？当你把你受过的教育都忘记了，剩下的就是教育。剩下的是什么？那就是习惯，那就是精神。所以，阅读理应成为学校师生的共同习惯，成为养育学校文化的阳光雨露。倘若一所学校的教师都能够崇尚经典，热爱阅读，那么，他们周身定然会散发出一股股浓郁的书香气息，他们定然也会关注学生的阅读。假若这样，学生定然也会在教师的教育和感召之下，以书为友，崇尚阅读。如若如此，学校定然就会飘逸着书香，有了自己独特的气质。而这“相约星期五”的活动，就是给老师们提供了这样的一种目标和追求。

让读书成为学校的一种常态，成为教师教育行走的一种最为美丽的方式，使得每一位教师都能过上一种属于自己的教育生活。这就是“相约星期五”的价值追寻！

在反思中砥砺教育智慧

在实施新课程的过程中，写“教后记”被提到了前所未有的高度，许多学校都把它列入教学管理和教师培训工作之中。学校采取这一举措是希望教师能够通过写“教后记”反思教学，提高自身实践新课程的能力，促进课改的深化。这无疑是具有积极意义的。

然而，实际情况却不尽如人意。在一些地方，为了完成学校布置的任务，有的教师大多写些毫无针对性的“放之四海而皆准”的通用套话；有的教师仅简单地介绍教学流程，描述些课堂中的现象；有的教师或从报纸杂志上摘抄一些有关的段落，或从网上下载一些文字来“凑数”应付检查……凡此种种，与学校的初衷已大相径庭。

“教后记”为何会异化成一些教师的负担和疲于应付的苦差呢？原因自然是多方面的。当前，以下几点显得比较突出。

第一，教师学习、研究的意识不强。长期以来，教师处于被研究的地位，现在新课程要求教师成为研究者，成为自我反思的实践者，这就使得教师不仅要成为教学的主体，而且要成为教学研究的主体，把自己作为研究的对象，研究自己的教学观念和实践。一些教师对此认识不足，学习、研究意识不强，所以写“教后记”就很难成为专业成长的自觉需要。

第二，课程观念与教学评价的素养不够。写“教后记”

的深度、广度往往受限于教师个体的理论水平和评价素养。课程理念、评价素养的不够，则使教师难以对自己的教学作出较为全面、深刻的分析。

第三，教师群体学习、研究的气氛不浓。写“教后记”、自我反思虽是教师个体的事，但在学校研究氛围不浓的环境下，缺少群体对个体发展的促成，完全依靠教师个人力量进行，对不少教师来说也就比较困难了。

以上这些因素使得教师对写“教后记”产生了一种畏难以至厌烦的心理，无形中制约着教师自我反思的行为和效果。克服这些困难，让“教后记”、教学反思真正融入广大教师的日常教学行为之中，已成为亟待解决的问题。

其实，写“教后记”并不是一件复杂的事情，也不是近几年才出现的新鲜事。许多优秀的语文教师从年轻的时候就写“教后记”了，这是他们在备课本上为自己开辟的一块园地。教学后把教学中的心得感受或需要补充的资料等记录下来就成了“教后记”。有时感到“得意”，就及时回忆，记下“得意”之点；有时感到课上有“遗憾”，就赶紧记下“遗憾”之处，总结总结，分析分析，在记的过程中，教师的认识往往会得到提升。显然，作为对教学设计反馈的文字记载，“教后记”对于分析得失、总结经验、探索规律、改进行为、提高自身教学水平，其价值是不言而喻的。

从教师专业成长的角度看，教师写“教后记”的过程就是教师自我反思的过程。教师自我反思不是一般意义的“回顾”，而是回望、审视、分析自己的教学行为及由此产生的结果，是反省、思考、探索和解决自己教学实践中存在的问题，即合理进行自我评价，及时识错纠偏，寻求教学实践最佳途径，指导将来的教学行动，使自身的教学具有发展的价值、创造的价值和自我实现的价值的一种动态研究过程。反思的本质是教师与自我的对话，是一种理解与实践之间的对话。

从校本教研来说，教师个体反思是开展校本教研最普遍和最基本的活动形式。不仅如此，校本教研也只有转化为教师的自我反思行为，才有前提和基础，才能得以真正落实。

新课程非常强调教师的自我反思，尤其是教学行动后的自我反思，这种反思具有批判性，要求教师在教学行动之后，静心追溯，深入思考：是否达到了预期的教学目标，如达到了，标志是什么，如没达到，原因是什么；教学预案与实际教学情境有哪些差距，课上是如何处理这些差距的，方法是否恰当；课上发生了哪些印象至深的事件，这些事件意味着什么，以后需要关注些什么……这些反思涉及教学的各个方面，可使教师对自己的教学有比较完整而深刻的认识，有利于改进今后的教学行为。

“教后记”是这种教后反思的文字记载，记载的内容也是多方面的，从操作层面上说，最常见、最突出的是记载对教学中“亮点”或“憾处”的反思。

反思教学中的“亮点”，即回望教学中的成功之处，寻找成功背后的原因。如新颖引人的导入，巧妙自然的过渡，灵动智慧的对话，合理有效的方法，发人深省的结语，等等。这些教学中的“亮点”，有的是教师课前精心预设的得意之作，有的是课堂动态生成的智慧火花。教后，静下心来用理论的光辉映照这些“亮点”，让这些“亮点”变得更加璀璨夺目，以照亮自己前行的道路。反思教学中的“憾处”，即抓住教学中出现的问题，寻求问题的症结。教学是一门遗憾的艺术，再好的课也有疏漏失误之处。如设置不够精当的教学目标，安排不尽妥帖的教学内容，处理不很恰当的教学重难点，压抑沉闷的教学气氛，烦琐冗杂的分析讲解，等等。这些“憾处”影响着学生学习的质量。教后需静心反思其主、客观原因，使之能够成为以后教学中汲取的教训，并在适当的时候对此进行必要的弥补与矫正，以不断地改进实践状态，提升自身的教学智慧。

实践与研究表明：要提高“教后记”的质量需从以下几方面着力探索。第一，系统整理。写“教后记”不能局限于一堂课记一篇或上一篇课文记一篇，而要重视系统小结，在上完一单元或上了几篇同体裁（同题材、同课型）的课文后，及时根据上课情况写出“教后记”。“教后记”当然要记课堂上发生的有记载价值的事情，但更要注重反思的深刻性，注重从现象到本质作深刻思考，使经验获得提升，走向理性层面，把实践性经验提炼为理念，以着力避免从经验到经验的低水平重复。第二，比较分析。“教后记”当然记在教后，但并不仅指刚上过之后，可以是在上过一段时间后又在相关的教学中联想到这一课的情境和问题，予以反思比较。这种比较可以是相同课型之间的对照，可以是相同内容不同教法的不同结果之间的比较，也可以是把自己教学一篇课文的方法效果与别人教这篇课文的方法效果进行对比……通过分析比较，可以更快捷地找寻到适合自己的最佳教学方法，从而把自己的教学提高到一个新层次、新境界。第三，专题研究。要学会利用各篇“教后记”中的资料和问题，进行专题性反思，即教后反思应紧紧围绕自己所研究的专题，随时记下实践、研究这一专题的点滴体会和稍纵即逝的灵感，留心积累相关资料，认真分析整理，在理论和实践的结合上积极探索，使专题研究逐步深入，以学习、研究促进教学水平的提高，进而形成自己的理性见解。

教师对教学的自我反思，不仅要在教学后认真反思，写好“教后记”，还必须重视在教学行动前和教学行动中进行自我反思。

教学前反思主要是对自己设计的教学预案进行反思。如即将实施的预案是否凸显了文本特点，是否既立足了文本、又适度地对文本作了二次开发；对学生实际需求的估计是否合理，是否为学生创设了自主支配的时间和空间；教学的起点是否合适，重点是否突出，难点是否突破，疑点是否找准，讲练是否结合；教学设计是否能体现语文的工具性与人文性的统一，是否能联系实际，实现三维目标的有效达成，等等。这种反思具有前瞻性，旨在让教师对自己的教学设计再次审视，查漏补缺，吸收内化，为课堂教学寻找一条更为合理的行动路径。

教学中反思，即在课堂教学行动中及时反思。这种反思具有敏感性和调控性，要求教师在课堂教学过程中关注学生的学习状态、思考学生在课堂上实际参与的热情和程度；留心学生、文本、教师三者之间对话的状况；捕捉教学中生成的教学资源和教学灵感，并能当机立断地做出决策，灵活地调控预设的流程和方法，使教学具有灵动的生成性，保证课堂教学能够高质高效地进行，以达到最佳的教学效果。

教学反思是一个且行且思、循序渐进的过程。对于教师个人来说，必须知晓教学的探索不是一朝一夕的事，要做到认真实践，及时反思研究，勤于动笔整理。同时应认识到，反思需要武器，教师还必须经常阅读教育教学理论书刊，提高自身的理论素养，以更好地指导自己的教学实践，提升自己理性分析问题的能力，逐步构建个人化的理论体系。没有理论引领的反思只能意味着低水平的重复。

对于学校来说，决不能把教学反思、写“教后记”看作为实施新课程或为达到某些特定目的而采取的一种应景措施，而应尊重教师，给教师留有充分思考的时空，要积极为教师营造一种开放的、和谐的、合作的学校研究文化，努力促成教师将教学反思日常化、习惯化，鼓励教师之间合作交流，在同伴互助中进行反思，分享经验，共同发展。有些学校倡导并组织同年级组语文教师在教同样教学内容后，互阅“备课本”，一看同伴对预案的变更情况，二看同伴的“教后记”，三看教学效果。阅读后还常留下适当的意见。

有些学校不定期地举办全校性的“反思教学研讨会”，并提前一个月出“安民告示”，要求每位教师结合课改对自己的教学进行反思、系统整理，以各自喜爱的方式形成文字（如教后记、教学随笔、教学札记、案例分析、个案追踪、教学叙事、教学论谈，等等），先在年级组、教研组内交流，再推荐到全校介绍。这种“教学反思研讨会”既是回顾总结，又是前瞻性的对策研究。事实表明：这种种合作的、集体的反思，往往能获得更好的反思效果。

有诗云：“轻拢慢捻抹复挑。”愿我们每一位语文教师在教学反思的过程中，能够坚持对自己的教学进行“拢、捻、抹、挑”，弹拨出促进学生和谐发展的动听旋律。

向最美丽的乡村教师致敬

2012年9月24日，江苏省人民教育家培养对象第二期小幼教师组在革命老区——阜宁县举行了“相约革命老区，走进乡村小学”活动。上午，在阜宁县实验小学进行了语文、数学课堂教学观摩和专题讲座。下午，我们一行8人分成两组走访益林镇的两所乡村小学。在王一军导师的带领下，我们这一组走进了益林镇益北小学。

这是一所规模比较大的乡村小学。学校占地两万多平方米，拥有现代化的教学楼两幢、办公楼一幢、综合楼一幢以及相应的配套设施；有27个教学班，1500余名学生，80多位教师。走进这所环境优美的乡村小学，我们受到了全校师生的热情接待。

一、一台精彩的节目

学校特意为我们准备了一台由学校童星艺术团的孩子们表演的节目。这是一台精彩纷呈的节目，既有民族舞表演，又有现代交际舞表演，既有课本剧表演，又有相声表演。孩子们在简易的舞台上载歌载舞，说学逗唱，表演专注，稚气十足，令我感动不已。没有想到这样一所乡村小学，能够排练出这样一台内容丰富的文艺节目，尽管有的节目还比较稚拙，尽管有的孩子在表演时还比较羞涩。从这台散发着泥土气息和儿童情趣的节目当中，我看到了孩子们幸福的校园生活和快乐的童年。这样一台节目的排练需要倾注老师们多少心血啊！因为在这么大的一所乡村小学只有一位专职音乐老师。为了这台节目，全校老师齐上阵，各展所长，群策群力。所以，从洋溢着童真和稚气的表演当中，我感受到了老师们那种充满爱心和智慧的教育情怀！是他们用自己的爱心和智慧为农村的孩子创造了一种快乐幸福的生活方式，让他们的梦想能够自由地飞翔起来！而这，对于生活在农村的孩子来说，是何等的重要啊！真的要感谢益北小学的老师们！

二、一场坦诚的对话

观看完节目之后，我们来到学校的会议室与学校的领导和老师座谈。座谈中，学校领导和老师主要给我们谈了他们对乡村教育的理解以及从事乡村教育的一些困惑。

一位老师说："从良心上讲，从事乡村教育很辛苦，但是想着乡村孩子的未来，我们辛苦一点是值得的。"淳朴的话语倾诉了乡村教师的心声，听之令人振奋！

一位老师说："我们农村老师由于工作负担重，没有时间学习新知识、新理念，因而解读教材的能力不强，这将会影响教学质量的提高，期待能够得到有一定力度的指导和帮助。"话语中流露出一种强烈的教育责任感和渴求提升自身素养的愿望。

考试一直也是困扰农村教师的问题。一位老师说："我们现在每天的上课都是忙于应付考试，扼杀了学生学习的兴趣。我们不知道如何处理好上课、考试和培养兴趣的矛盾。"话语中露出了些许痛心和无奈。一位老师补充道："现在的教学评价还是以考试为主，考试的方式单一，笔试多，口试少，考知识的多，考能力的少，考理论的多，考动手实践的少，真的不知道如何改变这样的现状。"真是一语中的。没有想到这些工作在农村的教师对当下基础教育的弊端看得如此深刻。考试评价确实是制约素质教育的瓶颈。看来要改革教学评价要走的路还很漫长！

"我们现在压力最大的师资问题。"校长深有感触地说道，"农村教师年龄老化现象比较严重，老教师的偏科现象也比较严重，音体美教师严重缺编，所以，排课是相当困难的。为了落实国家课程计划，一位老师只得兼教几门学科。"为了保证开齐开足课程，学校实行了行政巡课制度；为了提高课堂教学质量，学校采取了点录评课的方式（每天随机抽出两三位老师，用录像机把他们的课堂教学录制下来，每周利用星期三的教研活动时间播放，供大家评议）。从这一项项管理举措中，我们感受到了学校管理者的智慧和魄力。

座谈中，老师们还谈到了教师专业成长的问题。一位中年教师一脸无奈地说道："乡村教师的自身价值在哪里？乡村教师恐怕一辈子也体会不出来！"是的，乡村教师也渴望一种角色的认同，也渴望能够成为名师，虽然他们的付出比城市的教师更多，但是能够得到认同的机会却比城市的老师少得多。他们渴望能够得到更多的阳光和雨露，能够与学生一同成长。这恐怕是一个不争的事实！尽管如此，他们依然无怨无悔，坚守讲坛，播散爱心。这也是一个不争的事实！

短短一个小时的座谈，我的心灵被震撼了。这短暂的对话，对于我来说就是一次思想的洗礼。中国的乡村教育因为有了这些淳朴善良、敬业爱生、无私奉献、甘当人梯的教师的坚守与付出，才变得如此美好；农村的孩子因为有了这些富有爱心和智慧的教师的教育和培养，才变得如此幸福！

用爱心托起学生，用智慧开启学生，平等对待学生，在儿童的心灵中播下了梦想的种子。这是我走进乡村，参与对话后的最为真切的感受。

乡村教师，中国最为淳朴美丽的人群，我要向你们学习，向你们致敬！

教育，唤醒乡村儿童的梦想

2013年5月22—25日，我参加了江苏省人民教育培养工程2013年“牵手农村教育”巡回指导活动。这次巡回指导活动，组织周密，内容丰富。我走进了苏中乡村，了解了乡村教育的状况，接受了一次精神的洗礼。

5月23日上午，在泰兴豪庭酒店四楼会议室召开了本次活动的开幕式。开幕式上，杨九俊副院长发表了热情洋溢的讲话。他说，乡村教育是立国之大本，这次“牵手农村教育”巡回指导，就是把脉乡村教育，诊断农村实施素质教育的问题，增强人民教育家培养对象的责任感和使命感。他殷切希望我们要强化服务意识、问题意识、责任意识和学习意识，扎扎实实开展好本次巡回指导活动。第一期培养对象代表庄惠芬老师在开幕式上畅谈了他们“牵手农村教育”巡回指导的经验和体会。薛法根校长代表第二期培养对象发了言。

简短的开幕式带给我的是一种感动，一种责任。牵手农村教育，牵动的是教育均衡发展，让农村的孩子也能享受优质均衡的教育，而这对于当下农村的孩子来说，是现实还是梦境，需要我们走进农村用心去感受。牵手农村教育，牵出的是教育发展中的症结，让我们走进乡村，用自己的眼光和智慧去发现农村教育中的重要问题。牵手农村教育，牵系的是农村孩童的希望与未来，让教育为农村的孩子插上飞翔的翅膀，成就梦想，开采未来……

开幕式之后，我们还聆听了中国教育科学研究院袁振国院长的专题报告《基础教育改革与发展》，和南京大学胡大平教授的专题报告《基础教育中的“自主”及其界限》。这两场报告，让我深切地感受到中国基础教育改革任重而道远。

5月23日下午，我们小组一行4人在王一军导师的带领下奔赴宝应县。我们4人分成两个小组，我和陆丽萍老师分在一组。

24日早晨，我与陆丽萍老师乘车来到了曹甸镇下舍小学。这所小学创办于1949年，位于宝应县城东北，是一所最基层的普通农村小学。学校环境优美，布局合理，现有教学班19个，学生854人，教职工53人。

上午，我和陆丽萍老师各自听了3节课。我听了3节语文课，一节是二年级的《真想变成大大的荷叶》，一节是三年级的《日月潭的传说》，一节是五年级的《灰椋鸟》。执教者是三位年轻教师。课堂上，她们能够运用新课程的理念实施教学，师生关系民主和谐。尽管教学条件比较简陋，教学手段也比较单纯，但是三位老师都能够把握语文课程的基本特点，注意发挥文本的例子作用，合理地利用课文引导学生识字、写字、阅读、理解、感悟，课堂上书声琅琅，师生的对话交流积极主动。尤其让我感动的是农村孩子那种淳朴的学习热情和强烈渴求知识的欲望，他们在课堂上学得是那么用心，那么投入。

应该说，三节课本真朴实，老师们都在尽心尽力地教，有着一股股泥土的芳香。但仔细审视这三节语文课，我也从中发现了一些问题，这些问题在一定程度上影响着语文教学质量的提升，必须引起足够重视，并加以解决。

第一，关于读书。三节课上，学生在读书时，确实很用心，遗憾的是他们读书时几乎是在扯着嗓子喊，许多学生把脸都涨红了，读词也是如此。这样读书，非但不能帮助学生体会文章的思想感情，培养良好的语感，也不利于学生的身体健康成长。其实，读书、读词，要倡导一种自然，就是要像说话一样的自然而然，要摒弃矫情做作，更要摒弃大声喊叫。

第二，关于写字。三节课上，老师都把一些关键性的词语板书在黑板上，这是很好的。这样，既帮助学生把握课文的内容，又给学生作了写字的示范。但是，三位老师在板书时，字体不够规范，有倒笔画和写错字的现象。而且，老师板书时，身体总是把字给遮挡住，导致学生看不到老师书写的过程。其实，让学生写好字，教师必须把字写规范、写漂亮，这是语文教师最重要的基本功。三节课上，学生写字的姿势和习惯也存在着比较大的问题，可教师在课堂上并未关注到这些。他们只满足于学生写字的结果，而不关注学生写字的过程和写字的姿势与习惯。这个问题，必须引起高度重视。

第三，关于文本解读。我们知道，研读文本，吃透文本，是教学的最基础工作。从这三节课上可以看出，教师对文本的理解还是有一些问题的，她们没能准确地把握住文本的精髓和编者的意图，所以，对学生在课堂教学中出现的问题没能准确地加以引导和点拨。

第四，关于设计教学。三节课上，教师都试图用新课程理念来实施教学，但她们对新课程理念缺乏深入的理解，因而，课堂上，问题问得碎，问得多，主宰着课堂，拉拽着学生，导致学生依然处于一种被动的学习状态。新课程所倡导的自主、合作、探究的学习方式，要在农村课堂教学中得以落实，看来还需要老师进一步地学习、研究和实践，要在大量的探索实践中不断提升教学设计的智慧。

三节课后，我与三位老师进行深入细致的交流。我们的交流在一种轻松愉快的氛围中进行着。其间，我被她们那种爱岗敬业、虚心学习、执着追求的精神包裹着，浸染着……

24 日下午，我们与这所学校的部分教师进行了座谈。在座谈中，我们深切地感受到农村教师身上独有的一种可贵的精神，他们凭着自己的职业良知和对教育事业执着的情怀，无怨无悔地坚守着三尺讲坛，为农村的孩子撑起一片希望的天空。

在交谈中，他们谈及了自己的苦衷。教师的绩效工资偏低，他们的平均工资水平还远低于苏北地区；学校的办学条件艰苦，还没有现代化的教学设施，教师依然靠着一块黑板、一支粉笔和一本书进行教学；教师的专业化水平不高，学校的教师大多是民转公的教师，学校的音乐老师都是兼职的，音乐教学主要靠录音机，体育教师只有一位是专职的，其余都是语数外老师兼任，学校的美术老师虽有一位是专职的，但目前已经改行教语文了；教师老龄化的现象比较严重，数学教师共 14 人，有 10 人是 50 岁以上的教师；语文教师共 19 人，也有 15 人是 40 岁以上的老师了；教师的工作量比较大，现在农村的留守儿童多，主要靠学校对他们实施教育，每天早、中、晚都有辅导学生的任务，教师没有时间展开教学研究，虽然学校要求每天进行集体备课一次，但是效果不好……

听着这些朴实的肺腑之言，我的心沉甸甸的。在中国，农村教育与城市教育之间的差距怎么会越来越大了？为什么有这么多的本该不需要让农村教师来烦心的事情让他们来烦心呢？他们的身上承载太多太重的负担了！我们知道，教育的希望在教师。看来，改善农村教师的工作条件，优化农村教师的年龄结构，提升农村教师的专业化水平等诸多问题已经成为推进农村实施素质教育的最关键性的问题了。

座谈会之后，我和陆丽萍老师把一天的收获和体会与该校的校长进行了交流。

离开下舍小学，已近下午 4 点。我和陆丽萍老师又乘车去了曹甸镇中心小学。这是一所百年老校。学校的办学条件明显优于下舍小学。整齐气派的教学大楼，树木葱茏的校园绿化，优美典雅的校园景观，活泼浓郁的校园文化，给我们留下了难忘的印象。

这所学校的张廷喜校长热情地接待了我们。他先向我们介绍学校的办学情况，然后带我们参观了校园，并观看了学校学生的社团活动。这所学校每个年级都有学生社团，每天下午都安排学生进行社团活动。我观看了三、四、五年级的社团活动，三年级是韵律操活动，四年级是广场舞活动，五年级是打腰鼓活动。活动中，孩子们载歌载舞，神采飞扬，活力四射，个个脸上都绽开了甜美的笑容。

尽管张校长说他们中心小学依然存在着许多与下舍小学相同的办学问题，但是，看着这样优美的校园环境和一群群活泼灿烂的儿童，我又强烈地感受到，在农村，就是镇中心小学与下面的办学点之间也存在着诸多明显的差距，看来，共享一片蓝天的教育均衡之路还很漫长。

25 日上午，我们 4 人来到了望直港镇中心小学进行公开教学和专题讲座。陆丽萍老师执教了四年级下册数学“用字母表示数”，雷燕老师执教了四年级下册语文《黄河的主人》，我执教了五年级下册语文《灰椋鸟》，吴红明老师作了专题讲座《教师的成长》，最后，我们与老师们进行了有效的互动。整个上午 3 个多小时的活动，300 多人的报告厅座无虚席，老师们自始至终都在凝神地听，认真地记，深入地想。尤其是在最后的互动环节，老师们那敏锐的目光，那深邃的思考，那独特的见解，深深触动着我。我想，乡村教育正是因为有着这样一群爱学习、爱思考的教育人在辛勤地耕耘着、播种着、收获着，才让乡村教育充满了希望，在乡村孩子的心田中播下了梦想的种子。我由衷地敬佩这些中国乡村教育的守望者们——我亲爱的同人们！

“牵手农村教育”巡回指导活动虽已结束，但这次活动留给我的是一笔可贵的精神财富，其必将激励我在教书育人的道路上且行且思！

用思想启迪教育的智慧

2014年4月23—29日，我们一批江苏省人民教育家培养对象走进北京师范大学聆听全国著名教育专家的高端讲座。一场场流淌着思想和智慧的报告，浸润着我的思想，打开了我的视野。

张力先生的《中长期深化教育领域综合改革的基本方向和政策要点》，让我从宏观层面感受到，教育领域综合改革势在必行，任重道远。教育改革必须要以立德树人为导向，全面创新育人模式，让每一个孩子都能成为社会有用之才。

陈如平先生的《学校发展模式的整体建构》，让我深刻感悟到因材施教、有教无类是教育的本质追寻。教育改革必须要关注学校的发展，以提高质量为核心，整体设计学校的发展路径，梳理和提炼学校的办学理念，形成学校的发展特色。

葛振江先生的《抢抓新机遇　谋求新跨越　努力开创教师队伍建设新局面》，让我深切地体悟到教师队伍的建设是教育发展的关键。当前教师队伍建设还存在着诸多问题，要正视这些问题，寻求解决策略，提升教师队伍的整体素质，最大限度地调动广大教师工作的积极性和创造性。

陈洪捷先生的《蔡元培的魅力》，让我感受到蔡元培这位教育家的思想境界和人格魅力。蔡元培先生倡导“思想自由，兼容并包，唯才是举”的教育思想。他一生锐意改革，为“教育救国，学术救国，科学救国”披肝沥胆，孜孜以求，有力地推动了中国的思想启蒙和文化复兴。后人是这样评价蔡元培的："他是新文化运动之父，他通过改变一所大学进而改变了一个民族！"

申继亮先生的《促进高中教育多样化发展的政策设计》，和孙霄兵先生的《十八届三中全会后中国教育改革展望》，让我明白了践行社会主义核心价值观、立德树人要从课程改革入手，注重传统文化教育，培养有深厚中华文化底蕴的堂堂正正的中国人。教育的外部环境要优化，教育的内部体制要改革，教育的综合改革要充分彰显立德树人的宗旨。

石中英先生的《价值教育与正当生活》，视角新颖，阐释精辟，让我对价值教育有了深刻的认识，并引发了我对价值教育的思考，即能够让自己过上一种有价值的正当的教育生活。陶西平先生的《涌动的潮流——关注当代世界教育教学改革的新动向》，视野开阔，思想前卫，让我对当下国际教育发展的走向有了全新的认识。

这一场场讲座，就仿佛是一道道思想的盛宴，滋养了我的心灵，让我对教育有了新的理解。作为一位教育人，从这一场场精彩的报告中，我既感受到专家学者们严谨的治学风范，更体会到他们对教育改革的炽热情怀。

在走进北京师范大学的期间，我们还考察了两所在全国享有盛誉的学校。一所是北京十一学校，一所是清华大学附属小学。这两所学校在教育改革上都取得了卓越的成效。这两所学校的改革都注重尊重学生，激发学生自我学习的潜能，让学生在自由、自主的氛围中愉快学习。所以，李希贵就极力倡导"学生第一"，窦桂梅就主张教育要"为聪慧与高尚的人生奠基"。走进这两所学校，教育改革的清风扑面而来，沁人心脾；走进这两所学校，让我清楚地看到一个完美学校的形态，一切为了学生，为了学生一切；走进这两所学校，让我更深地体会到李希贵和窦桂梅这两位教育改革者的智慧和胆略——情系教育，敢为人先。

真的难以忘怀这次北京师范大学之行！

内涵发展，教育的永恒追寻

最近，去教育部参加一项评选，期间，聆听了华东师范大学张华教授的一场讲座，很是震撼和不安。他说，尽管新课程改革已经进行了十余年，但教育的问题依然没有得到根本性的改变。愚昧、专制、功利仍然统治着我国的教育。我国的教育危机依然存在，主要表现在以下几个方面：

1. 工厂教育学——把学生当作“产品”来看待；
2. 储蓄教育学——把学生当作“容器”来看待；
3. 监禁教育学——把学生当作“囚徒”来看待；
4. 动物园教育学——把学生当作“动物”来驯化。

我以为，上述危机，其实是教育的一种异化，是教育价值的一种扭曲和变形，必须引起我们的警醒和注意。

教育的发展是不可逆转的时代潮流，稳步推进素质教育已经成为当下的最强音。我们必须要和着这一时代的主旋律，真抓实干，做出成绩。由此，我想到了邓小平曾经说过的一句话：“发展才是硬道理！”

明代哲人王阳明曾指出：“为学须有本原，须从本原上用功。”我觉得，教育内涵发展只有合乎教育自身的规律，在本原上施力，才能真正找寻到促进教育内涵发展的最佳路径。

一、教育内涵发展之内涵

教育是什么？这原本是一个极为简单的命题，但就是这么简单的问题，现在却被人为地搞得越来越复杂了。其实，教育就是培养人准备从事社会生活的整个过程。培养和造就合格的人才，是教育的根本旨归和价值追寻。

何为内涵?《现代汉语词典》（第 6 版）里的解释是这样的：“逻辑学上指一个概念所反映的事物的本质属性的总和，也就是概念的内容。”可见，内涵是一种内隐而非外显的东西，它指向于事物的本质属性，是从骨子里透发出来的一种最本源性的东西。教育内涵，顾名思义，就是指教育的本质属性的总和。教育内涵发展，归根结底为的是人的内涵发展，进而由人的内涵发展来推动社会的文明与进步。我们的教育只有关注了人的和谐发展，才会变得富有内涵。我以为，教育内涵发展至少有以下一些特质：

——教育内涵是一种人性的觉醒。教育是一种唤醒，对人性的尊重是教育的前提和基础。在教育中，我们要尊重教师，尊重学生，把教师当作人，把学生当作人。平等待人，一视同仁。真正让教师和学生能够抬起头来走路，活得像个人。只有以人为本、以生为本的教育，才是富有内涵的教育。

——教育内涵是一种精神的诉求。对于教师来说，这种精神至少包含以下几个要义：其一，奉献的精神。人是需要一定的精神的，尽管当下教师的生存状态不是很理想，但是我们应该把教育当作一项事业来看待，要有一种民族的责任感，要对学生负责，对家长负责，对学校负责，对社会负责，教书育人，奉献在岗位，不辜负人类灵魂工程师的雅号。其二，求真的精神。“千教万教教人求真，千学万学学做真人。”实事求是，求真立诚，是教育的重要责任。教育不能玩假，现在的教育需要打假，要切实让那些假、大、空的东西远离我们的教育。求真立诚，这也是一种做人的最基本的准则。其三，探索的精神。教育面对的是活生生的人，充满着许多未知和不确定的因素，这就意味着教育是一个艰辛探索的过程，它需要我们以一颗虔诚的心去跋涉、去攀登。

——教育内涵是一种真诚的服务。教育是一种服务，是一种为人终身发展的服务。所以，有内涵的教育，一定是一种成就人、造福人的教育。这就意味着我们要学会研究人，关注人发展的最基本需求，进而为人的发展提供适切的、优质的服务。只有这样，才能够用我们真诚的服务，去感召人、教育人。

——教育内涵是一种文化的积淀。学校是传播文化的圣地。学校理应成为一个强有力的文化场，用这种文化的场去熏陶感染师生。所以，文化建设对于一所富有内涵的学校来说是非常重要的。这是其一。其二，教师是文化的布道者。可是，现实中，有几个教师能够沉下心来读书、写作的？难怪有人说，现在的教师不读书，不写作，却在教育学生去读书、去写作。岂非咄咄怪事！教师理应成为一个会读书、会写作的周身飘溢着书香的文化人。这就意味着，我们要解放教师，把他们从烦琐的事务中解放出来，使他们能够拥有闲暇时间来读书充电，积淀文化的底蕴。此外，教研文化，也是学校文化的一个重要组成部分。时代要求教师应该是一种研究型的教师，而不是教书匠。这就意味着，我们要把研究引入教学工作中去，让研究切实地成为教师的一种职业习惯。

——教育内涵是一种思想的习惯。思想是一个名词，也是一个动词；是一个过程，也是一个结果。子曰："学而不思则罔，思而不学则殆。"同样，教而不思则罔。教师需要有思和想的良好习惯，只有在实践中对自己的工作不断地进行思和想，才能形成自己的教学思想和教学风格。教师应该成为一个思想者，也只有这样才能够用自己的思想去点燃学生的思想，教会学生如何去思和想。试想，一个不思、不想的人，何以成为一个顶天立地的人？一个不思、不想的民族，何以成为一个充满希望的民族？其实，思想是中华民族最优良的传统。我们必须要把它发扬光大，让它在每个人身上扎下深深的根，长成参天大树。

——教育内涵是一种智慧的力量。教育需要爱，但是，教育只有爱还是远远不够的。教育必须拥有一种智慧。培养有智慧的合格公民，是教育的一种义不容辞的责任。智慧能产生巨大的力量，推动着人类社会文明进步。智慧需要智慧来培养，这就意味着教师应该是一个智者，能够用自己的智慧把握住教育发展的航向，驾驶着教育这艘航船，向着教育内涵的更深处行进；能够用自己的智慧去开启学生的智慧。真的，智慧能够产生力量，教育需要智慧。当然，育人的智慧是需要我们在教育实践中培育的。

——教育内涵是一种高远的境界。"有境界自成高格。"教育需要有一种高远的境界。成就他人，无私忘我，这是教育的一种当然境界；择高而立，就平地坐，向宽处行，这是教育的一种必然境界；脚踩大地，仰望星空，这是教育的一种应然境界。培育具有高远境界的一代新人，应该是教育责无旁贷的使命。这就意味着，我们的教师首先应该成为一个具有高远境界的人，努力使自己成为一本厚实的书。只有这样，我们才能够用自己的言行去影响学生，感染学生，教育学生。

——教育内涵是一种宽广的视野。教育不能坐井观天，应该有面向未来、放眼世界的视野。这就意味着教育必须拥有一种未来的意识，努力地培养适应未来社会的人。我们应该清醒地认识到，学习过去就是为了开采未来。

——教育内涵是一种均衡的发展。有句广告说得好，“大家好，才是真的好”。均衡发展，使每个孩子享受同等的教育，这是教育内涵发展的一种价值追寻。这就意味着，校与校之间应该缩小差距，真正实现高位均衡，整体一流；这就意味着，教师与教师之间也应该缩小差距，真正使每一位教师都能够拥有教书育人的高超智慧。也只有这样，人民才会满意，素质教育才能够真正驶入内涵发展的良性轨道。这是我们每一位教育工作者的美好愿景，但愿它能早日来临！

二、教育内涵发展之策略

我以为，教育内涵发展有这样三个基本要素：品牌、管理、质量。我们如果在教育实践中能够把握住这三个基本要素，科学合理地整合各方面的关系，就能够有效地促进教育朝着内涵发展的方向行进。

1. 树立品牌：就是为了持续发展

我时常这样想：为什么像北京东路小学、琅琊路小学、拉萨路小学这些学校，在南京市乃至在江苏省甚至在全国有如此大的知名度和吸引力呢？为什么有那么多的家长都不惜代价把自己的孩子送到这些学校来就读呢？我曾经接触过这些学校的校长和教师，也向他们询问过这些问题。他们的回答让我茅塞顿开，这些学校之所以有如此大的魅力，是因为这些学校的人文底蕴深厚，办学理念鲜明，校园文化浓郁，在一代又一代领导与教师的不懈努力和全力打造下，业已形成了自己的教育品牌。

是的，办好一所学校，理应有自己的品牌；当然，树立学校的品牌，理应有自己的办学理念。一所学校的办学理念，是其整体教育思想和价值观的集中体现。从历史层面来审视，办学理念，是学校在长期的发展中浓缩出来的带有发展指向性的整体教育观，它折射出了这所学校的办学历史、传统精神和未来走向。办学理念的作用可从两个层次来认识，首先，就理论层面而言，它是一所学校的教育精神和价值取向的体现，反映学校的文化底蕴、办学特色和美好追求。它以一种校园文化氛围、一种精神力量、一种价值期待和一种理性目标的形式来陶冶和激励全校师生。其次，从实践层面来看，它不仅应该具有激励人的功能，也应具有教育人、塑造人、规范人和指导人的作用。所以，一所学校的办学理念应该是延续传承、一以贯之的，岂能因校长的频繁更替而随意更换？要知道，办学理念绝不是校长个人精神和思想的反映，那些将办学理念私人化和校园文化媚俗化的倾向都是不合时宜的，也是与素质教育相悖的，应当予以防范。

我以为，树立一所学校的品牌应该是一个具有长远意义的战略问题。作为一所学校的领导尤其是校长应该本着传承传统、立足现实、面向未来的态度来对待这个问题，要认识到树立学校的品牌，绝不是为了扬名，也不是为了追求政绩，而是为了营造更为优良的育人环境，是为了学校的持续发展。唯其如此，学校领导者才会高瞻远瞩，从长计议，而不至于坐井观天；才会开拓创新，与时俱进，而不至于故步自封；才会发掘潜力，打造品牌，而不至于无所事事。这样一来，工作中自然就会少了些功利性，多了些服务性；少了些随意性，多了些民主性；少了些权威性，多了些人文性。这种良性运作自然也就会产生强大的凝聚力和向心力，形成代代相传的校园文化和校园精神，推动着学校不断向前发展。

2. 优化管理：就是为了促进发展

古人云："得民心者得天下。"我认为，现代管理也是提倡这一点的。如今的管理已不同于传统的家长制式的管理模式了，靠命令和压制有时是难以奏效的，居高临下只会换来人心的疏离。管理学中的"人本原理"已经告诉我们：人是管理活动中最活跃、最能动、最积极的因素，一切物的因素只有通过人的因素，才能加以开发和利用。作为学校的校长，首先要考虑的当然是怎样来管理好一所学校。在大力推进素质教育，不断深化课程改革的今天，优化学校的管理，实现学校管理的科学性、规范性、服务性和人文性已经显得尤为紧迫。所以，在现今的形式下，学校的管理一定要与时俱进，体现以人为本的理念，要把人的因素放在首位，充分尊重人的主体性，最大限度地调动每个人的工作积极性。在管理策略中，要能够有机地把"情感管理"和"制度管理"统整起来，科学地处理好"情"与"法"的辩证关系，做到既发挥"情"在学校管理中潜移默化的感染作用，又发挥"法"在管理中的规范约束作用，两者优势互补，相得益彰，进而优化学校的管理，促进学校良性发展。

我一直这样认为，作为学校的领导者如能开张圣听，察纳雅言，定能收获人心的聚合，此乃管理之上策也；相反，我行我素，听信谗言，必将招致人心的背离，此乃管理之大忌也！

我想，只要学校领导者能够正视人性化管理的重要性，在实施管理的过程中能够做到心中有法且目中有人，就会尽心竭力地为每一位教师服务，而不会把教师当成唯我所用的工具，这样必然就会赢得教师的信赖，也会赢得教师在精神和行动上的支持。所以，只要学校的领导者在管理方面能够树立先进的现代管理理念，创造全新的现代管理模式，合着时代的节拍，就能使学校的发展步入良性循环的快车道。

3. 提升质量：就是为了体现发展

质量是立校之根本，是学校的生命线，这已经成为了人们的共识。然而，目前不少学校老师还把目光聚焦在考试的分数上，认为提升质量，就是提高考试的分数，就连学校对教师的评价关注的仍旧是分数。孰不知，考试的效力是有限的，考试的分数并不能代表学生综合素质的发展水平。这种以分数代替教育质量的畸形价值观与课改精神是相悖的，课程改革固然并不排斥考试，也不回避分数，但关键是，我们对学生、对教师的评价不能只看考试的分数，更要关注教学的全过程。评价的目的是了解教师教的情况和学生学的情况，是为了更好地促进学生的发展和教师的成长。把分数与教师绩效直接挂钩，在短时间内虽然能够调动教师的积极性，但它带来的负面影响也是不言而喻的，其最终会导致学生负担沉重，丧失学习的兴趣；也会使教师陷入不正当竞争的沼泽，这在许多学校已经不鲜见了。如果我们以牺牲学生的学习兴趣为代价来换取考试的好成绩，那是得不偿失的。学校教育如果陷入如此的怪圈，那终将是教育的一种悲哀！

我总有这样一种感觉，追求功利的庸俗化，目前在有些学校大有愈演愈烈之势：他们有时为了参加一项比赛或者活动，不惜代价，全力以赴，学生本应该上的功课可以随意不上，学校最基本的教学秩序也可以因此而被打乱，许多教师也因此怨声载道，但也无济于事。这种以牺牲大多数学生应该拥有的最基本的学习权利为代价，换取来的荣誉还有什么光彩？这样的荣誉是没有什么含金量的。但一些学校领导却因此而沾沾自喜，认为学校是在全面落实素质教育，学生的发展是全面而又和谐的，学校的教育质量更是得到了全面提升。试想，这种价值取向怎能促进学生的健康发展？

素质教育是面向全体的教育，是提升每一位学生素养的教育。为了每一位学生的发展才是我们的价值追求。我们知道，人类的智能具有多元性，学生之间是存在差异的。教育必须尊重学生的差异性，多方面、多角度地发现和培养人才。教育的内容、形式、要求应具有多样性，教育评价主体、评价的指标也应当多元化，“多一把衡量的尺子，就会多出一批好学生”。所以，我们必须全面客观地看待教育的质量。教育质量的内涵应该是丰富而多元的，提高质量与提高考试分数并不是对等的。在日常的教育活动中，教师应当尽可能设计不同的评价标准和方法，保障每一个学生都能生动活泼地成长。在当前的评价体系尚不够完善的情况下，作为教育主管部门以及学校领导要引导教师坚持自己职业操守的“底线”，保持自己应该具有的职业良知。我们必须深刻地认识到，我们面对的是一个个富有个性的孩童，我们所说的质量，与工厂简单地加工制造产品是完全不一样的。全面提高教育教学质量，是每一所学校都在苦苦追寻着的目标。但是，学校和教师应当本着“为了每一个学生发展”的宗旨，全心全意地为学生服务，开发他们的潜能，提升他们的素质，切不能为了自己的荣誉、利益，而视学生为工具，扭曲甚至伤害他们那稚嫩而又纯真的心灵。

俗话说：“冰冻三尺，非一日之寒。”教育内涵发展是一个长期累积的过程。这里，我猛然想到了这样一句话：“慢慢走，欣赏啊！”是的，教育内涵发展需要我们拥有这样一种心态！

悟道

多给儿童些“干货”

播种语文之美

语文是最具魅力的一门课程，语文之美无处不在。

一个个汉字就是一幅幅美丽的图画，就是一个个神奇的故事。它们聚合着音韵之美、形体之美和意蕴之美。语文课应该把汉字的这种美植入学生的心田，让学生爱之，识之，写之。如此，学生就能够在识写的过程中尽情地享受汉字所带来的审美体验，感受着汉字所蕴含的情趣、意趣和理趣。

一首首诗词就是一曲曲生命的礼赞，就是一次次人生的体悟。它们融合着建筑之美、声律之美和意境之美。语文课应该把诗词的这种美注入学生的心间，让学生爱之，吟之，诵之。这样，学生就能在吟诵的过程中快乐地享受着诗词所给予的高峰体验，体悟着诗词所营造的意境和所表达的意旨。

一篇篇课文就是一部部精彩的影视剧，就是一次次动人的经历。它们融聚着作者的才情和智慧，文质兼美。从内容上看，都能启迪心智，催人奋进，阅之，能滋养精神生命的成长；从语言上看，都是字字珠玑，富有说道，读之，能促进言语智慧的生成。语文课应该把课文的这种美植入学生的心灵，让学生爱之，阅之，读之。如此，学生就能够在阅读课文的过程中语言和精神同生共构，相得益彰。

播种语文之美就在于“面向全体学生，使学生获得基本的语文素养”。而语文素养的形成与发展，要通过语言且只有通过语言，才能够得以实现。这就意味着语文课要有强烈的语言意识，要抓住课文语言这个核心来展开教学对话。客观而言，学生阅读一篇课文，最先接触到的总是课文作为文字的物质存在，就是它在空间里由笔画组成的一个个汉字，它们是按照一定的序列组合起来表情达意的，这就是所谓的形式，任谁都不可能逾越这种形式直接攫取内容。语文课要关注形式，但在关注形式的同时不可能也不应该把内容撇在一边不闻不问；更不能只关注内容，而把形式搁在一旁不管不顾。事实上，任何一篇课文都是内容和形式的完美统一，都是独特的“这一个”，其间也不乏遣词造句的精当妥帖之处。语文课要回归到“正确理解与运用祖国的语言文字”这一正道上来，就得要聚焦课文的语言文字，致力于启发引导学生正确地理解课文的语言文字，学习课文是如何运用精当妥帖的语言文字来表情达意的，让学生能够拥有一双善于发现语言独特之处的慧眼，驻足凝视那些精当妥帖的语言文字，品悟语言文字的色香味，体悟语言文字的分寸和情味，感悟语言文字的质感和美感。这是语文的独当之任，也是语文的独特之美。

叶圣陶先生说得对：“课文无非是个例子。”播种语文之美还在于充分发挥课文的“例子”作用，合理有效地利用课文来教学运用语言文字的精当妥帖，使学生能有此自觉的意识和追求。语文课只有把课文的“例子”作用发挥到极致，才会让学生在学习课文的过程中体悟到理解和运用语言文字之“道”，练就出理解和运用祖国语言文字的本领。这个“道”，既包含工具性层面的东西，又包含人文性层面的东西。从工具性的层面来看，这个“道”就是运用语言文字的基本方法，这些表达方法的获得，能够提升学生的言语智慧；从人文性的层面来看，这个“道”就是语言文字传达的思想意蕴，这种思想意蕴的汲取，能够陶冶学生的道德情操。

老子说得好：“道生一，一生二，二生三，三生万物。”学生明白了这个“道”，就能够举一反三，触类旁通。如此，日日操习，篇篇训练，日积月累，就能学会欣赏语文之美，并形成能力，养成习惯，提升素养。

语文之美，各美其美，美美与共！

享受学习的自由

1560年，瑞士钟表匠布克在游览埃及金字塔时，做出了这样的推断：金字塔被建造得如此精细，各个环节衔接得如此天衣无缝，建造者必定是一批欢快的怀有虔诚之心的自由人。一群有懈怠行为和对抗思想的奴隶，绝不可能让金字塔的巨石之间连一个小小的刀片都插不进去。后来，有研究者证实了布克的这一推断。的确，在过分指导和严格监管的地方，别指望有什么奇迹发生，因为人的能力，只有在身心自由的状态下，才能发挥出最佳的水平。

儿童学习亦需要一种自由的心境。有了合理的自由，儿童的身心才会自然地舒展开来，真实而充满情趣的学习活动才会自然而有效地发生。自由，其实是儿童的天性，教师在教学中要善于呵护、优化、激扬儿童的这种天性，让儿童自主实践，自我成长，尽情享受学习的自由。

然而，审视当下的课堂，儿童作为学习的主体，还没能真正享受到学习的自由。课堂上，教师依然强势，过度施教，给予儿童自主支配的时间少之又少，而要求却多之又多，诸如坐姿要端正，发言要举手，回答问题要完整，如此等等。这些近乎苛刻的要求，表面上看，是对儿童学习的指导和帮助，其实是对儿童天性的束缚和压制，是让活泼泼的儿童在死读书、读死书的氛围中慢慢地变得呆板、温顺、少年老成，渐渐地失去童真、灵性和悟性。这是有悖于素质教育的追求的。

儿童就是儿童，他们是成长中的人，得让他们在成人之前能够活得像儿童的样子。所以，要解放儿童，把课堂还给儿童，把自由还给儿童，让儿童在课堂上能够无拘无束地思考，快快乐乐地学习，真正地享受学习的自由和成长的快乐。

让儿童享受学习的自由，就是要让儿童的学习能够回归到学习的本意上来。汉语中，“学”和“习”是两个颇有意思的字。学，本作“學”，上部为双手构木为屋形，下部是“子”，意思十分明了，就是教孩童学习之意。可见，孩童是学习的主体；学习是一种动手操作的实践。习，本意是鸟儿反复练飞。可见，学习本是儿童自己的事情，是儿童自己动手实践、反复练习、获得本领的过程。在这个过程中，儿童的身心应是愉悦的，积极的，主动的，自由的，而这恰恰是学习的应有之义。

让儿童享受学习的自由，就是要让儿童在学习中能够有选择的权利和感悟的闲暇。学习是为了更好地促进儿童的发展，使儿童能够成为他自己，变成他自己。而至于“学什么”和“怎么学”，则需要给儿童一种选择的自由，让他们自由地选择，也需要给儿童足够的自主实践和感悟发现的时间，让儿童在探索实践中获得一种前行的力量和生长的智慧。

让儿童享受学习的自由，还要能够包容儿童在学习当中出现的种种问题或错误。学习是儿童探索未知的过程。儿童在这个探索的过程中，总会出现这样那样的问题或错误。这些问题或错误凝聚着儿童尝试探索未知的心血和智慧，是最为亮丽的思维火花，是弥足珍贵的教学资源。

真的，儿童学习需要这种自由的心境。加缪说过：“自由应是一个能使自己变得更好的机会。”给儿童自由，就是给了儿童一个使自己变得更好的机会，享受学习，享受成长，享受快乐。

让语文回归正常

正常，其实是一个极为平常的词，在《现代汉语词典》（第6版）中是这样解释的："符合一般规律或情况。"然而，在当下"正常"一词却变得有些不寻常了，似乎成了人们的一种奢求。因为在当下的生活中时常会发生一些极为不正常的事情，比如食品安全事件，比如虐童事件，等等。这些事件本是不该发生的，但却屡屡发生了，给人们的正常生活带来了诸多不必要的麻烦。所以，当下的人们都希望一切能回归正常——正常学习，正常工作，正常生活。

回归正常，就是回到符合事物发展的一般规律上来，使事物发展归于常态，变得自然。教育也概莫能外。教育回归正常，就是要让教育能够符合教育的规律和学生身心发展的规律，让受教育者在实践中自我学习，自然成长。

语文，是素质教育课程体系中一门最为基础的课程。回归正常，让语文在素质教育中发挥应有的作用，这应该是每一位语文教师正常的价值追寻。

语文回归正常，就是要让语文回归到儿童世界当中来。儿童是语文学习的主人。语文是基于儿童，为了儿童，发展儿童的。这些都已经成为语文教师的共识。然而，这样的共识，在当下大多数教师那里还只是停留于口头说说而已，并没有真正落实在语文教学当中。教学中，把儿童当作教化的对象的教师依然不在少数，学生被动接受、无奈服从的现象还屡见不鲜；把课堂看作炫技的场所的教师依然大有人在，学生被动学习、沦为看客的现象还时常发生。这其实都是一些不正常的现象。这些不正常的现象导致了语文教学中儿童的缺席。这种缺席自然就导致了语文教学的错位。长此以往，学生自然就会对语文学习失去兴趣。所以，让语文回归正常，必须要站在儿童的角度思考问题，设计教学，切实地把课文转化为儿童学习语言文字运用的情境，淡化教师的“教”，强化学生的“学”，使学生在积极主动的阅读、思考、探究的过程中，经历一种“踏破铁鞋无觅处”的艰辛和困惑，获得一种“得来全不费工夫”的惊喜和顿悟。而这，才是一种儿童学习语文的正常状态！

语文回归正常，就是要让语文回归到语言文字当中来。语文课程是一门学习语言文字运用的综合性和实践性课程。学习语言文字运用，是语文课程最本质的属性。所以，让语文回归正常，必须咬定语言文字不放松，让学生在学习语文的过程中，能够关注文本所呈现出来的独特的语言现象，体会语言文字的意味和情味，揣摩语言文字的分寸和美感，感受语言文字的张力和魅力，探索和发现语言文字的运用规律。只有这样，才会让学生在学习语言文字运用的过程中，拥有一听就明、一说就顺、一读就懂、一写就通的运用智慧。也只有这样，语文才会产生一种正能量，为培养学生的语言文字运用能力，提升学生的语文素养发力。而这，才是一种彰显语言文字迷人风姿的正常的语文！

语文回归正常，就是要让语文学习符合语文自身的规律。语文新课标指出：“语文课程是实践性课程，应着重培养学生的语文实践能力，而培养这种能力的主要途径也应是语文实践。”所以，让语文回归正常，必须要强化语文实践，让学生在学习语文的过程中，多读多写，日积月累，在大量的语文实践中体会、把握运用语文的规律。故而，在语文课堂上，要能够以文本为凭借，发挥其例子作用，善于把文本的内容转化为学生听说读写的语文实践活动，切实让学生在听说读写的语文实践当中历练生成听说读写的能力。只有这样，才会让学生“在游泳当中学会游泳”，形成技能，获得发展。而这，才是一种合乎语文自身规律的正常的语文学习！

语文回归正常，就是要让语文课堂充满一种游戏的精神。语文课堂是学生进行语文实践的主阵地。“实践的特性是自由游戏和不断尝试。”（雅斯贝尔斯语）自由游戏，这正是儿童的一种天性。所以，让语文回归正常，还必须要有一种游戏的精神，把语文课堂变成儿童自由游戏的场景，让学生在自由游戏的过程中，不断尝试学习语言文字的运用，习得语言文字运用的智慧。只有这样，在游戏精神引领下的语文实践，才会变得生动活泼，富有情趣。也只有这样，语文课堂才会成为儿童快乐学习的天堂。而这，才是一种顺应儿童天性的正常的语文课堂！

让语文回归正常，让一切都回归正常吧！

回归语文的本原

最近，读了华东师范大学应用语言研究所所长潘文国先生的《100 年来，我们用教外语的方式教母语》一文，感慨良多。

潘文国先生认为："中国传统语文教育主要做两件事：识字、做文章。学习西方的语言学后，强调语言分析、语法分析，现在回头来看，这些对母语学习来讲基本没用"，"学母语跟学外语是两回事，一百年以来，我们一直把汉语当做外语来教，这是造成语文教育效果不佳的重要原因"。仔细想来，潘先生说得不无道理。曾几何时，烦琐分析充斥着语文课堂，什么这是主语、那是谓语啦，这是本体、那是喻体啦，如此等等，不一而足。本以为靠这样大量的语法分析就可以提高学生的语文水平。殊不知，事与愿违，致使母语教学步入了旁门左道，高耗低效，这怎能不说是件遗憾的事情！

记得王阳明先生说过："为学须有本原，须从本原上用功，渐渐盈科而进。"本原，乃根本也，即构成事物的基本的、最初的元素。100 年来，我们之所以误用教外语的方式来教母语，恐怕是我们对西方语言学的过于迷恋，而导致过度迷失汉语言文字学习的本原。事实上，英国人学习自己的母语——英语，就很少学习语法，他们编的母语教材阅读量就很大，选编了大量的文选、作品，诗歌、小说等各种文体都有。他们上课主要是阅读文章，在大量的阅读实践中掌握母语运用的规律。他们深知，上课讲语法浪费时间，得不偿失。其实，学习母语，靠的就是大量的听说读写的语文实践活动，并非是靠语法分析。所以，要让语文学习“渐渐盈科而进”，就得要语文回归本原，用语文的方式教母语，把力使在本原上，让学生的语文素养在多读多写的实践中得以提升。

语文回归本原，就是要回到学习语言文字运用的根本上来。语文课程是一门学习语言文字运用的综合性、实践性课程。语文课程在素质教育课程体系中有其“独当之任”——致力于培养学生的语言文字运用能力，提升学生的综合素养。这就意味着，在语文教学中，我们要关注语言文字，最大限度地发挥文本的例子的作用，充分利用文本所呈现的语言现象，引导学生咀嚼揣摩文本的语言文字，在读、思、写、悟的过程中感受语言文字的张力和魅力，把握语言文字的运用规律，习得语言文字的运用智慧。这样的语文课，才会发挥出语文课程的独特价值。

语文回归本原，就是要回到我国语文教育的优良传统上来。注重读书、积累和感悟，注重整体把握和熏陶感染，是我国语文教育的优良传统。这就意味着，在语文教学中，我们要继承语文教育的传统，最大限度地为学生创设读书、积累和感悟的时机，真正让学生在大量的语文实践中体会、把握运用语文的规律。回归传统，其实就是正确把握语文教育的特点，彰显语文独有的风采，让语文课堂能够多一些整体把握，少一些琐碎分析；多一些自主实践，少一些越俎代庖；多一些熏陶感染，少一些空洞说教。这样的语文课，才会给学生的生命成长注入正能量。

语文回归本原，就是要回到全面提高学生的语文素养上来。新课标指出，九年义务教育阶段的语文课程，必须要面向全体学生，使学生获得基本的语文素养。这就意味着，在语文教学中，我们要关注每一位学生，最大限度地调动全体学生学习语文的主动性和创造性，注意学生的个体差异和学习需求，爱护学生的好奇心、求知欲，激发学生的问题意识和进取精神，让每一位学生都能够亲历语文实践的过程，学语习文，发展思维，历练能力，养成习惯，生成智慧。这样的语文课，才会给学生带来学习母语的快感。

回归本原，用语文的方式教母语，让母语教学合乎自身规律，促进学生健康成长。这是我们不懈的追求！

变"训练"为"实践"

"训练"曾是语文教学的一个热词。"把语文课上成语言文字训练课""语文教学要以训练为主线"曾是甚为流行的教学理念。然而，在语文新课标中却很难找到"训练"这个词，取而代之的是"实践"这个词。有人对此颇有微词，觉得语文教学不强化语言文字训练，怎能行？其实，语文教学变"训练"为"实践"意蕴丰赡，值得玩味。

一、语文学习，为何要变"训练"为"实践"

"训练"和"实践"有何差异呢？《现代汉语词典》（第6版）对"训练"的解释是"有计划有步骤地使具有某种特长或技能"；而对"实践"的解释是"人们有意识地从事改造自然和改造社会的活动"。由此不难看出，训练是一种他主性的行为，实践却是一种自主性的行为。

训练，是教师"训"，学生"练"。学生的学习行为是被动的，只是在教师主宰下的一种活动而已，鲜有自由、自主可言。比如，为让学生掌握某课的生字，教师往往会让学生把生字抄写若干遍，今天抄五遍，明天抄三遍，一直抄到学完这篇课文为止。这样的抄写已经司空见惯。似乎这样的抄写，就能让学生记住生字；仿佛这样的抄写，就能提高学生的写字能力。殊不知，如此索然无味地反复地机械抄写，带给学生的只能是痛苦的折磨和无奈的叹息。

而实践则不然。实践是学生的一种自觉的学习行为，体现出来的是一种主体学习精神的觉醒。雅斯贝尔斯在《什么是教育》中就说了这样的话："教育的过程是让受教育者在实践中自我练习、自我学习和成长，而实践的特性是自由游戏和不断尝试。"所以，实践带给学生的是一种自我练习、自我学习的愉悦和成长的快乐。游戏，是儿童的天性。实践就是学生在问题的牵引下自由自在地游戏的过程，富有游戏的精神。难怪有人会说，与其让学生学语文，不如让儿童玩语文。好奇，也是儿童的天性。实践也就是学生在文本的召唤下满怀好奇地尝试的过程，彰显探索的精神。譬如，我教《灰椋鸟》一文的生字时，先让学生仔细观察，细心读帖，把自己认为比较难写的或者写得不够漂亮的生字，用心地描一描、临一临，揣摩它们的写法。在此基础上，让学生选择一两个生字，想一想怎样把它们写正确、写漂亮。如此教学，唤醒了学生自我练习、自我学习的主动性和积极性，这样的写字实践，就充满着趣味性和探索性。

训练是以师为本，而实践则是以生为本。所以，"训练"与"实践"有着质的差异。语文教学变"训练"为"实践"，就是让语文学习能够符合语文自身的规律，体现语文的本体性，就是让语文教学能够合乎儿童的天性，突显儿童的主体性，就是转变教学方式，变以教师的"教"为主为以学生的"学"为主，让教师的"教"更好地为学生的"学"服务，以学定教，促进发展。

二、语文教学，如何变"训练"为"实践"

新课标强调，学生是学习的主体。因而，变"训练"为"实践"的语文教学要回到儿童世界当中来，要站在儿童的立场思考问题，设计教学，充分调动儿童的学习情趣，激发儿童探究实践的欲望。一位教师教学《少年王冕》时，先给儿童推介吴敬梓的《儒林外史》这部书，由书的第一回引出了王冕这个人，并告知学生，王冕是书中唯一受吴敬梓先生推崇的正面形象，再引发儿童质疑问难，然后，让学生带着自己质疑的问题走进课文，认识王冕。这样的设计，使儿童的阅读期待一下子就被调动了起来，都能够乐此不疲地把心沉潜到文本的语言文字中来，咀嚼文字，感受形象。

新课标指明，语文课程是一门学习语言文字运用的综合性、实践性课程。所以，变"训练"为"实践"的语文教学应彰显语文课程的特质，把学习语言文字运用作为核心目标，把语文知识的学习、语文方法的习得和语文技能的培育作为本体性内容，致力于培养学生的语言文字运用能力，提升学生的语文素养。一位教师是这样教学“裕”字的——字音：借助拼音，读准字音；字形：通过猜字谜、编儿歌、换部件等方法，记忆字形；字义：分析字理，理解字义；书写：读帖、描红、临写，感受汉字的形体之美。如此教学，巧妙地将三维目标融为一体，让学生在识写汉字的实践中，体会到汉字的文化魅力，培养了对汉字的美好情感。

新课标指出，语文课程是实践性课程，要着重培养学生的语文实践能力，而培养这种能力的主要途径也应是语文实践。故而，变“训练”为“实践”的语文教学还要正确把握语文的特点，用课程的角度审视课文，要充分发掘文本中的语文元素，并能将其自然而巧妙地转化为学生的语文实践活动，让学生能在听中学会听，在说中学会说，在读中学会读，在写中学会写。在语文实践中，教师既不能以自己的分析来代替学生的语文实践，也不能以反复的抄写或简单的做题来取代学生的语文实践，要善于引导学生通过自主、合作和探究的方式来解决语文实践中的问题。只有这样把鱼儿放到水里去，让鱼儿尽情地游，鱼儿才会在水中享受到游泳的乐趣。

莫要窄化“学习语言文字运用”

最近，参加了一些教研活动，观摩了一些公开课，发现有些老师过分强调“表达”，总是想方设法从课文中找寻一些读写结合的点，让学生于读中学写，练习表达。他们以为这样教学，就关注到了学习语言文字的运用，是最合乎新课标精神不过的了。不可否认，有些课堂对读写结合点的发掘还是比较自然巧妙的，听之，让人拍案叫绝；而有些课堂对读写结合点的设计就比较生硬牵强了，听来，叫人有点匪夷所思。

近来，也留意了一些报纸杂志上的文章，阅读了一些案例和论文，同样发现有些老师过分关注言语形式，强化读写结合，追求立竿见影的教学效果。

观课，读刊，不禁心生感慨：语文教学又怎么了？读写结合何以又如此风靡课堂，几乎成了教学每篇课文时必不可少的内容？静心思忖，若有所悟——当下语文教学可能有了些许新共识——学习语言文字运用，就要关注言语形式，强化读写结合；凡是没有体现读写结合的课，似乎就游离了学习语言文字运用，当然就算不上好的语文课了。倘若如此，就不免把学习语言文字运用窄化为读写结合了，这固然有失偏颇。其实，读写结合，本是学习语言文字运用的应有之义，也是语文教学的应然选择。

目前，语文教学之所以如此关注言语形式，强化读写结合，主要是缘于新课标对语文课程的界定：“语文课程是一门学习语言文字运用的综合性、实践性课程。”这一界定，就把语文课程的目标和内容聚焦于“语言文字运用”上来了。那么，何为“语言文字运用”？新课标开篇就指出：“语言文字的运用，包括生活、工作和学习中的听说读写活动以及文学活动。”可见，“语言文字运用”既包含生活、工作和学习中的实用性语言文字运用活动，也包含运用语言文字的文学活动。如此来看，就不难发现现实生活中的听说读写活动以及文学的阅读、创作和评论，都是旨归于语言文字的运用的。所以，学习语言文字运用，并非读写结合这一种方式。读写结合相对于学习语言文字运用来说，只是其一，而非唯一。

新课标还指出，语言文字的运用“存在于人类社会的各个领域”。如此来看，“语言文字运用”是一个整合的概念，一个在“各个领域”都存在着的概念，一个具有丰赡意蕴的概念。故而，课堂上，帮助学生认识汉字，能一笔一画地书写汉字，是学习语言文字的运用；引导学生倾听老师和伙伴的说话，能听懂他们说话的意思，是学习语言文字的运用；鼓励学生大胆发言，能把自己想说的话讲清楚、说明白，是学习语言文字的运用；启发学生潜心阅读，能通过语言文字准确、熟练地从文本中获取信息，是学习语言文字的运用；指导学生读中学写，自由写作，能具体明确、文从字顺地表达自己的见闻、体验和想法，是学习语言文字的运用。课堂之外，让学生去收听广播，阅读报刊，讲述故事，与人聊天，上网浏览、发邮件，如此等等，也都是学习语言文字的运用。

有道是，语文学习的外延与生活的外延相等。语文教学切莫将学习语言文字运用与读写结合简单地画上等号，否则，就会曲解了学习语言文字的运用。

语文的“本色”与“诗意”

最近，有人要我谈谈“诗意语文”和“本色语文”之间的关系。这是一个颇有意味的问题。对此，我没有做过深入研究，只能说些皮毛，权作抛砖引玉之用。

对“诗意语文”和“本色语文”的关系的认识，我想还是从两者的共性和个性来谈些粗浅认识。

首先说说两者的共性。

无论是“诗意语文”还是“本色语文”，都一定是体现语文学科的性质特点，人文性和工具性的统一是它们的基本特质，学习语言文字的运用是它们的价值追寻。不管是“诗意语文”还是“本色语文”，都一定会尊重儿童的身心发展规律和学习汉语言文字的基本规律，体现出“小语姓小”“语文姓语”的儿童学习母语的特点。就课堂教学而言，无论“诗意语文”还是“本色语文”，都一定是凭借一篇篇的课文，有计划、有系统、分阶段地培养学生听、说、读、写、作、背、习的语文能力，发展学生的思维品质，提升学生的语文素养，培育学生的人文精神。不管是“诗意语文”还是“本色语文”，都一定离不开平时那些必须的、经常性的读读、背背、说说、写写等基本的语文实践活动。总之，它们都是语文，都是小学语文。倘若脱离了这些，那就会沦为毫无意义的“非语文”抑或“泛语文”，那就会丧失语文课程应有的张力和魅力。

再来谈谈两者的个性。

“本色语文”，似乎可以理解为“平民化的语文”“大众化的语文”，它所体现的思维方式和教学价值就是“简简单单、平平淡淡、实实在在”，但这决不是将语文教学平庸化。这种“简简单单”体现的是更加突出小学语文教学的核心目标，也就是培养学生最基本的“听、说、读、写、作、背、习”的能力和喜爱语文的兴趣、品质。这种“平平淡淡”意味着教师以一种“农夫”的“甘于淡泊，一切从学生的需要和实际”出发的心态，心无旁骛地，快乐地从事语文教学；少了一份虚假的华丽，多了一份原生态的语文情愫。这种“实实在在”表现的是遵循了新一轮课程改革“一切为了学生的发展”的核心理念。教师所做的一切工作远离了浮华，接近了地气，为的是学生经过一节课的学习，通过一篇课文的学习，通过一个学期的学习，通过一年的学习，通过一个阶段的学习，通过小学的学习，真正能够形成应该具备的语文素养。如果说得简单一些，那就是能够识得该认识的字，能够顺畅地阅读，能够思维清晰、表达得体地和人交流，能够拿起笔明白地表达自己的所见所闻所感，能够对语文、对阅读和写作具备相应的能力，有一定的兴趣。本色语文可能不是空中喧嚣的雷声，更像花丛中默默开放但也芳香馥郁的花朵。

“诗意语文”，我曾经片面地理解为教师在教学时用的是华丽的、诗意的语言，总是想尽办法将诗歌引进课堂，过多地关注人文熏陶。后来，通过学习，我发现自己错了。诗意语文是一种教学风格，是语文教师所拥有的诗意情怀。他们力求语文教学要能够体现出“丰厚的文化底蕴、高超的教育智慧、远大的职业境界”，追寻一种独到的教学见解。

如果问我心目中理想的语文教学，应该是质朴的、真实的、灵动的、充满思辨和智慧的。也许，这就是语文的“本色”，语文的“诗意”。

向语言更深处漫溯

语文新课标指出："语文课程应激发和培育学生热爱祖国语文的思想感情，引导学生丰富语言积累，培养语感，发展思维。"很显然，语文的本体，就是对语言文字的理解和运用。我们知道，文本中那些深邃的思想、精辟的见解、丰富的情感，总是借助精美的语言文字表达出来的。因而，在语文教学的过程中，我们必须要从语言文字入手，引导学生认真品味文本的语言，体味它的精湛，感受它的魅力。唯此，学生才会触摸到作者思想的深处、情感的深处，跨越时空，思接千载，与他们进行心灵的沟通，思想的撞击。

一、体验：感悟语言的情韵

案例1："识字5"（苏教版语文一年级下册）教学片段

师：夏天虽然有时候会发脾气，但是它给我们带来了许多好吃的水果。请看——（出示：桃子　梅子　西瓜）谁来读？

（生个别读、齐读）

师：你们吃过这几种水果吗？老师想看看你们是不是真的了解它们。[出示：又（　　）又（　　）的桃子、又（　　）又（　　）的梅子、又（　　）又（　　）的西瓜] 谁来说一说？

生：又香又甜的桃子。

师：你说出了桃子诱人的滋味。

生：又大又圆的西瓜。

师：你是从西瓜的形态来说的。

……

师：这些水果可真是色香味俱全啊！谁再来读一读这些水果的名字？

（生个别读、齐读）

师：现在你觉得夏天怎么样？

生：我觉得过夏天很快乐，因为能吃到许多水果。

生：我觉得夏天很甜美，我喜欢夏天！

师：是呀，这么甜美的夏天，谁不喜欢！再让我们一起来读一读。

感悟："识字5"的课文是一篇充满生活气息和儿童情趣的文章。课文围绕"夏天"，采用"词串"的形式，将12个词语按照一定的联系排成4行，押韵合辙，易于诵读。对于这样一篇富有诗情画意的课文，在教学中，不仅要充分发挥文本的识字功能，还要注意发掘文本的认知功能和审美功能。此课例中，教者能够立足文本，从整体入手，用填空的形式，唤醒学生的生活经验，引导学生用心去触摸这些词语，体验其间所潜藏着的丰富的意味和无穷的情趣，帮助学生把文本的语言转化成鲜活的、有情的语言，使得学生的情感与文本内容产生强烈的共振。在此基础上，教者又让学生通过反复吟诵来加深对课文的理解和感悟，此时学生的诵读是发之于心、源之于情、吐之于声的，既能内化文本语言，又能受到情感浸润。如此教学情趣盎然，行云流水，寓识字于诵读之中，自然巧妙地把知识与能力、过程与方法、情感态度和价值观有机地统一起来，使学生对夏天的认识逐步深刻、丰富、立体起来。

二、揣摩：体悟语言的意境

案例2：《三顾茅庐》（苏教版语文四年级下册）教学片段

师：谁来把这3个词读给大家听？

生：（大声朗读）蜿蜒起伏、青翠欲滴、秀丽宜人。

师：读了这3个词，你有什么感受？

生：我感觉好像来到了一个风景十分优美的地方。

师：能把这种感觉读出来吗？

生：（有感情地朗读）蜿蜒起伏、青翠欲滴、秀丽宜人。

师：读得真好！这3个词在文中什么地方出现的，谁能找出来读给大家

所？（指名朗读第3自然段）

师：想一想，这3个词语在文中是什么意思？谁来读这一自然段的第一句话？

生：那里的山冈蜿蜒起伏，好像一条等待时机腾飞的卧龙。

师：此时此刻，你的眼前出现了什么样的画面？

生：我的眼前出现了许多高低错落的山冈。

师：这就是“起伏”的意思。除了这些，你还看到了什么？

生：山冈一座连着一座，有高有低，而且是弯弯曲曲向前延伸的，很有气势。

师：这就是“蜿蜒起伏”的景象。再把这句话读一读，让这个画面更清晰地展现在我们面前。

生：（有感情地齐读）那里的山冈蜿蜒起伏，好像一条等待时机腾飞的卧龙。

师：谁来说说另外两个词语的意思？

……

师：这里的美景可真令人陶醉啊！谁来读一读？男同学回答问题比较踊跃，奖励你们一起来读一读！（男生齐读）

师：看到美丽的景象了吗？

生：看到了！

师：这美好的景象为什么能如此清晰地展现在我们的眼前呢？

生：因为作者选择了几个很有代表性的景物。

生：作者还用上了许多生动优美的词语，写出了它们的特点。

师：说得真好！让我们再来读一读这段话，用心体会作者的匠心独运！

感悟：文本是以语言文字作为媒介来描摹事物、传达感情的，因而在探讨文本蕴蓄的时候，我们还要从语言文字入手，让学生通过想象和联想的心理功能，把文本的语言符号转化为内心的视觉形象，加深对文本的理解和体验，享受其中的审美乐趣。从这个教学片段可以看出，教者谙熟此道，并能够根据第二学段的教学要求以及文本的特点，精心预设，巧妙引导，调动学生运用多种感官来揣摩、体悟文本的语言，将文本中那些凝固的文字转化成生动鲜活的画面浮现在学生的脑海之中，让学生有如临其境之感。教学中，教者还注意引导学生揣摩文本的语言形式，“这美好的景象为什么能如此清晰地展现在我们的眼前呢”的追问，很巧妙地把学生的视角引到体味语言文字的具体运用上来，进一步琢磨、领悟如此美妙的境界是怎样用生动流畅的语言文字表达出来的。如此教学，就很自然地引导学生轻松愉悦地到文本中走个来回，使学生经历从语言形式到思想内容再回到语言形式的学习语言的过程，阅读思考，揣摩领悟，把握规律。

三、咀嚼：咂摸语言的意味

案例3：《生命的林子》（苏教版语文六年级上册）教学片段

师：同学们，这里有个词，叫“鹤立鸡群”，知道是什么意思吗？

生：一只鹤站在一群鸡里面显得很高大。

师：你说的是它的字面意思，在这里呢？

生：比喻一个人的仪表、品德高于其他人。

师：这是字典上的解释，在这里呢？请联系上下文想一想。

生：形容那棵树在那些灌木丛中就像鹤一样高高在上，条件相当优越。

生：我觉得“鹤立鸡群”还有这么一层意思，就是说玄奘去了山野小寺，就算出人头地了，但他出的只是鸡头。

生：那棵松树就像鹤一样，很高傲，因为没有树和它竞争，所以它也不愁没有阳光，结果就成了薪柴。

师：这么一联系“鹤立鸡群”的意思在课文中就丰满起来了。

感悟：文本语言是含蓄凝练的，是意味深长的，它有着“言在此而意在彼”的神奇。而这种神奇“此言”会向学生的心智发出邀约，驱遣学生探寻“彼意”的兴致，诱发学生破解其“言外之意”，使得学生在咂摸语言意味的过程中，享受到“此言”的含蓄之美。从课例中，我们可以感受到学生在教者“在这里呢”的反复追问之下，能够走进文本，联系语境，逼近“文心”，体味出“鹤立鸡群”在文中所蕴含着的丰富意味。这样的教学，既能够让学生咀嚼“有尽之言”，咂摸“无尽之意”，感受语言的魅力，又能够让学生在破解“彼意”的过程中体会到作者遣词造句的匠心独运，受到言语智慧的浸润。

四、甄别：触摸语言的质感

案例4：《爷爷的芦笛》（原苏教版六年级上册）教学片段

师：同学们，文章的第三自然段对海的描写是很有特色的。你们发现了吗？

生：我认为这一自然段用了拟人化的手法，把五月的海描写得很迷人，令人向往。

生：我感觉到这一自然段用词造句很讲究，五月的海水是温润的，初夏的海风是温馨的。虽然文字不多，但留给我们的印象却十分深刻。

师：你们真是拥有了一双善于发现的眼睛啊！请你们仔细读读这段文字，看看“温润”与“温馨”这两个词语能否互换一下位置？

生：我认为这两个词语不能调换位置，因为“温润”是在有湿度的情况下用这个词，而“温馨”一般是形容家庭的。

师：这里却不是家庭呀！

生：我来补充一下他的看法，他说“温润”是在有湿度的条件下可以用，我基本同意；不过，“温馨”在这里不是指家庭，而是形容初夏的海风的。我觉得，“温润”和“温馨”都有一种舒服的感觉，都是一种幸福的体验，“温润”是用皮肤去获得的一种感觉，而“温馨”则是用心去获得的一种感觉。所以，我认为这两个词语不能调换。

生：我认为“温润”的意思是柔和中带有一点湿度，而“温馨”则是温润中带有一点馨香。所以这两个词语不能对调。

师：由此看来，初夏的海是浪漫与温馨的，作者对海的感受是何等细腻，用词造句又是何等的精准啊！同学们，让我们把这一自然段美美地读一读，再来感受一下五月间的海水、海面和海风。

感悟：情味浓烈、意象灵动、意境丰韵是汉语言文字的特点。从这个课例中，可以看出，教者能够从汉语言文字的这一特点出发，让学生通过甄别来触摸语言文字的质感，领悟弦外之音、言外之意，倾听语言文字背后的声音，实现“文心”与“人心”的融通。“温馨”与“温润”这是两个貌合神离的词语，在教学中往往会被忽视，但教者能够凭借自身敏锐的语感，发掘了这个极有训练价值的教学资源，并精心预设。教学中，经过教者“这两个词语能否互换一下位置”这一巧妙点拨，学生的思维被激活了，经验被唤醒了，他们以身体之，以心验之，以情悟之，把文字背后的信息、形象、意境、气韵都彰显了出来，使得语言文字的穿透力及魅力在学生心中熠熠生辉。我觉得，如此甄别，既能让学生感悟到初夏海的浪漫与温馨，又能让学生在不知不觉中体悟到作者遣词造句之精妙；如此开掘，既是对语言意韵的揣摩，又是对语言理法的领会；如此触摸，还能使学生感受到此时的文字已不再是僵化、冰冷的符号，而是赋予个体情愫的有情之物，滋养着心灵智慧。

有诗云：“寻梦，撑一支长篙，向青草更青处漫溯。”为了追寻语文学习的本真，在语文教学过程中，我们要咬定“语言”不放松，从语言文字入手，寻求策略，引领学生品味语言的滋味，探寻语言的规律，滋生学生的言语智慧。这正是语文教学的应尽之责。

阅读教学的应有担当

语文新课标对“阅读”和“阅读教学”作了明确界定：“阅读是运用语言文字获取信息、认识世界、发展思维、获得审美体验的重要途径。阅读教学是学生、教师、教科书编者、文本之间对话的过程。”由此，不难看出，语文课程中的“阅读”有着一种特殊的规定性，突出“语言文字”，强调“阅读”是“运用语言文字”来“获取信息”“认识世界”“发展思维”“获得审美体验”；语文课程中的“阅读教学”也有着一种特殊的规定性，强调以人为本，突出对话是阅读教学的本质属性，即以学生为中心来展开学习语言文字运用的阅读实践，让学生在对话的过程中品味语言，习得方法，历练能力，生长智慧，养成丰厚的语文素养。这是阅读教学在语文课程中所应有的一种担当。那么，阅读教学到底怎样才能承受这种担当呢？通过对新课标的研读，我以为，阅读教学要完成这种担当，要从以下几个方面发力。

一、展开有效的阅读对话

新课程背景下，对话已经成为语文教学的重要理念之一。对话理论的始祖巴赫金指出：“一切莫不都归结于对话，归结于对话式的对立，这是一切的中心。一切都是手段，对话才是目的。”对话，是人格对等基础上的心灵相约；对话，是相互信赖氛围中的精神交融；对话，也是教学相长情境下的切碰探讨。阅读教学要精心设计并组织好不同对象、多种形式的对话活动，让学生经历对话的过程，展开思与思的碰撞，心与心的接纳，情与情的交融。阅读教学中以学生为中心展开的对话主要有以下几个层面：

1. 学生与教师的对话

阅读教学中，学生与教师的对话主要是以文本为中介而进行的平等的精神交流。教师作为师生平等对话的“首席”，在对话中，要把握住教学目标和学生阅读的心理，或激发兴趣，或启迪思维，或引导点拨，给学生以浓浓的人文关怀。具体来说，上课伊始，可以设计简短而又富有情趣的导语，导入新课，也可以让学生围绕课题质疑，诱发学生的阅读期待；初读阶段，可以运用各种方法，激发学生的读书兴趣，感知文本的内容；精读阶段，可以在话题的驱动下，运用多种方法，引导学生充分读书，以走进文本，揣摩语言，体验情感，交流感受，得意得言。

2. 学生与文本的对话

学生与文本的对话是多重对话关系中的核心。学生在与文本对话的过程中，应该敞开自己的心扉，将自身的体验和理解熔铸到文本的表达之中，进入文本作者的内心世界，与文本作者进行心与心的交流和融通。课堂上，要给予学生一定的时间进行自主阅读，引导学生站在自己的生活世界中，采用读、背、说、写、画、演、做等形式实现与文本对话，与作者对话，让每一个学生都能感受到自主的尊严，感受到生命存在的价值，感受到精神相遇的愉悦，感受到心灵成长的幸福。

3. 学生与教科书编者的对话

教材的结构，课文的选择，课后的练习，无不体现着教科书编者的眼力和智慧。和教科书编者对话，过去都是教师的事情，新课标这次提出要学生和教科书编者进行对话，目的是让学生扩大阅读范围，能够从课文前后获取相关信息，把握单元主题，关注导读提示和课后习题等，使语文学习有更强的针对性，能够更好地把课文的例子作用最大限度地发挥出来。刚开始引导学生做这件事的时候，教师要有更多的耐心，从点滴做起，让学生在和文本对话的过程中能够逐步学会关注单元主题、前后课文的联系、导读提示、课后习题等方面的因素，切实地与教科书编者进行有效对话，不断提高对话的质量和阅读的效果。

4. 学生与学生的对话

学生与学生的对话也是以文本为媒介进行的。在这个对话的过程中，学生可以交流自己的见解或提出自己的疑问，可以评价别人的意见或与别人进行争辩。在这样的对话过程中，学生互通有无，联手合作，共享成果，实现了真正意义上的自主与合作。

二、实现个性化阅读

阅读是学生的个性化行为。个性化阅读是建立在自主阅读和平等对话的基础之上的，具有以下一些要义。

1. 学生的自主阅读

新课标指出："阅读教学应引导学生钻研文本，在主动积极的思维和情感活动中，加深理解和体验，有所感悟和思考，受到情感熏陶，获得思想启迪，享受审美乐趣。"阅读教学引导学生钻研文本，就是要引导学生通过自主阅读和交流对话，来展示学生的见解和才情，生成学生的言语智慧，提高学生的交际能力，丰富学生的人文精神，提升学生的语文素养。可以说，没有学生的自主阅读，所谓的个性化阅读也就无从谈起。学生只有在充分自主阅读的基础上，才能够悟出文本的精髓，产生独特的感受、体验和理解。因此，教师在个性化阅读时，不能沉湎于表面上的热闹，摆弄一些花哨的形式，而是要把功夫下在引导学生潜心琢磨语言文字上，拥有一种丰富的安静，把课上得简简单单，实实在在，真正让学生在自主阅读的过程中，加深理解和体验，有所感悟和思考。

2. 教师的启发引导

教师是学生进行个性化阅读的导师，要积极为学生营造一种宽松和谐的个性化阅读氛围，激发学生阅读的兴趣，教给学生阅读的方法，把"阅读""理解""领会""体味""品味""感悟"的权利还给学生，把"启发""点拨""引导""激励"的智慧留给自己，切实让学生展开阅读实践活动，让学生通过自己的"潜心会文""切己体察"，把握文本的蕴意，得到思想的启迪、情感的熏陶和智慧的引领，从而有效避免"以教师的分析来代替学生的阅读实践"，或"以模式化的解读来代替学生的体验和思考"。

关于个性化阅读，新课标还强调"要珍视学生独特的感受、体验和理解"，"在理解课文的基础上，提倡多角度、有创意的阅读，利用阅读期待、阅读反思和批判等环节，拓展思维空间，提高阅读质量"。其实，这些都不是一种放任自流、远离文本的过度发挥，而是建立在正确理解课文的基础之上的。这就要求教师要在准确地理解和把握文本的基础上，精于预设，巧于生成，及时捕捉，巧妙引导，对学生正确而又独到的观点，能够恰如其分地给予肯定、褒奖，对那些有失偏颇的看法，能够适时巧妙地进行指点、修正。

3. 伙伴的沟通合作

个性化阅读并不排斥合作学习。新课标强调："要善于通过合作学习解决阅读中的问题，但也要防止用集体讨论来代替个人阅读。"其意旨就在于此。其实，学生与伙伴之间的相互切磋，沟通交流，会互相启发，形成一种对话场效应，有效地解决阅读中的问题，帮助学生转变学习的方式。因而，在教学中，教师要注意适时为学生与伙伴之间的对话提供便利条件，让学生能够敞开心扉地与伙伴交流、分享自己的阅读收获。但这种对话的活动必须建立在学生自主阅读的基础之上，因为只有这样，学生才能拥有与伙伴进行充分对话的资本，从而有效避免"用集体讨论来代替个人阅读"的情况。

三、培养综合阅读能力

培养学生的阅读能力是阅读教学的价值追寻。新课标指出："阅读教学应注重培养学生感受、理解、欣赏和评价的能力。"阅读能力具有很强的综合性，这是因为阅读中的感受能力是以感性作为基础的，让学生感性地揣摩课文——触摸语言、体验情感、感受形象，是一切理解和探究的基础。这是其一。其二，阅读中的理解作为一种理性的心理活动，也生长在感性之中，不能脱离阅读者已有的感性经验。其三，阅读能力的综合性，还表现在不能把理解性阅读与创造性阅读分割开来，更不能把两者对立起来。因为阅读不仅是一个接受的过程，也是一个对话、创造的过程，其中充满了发现、探索、质疑、探究，所以在阅读教学中要提倡多角度、有创意的阅读。当然，创造性阅读要建立"在理解课文的基础上"，与理解性阅读统一起来。

阅读教学中，培养学生这种综合阅读的能力，就要充分发挥文本的例子作用，发掘课文中的语文元素，开展实实在在的阅读实践，让学生在阅读实践中反复历练，不断提升综合阅读能力。具体来说，在阅读教学中，要着力关注以下几个方面：

1. 培养学生把握、提炼课文主要内容的能力；
2. 培养学生把握、整合课文篇章结构的能力；
3. 培养学生探究、概括文本内涵与主题的能力；
4. 培养学生把握、领悟课文表达方法的能力；

5. 培养学生把握、欣赏课文重点词句的能力。

需要指出的是，这种综合阅读能力的培养是一个极其复杂的过程，不是一蹴而就的事情，而是在引导学生潜心钻研一篇篇课文的过程中自然而舒缓地生长出来的，需要教师有足够的耐心和智慧。因此，新课标特别强调："这种综合能力的培养，各学段可以有所侧重，但不应把它们机械地割裂开来。"比如，对于把握、欣赏课文重点词句的能力的培养，不同学段的侧重点是不一样的：第一学段的重点是"结合上下文和生活实际了解课文中词句的意思，在阅读中积累词语"；第二学段的重点是"能联系上下文，理解词句的意思，体会课文中关键词句表达情意的作用"；第三学段的重点是"能联系上下文和自己的积累，推想课文中有关词句的意思，辨别词语的感情色彩，体会其表达效果"。对此，教师要把握准确，并在阅读教学中得以落实。

四、指导多种读书方法

教都是为了达到用不着教。阅读教学要"授之以渔"，使学生"具有独立阅读的能力，学会运用多种阅读方法"。

1. 朗读

朗读是学生必备的一种阅读技能和读书方法。新课标特别强调各个学段的阅读教学都要重视朗读，而且把"用普通话正确、流利、有感情地朗读课文"贯穿于各学段的目标之中。第一学段要求"学习用普通话正确、流利、有感情地朗读课文"，强调的是在教师的指导、示范下让学生学习用普通话朗读，重视学习朗读的过程；第二学段要求"用普通话正确、流利、有感情地朗读课文"，强调的是使用普通话进行朗读实践的过程，里面已经含有培养相关习惯的意思；第三学段要求"能用普通话正确、流利、有感情地朗读课文"，强调能力的达成度，要求学生基本达到用普通话正确、流利、有感情地朗读课文的水平。

新课标指出："各学段关于朗读的目标中都要求'有感情地朗读'，这是指，要让学生在朗读中通过品味语言，体会作者及其作品中的情感态度，学习用恰当的语气语调朗读，表现自己对作者及其作品情感态度的理解。朗读要提倡自然，要摒弃矫情做作的腔调。"这是针对以往朗读教学中存在的问题提出来的，旨在让教师明白让学生进行"有感情地朗读"的目的和意义，从而在教学中能够对其进行科学有效的指导。朗读要提倡自然，那么，何为自然呢？叶圣陶先生的回答是："你把书翻到其中一篇课文，交给孩子，让孩子在房间里面读，你在外面听。如果你听到是在读书，那就不对了；如果你听到好像在说话，那就对了。”可见，朗读的自然，就是读书像说话一样。其实，自然，就是还原人物话语里的情态，入乎文，入乎心，入乎情；自然，就是娓娓道来，不拿腔拿调，不矫情做作。朗读，就要像说话一样自然而然。

2. 诵读

诵读是一种传统的阅读方法。诵读尤其适宜于优秀的诗文。新课标指出：“有些诗文应要求学生诵读，以利于丰富积累，增强体验，培养语感。”第一学段要求“诵读儿歌、儿童诗和浅近的古诗，展开想象，获得初步的情感体验，感受语言的优美”，这是强调从想象入手，通过诵读获得初步的情感体验，感受语言的优美；第二学段要求“诵读优秀诗文，注意在诵读过程中体验情感，展开想象，领悟诗文大意”，强调从体验和想象入手，通过诵读逐步加深对诗文的理解，体验情感，展开想象，领悟诗文的大意；第三学段要求“诵读优秀诗文，注意通过语调、韵律、节奏等体味作品的内容和情感”，强调从诗文的声律气韵入手，在诵读中注意通过诗文的语调、韵律、节奏等体会诗文的丰富内涵和情感。诵读要注意眼到、口到、心到，口诵心唯，熟读成诵，以丰富学生的积累，增强学生的体验，培养学生的语感。

3. 默读

如果说朗读是一种声读，那么，默读则是一种视读，默读时对文字符号的感知是眼脑直映。朗读，重在感受和体味；而默读，则重在思考和理解，让学生在安静中拥有一种丰富。新课标在各个学段的阅读教学中都十分重视默读。第一学段要求“学习默读”，强调的是在教师的启发、引导、示范下的一种学习过程。由于低年段学生年龄较小，初学默读时，大部分学生还不会视读，因而常常会有唇动并发出轻声的现象。这其实是小学生默读能力形成的初始阶段——小声默读阶段，由此再从“有声”逐步过渡到“无声”。第二学段要求“初步学会默读，做到不出声，不指读”，它强调的是在默读的过程中，能够养成“不出声，不指读”的习惯，初步学会默读，形成默读的能力。第三学段要求“默读有一定速度，默读一般读物每分钟不少于 300 字”，强调默读速度具体量化的要求。

4. 略读

新课标在第二学段提出：“学习略读，粗知文章大意。”所谓略读，就是大致地读，其目的在于粗知文本大致内容。文章的结构、语言修辞等不是它所要关注的。当然，略读也应该集中思想认真地读，它的优势在于发挥人的直觉思维的作用，整体把握文本的内容，快速捕捉关键的信息。其实，这种阅读方法在日常的学习和生活中运用极其普遍。略读水平的提高，与精读能力的培养是密切相关的。

5. 浏览

浏览，是大略地看，是一目十行地读，其意旨在于查找和提取信息。新课标在第三学段提出："学习浏览，扩大知识面，根据需要搜集信息。"浏览，通常可以采用扫描和跳读的方式。浏览比较注意书名、作者、序言、前言、目录、索引、标题、段落的起句结句、字体变化、参考文献、插图、图表等提示性信息。

五、学习必要的语文知识

语文知识的学习是为培育和发展语文能力服务的。新课标在语文知识学习方面的建议是这样表述的："在阅读教学中，为了帮助理解课文，可以引导学生随文学习必要的语文知识，但不能脱离语文运用的实际去进行'系统'的讲授和操练，更不应要求学生死记硬背概念、定义。"于此不难看出，新课标对于语文知识的学习着力强调的是以下几点：

1. 语文知识的学习是为了帮助学生更好地理解课文，因而，它是因文而学的，且有一定的必要性。

2. 语文知识的学习是为了帮助学生更好地运用知识，促进学生将知识转化为能力，切不能脱离语文运用的实际而进行"系统"的讲授和操练。

3. 语文知识的学习重在运用，切不能要求学生去死记硬背概念、定义。新课标指出"语文知识的学习重在运用，其概念不作为考试内容"。

六、培养广泛的阅读兴趣

积累语言，培养语感，发展思维，更多的还要依靠课外阅读。让每一个学生都爱读书，这是新课标的基本意旨。那么，如何让学生爱上读书呢？

新课标指出"要重视培养学生广泛的阅读兴趣，扩大阅读面，增加阅读量，提高阅读品位"，这就要求教师着力培养学生广泛的阅读兴趣。"兴趣是最好的老师"，如果让学生对课外阅读产生了浓厚的兴趣，他们就能够自然而然地把心思转移到课外阅读上来。这样，即使再忙，学生也会挤出时间来读书，尽情享受阅读的愉悦。这是其一。

其二，新课标指出“提倡少做题，多读书，好读书，读好书，读整本的书”，“关注学生通过多种媒介的阅读，鼓励学生自主选择优秀的阅读材料”，这就要求教师要切实减轻学生的做题负担，减少直至消除那些机械的、烦琐的“题海”，以腾出时间来让学生痛痛快快地去读，潇潇洒洒地去读，走进书中，真正与作者进行心灵对话。其实，学生语文素养的形成和发展绝不是靠做习题“做”出来的，而是靠广泛地阅读“读”出来的。苏霍姆林斯基认为，文学就像一条清甜溪流，可以滋润学生心田，启迪学生心智，完善一个人的人生。所以，要大力提倡让学生多读书，好读书，读好书，读整本的书，鼓励他们上网浏览，广采博闻，开阔视野。

第三，新课标强调“加强对课外阅读的指导，开展各种课外阅读活动，创造展示与交流的机会，营造人人爱读书的良好氛围”，这就要求教师要为学生创设良好的读书氛围，让学生拥有一种自由、惬意的读书情境。如果说兴趣是影响阅读的内在因素，那么氛围就是外在因素。这对于教师来说，要舍得花时间来指导学生开展课外阅读，要能够经常性地开展一些形式多样的读书活动，为学生创造展示与交流读书成果的机会，激发学生的读书兴趣。对于家长来说，要充分认识到阅读对学生精神世界的影响，要鼓励孩子进行课外阅读，并帮助孩子养成良好的读书习惯。如果条件允许，提倡家长和孩子共同阅读，享受亲子阅读的乐趣。只有这样多管齐下，才能为孩子们营造出一个良好的读书氛围，保障和激励他们与课外阅读“零距离”。

用“问”开启儿童“语文的眼睛”

人们常说，学问学问，既要学又要问。学与问是相辅相成的有机整体。只要稍加留意，我们便会发现儿童的学习与成人的学习是有差异的：成人的学习始于学，而后问，即从学习知识开始，然后产生问题，进而在探寻解决问题的过程中获得知识，生成智慧；而儿童的学习则始于问，而后学，即从问题开始，在问题的驱动下学习探究，在探究中解惑，在解惑中生智。这种以问为发端的学习正是儿童的天性使然，是一种应该提倡的思维品质和学习方式。

问，是对疑的一种集中与概括，即由疑而引发的一种求知、求解的愿望与要求。故而，问是打开知识殿堂的“金钥匙”，是通向成功之门的“铺路石”。然而，曾几何时，儿童之问，与语文课堂渐行渐远，学生在课堂上，不敢问，不会问，无权问。一时间，问似乎成了教师课堂上的一种专利和特权，问得过多，问得过碎。这不能不说是一种遗憾。面对现实，我们需要正本清源，把问的权利还给儿童，让儿童在语文课堂上敢问，会问，提出有价值的问题，产生学习探究的欲望。普列汉诺夫说得好：“有教养的头脑的第一个标志就是善于提出问题。”语文教学不只是为了获得知识，更是为了启迪学生的心智，发展学生的言语思维，让学生拥有有教养的头脑。其实，小学六年，如果能把儿童好问的天性保持住，这远比给孩子枯燥的知识更为重要。

儿童之问，问什么？要从问源、问流、问法这三方面去问：问源，就是学会刨根问底，追寻知识的源头；问流，就是在亲历语言实践的过程中，勾连新旧知识的内在联系，把握语言文字的运用规律；问法，就是学会在学习语文的过程中，习得学习语文的方法，形成学习语文的经验。

儿童之问，何时问？可以问在课前，上课前，让学生对所要学习的内容进行预习，提出自己的质疑，带着问题走进课堂与老师、同学共同探讨；可以问在课中，就是在课堂学习的过程中，对学习的内容提出自己的质疑，带着问题自主阅读，潜心探究，并与老师、伙伴分享交流；可以问在课后，就是课堂学习的内容为儿童的思维洞开了一扇窗，使儿童由此生成了新的问题，唤醒儿童探究的兴趣；也可以三者兼而有之。

儿童之问，向谁问？可以问自己，可以问伙伴，可以问师长，可以问教材，可以问网络。凡是遇到问题，要养成随时随地请教别人的习惯，要认识到，不管是谁，只要他确实能给你启发，给你帮助，都可以成为你的老师，都应该向他请教。所谓的“不耻下问”“能者为师”就是这个道理。

让儿童敢问，会问，须从以下几个方面着力：一是增强问的意识，要让儿童对身边的人事景物充满好奇心，学会从平常的事物中发现问题；二是教给问的方法，问是有方法可循的，要教给学生问的方法，要能切中要害，问在关键处，问在疑难处，问在空白处；三是培养问的习惯，要让学生养成遇事多问几个“为什么”的习惯，在问中学，在学中问；四是包容问的瑕疵，守护儿童好问的天性，让儿童毫无顾忌地大胆地问。其实，问，只有敢不敢，没有好不好，所以，对儿童之问要多些呵护，多些包容。

如果儿童在课堂上真的能够问起来了，学起来了，那么，我们的语文课堂就会充满无穷的魅力，问，就会开启儿童“语文的眼睛”；学，就会构筑起儿童“精神的房子”，唯其如此，真实的语文学习才会自然而然地发生。

研究学情，把握教学的起点

学生是语文学习的主人，教学是为学生的发展服务的。教儿童学习语文、享用语文，这是时代赋予小学语文教师的使命。而研究学生，及时地了解学生的心理需求则是我们教学工作的起点。这就要求我们在教学的时候，要以学生的发展为本，一切从学生的实际出发，科学地进行学情分析，并在此基础上整合资源，处理教材，切实地把教材中的那些能够让学生理解和接受的语文因素发掘出来，诸如，需要理解的词句，需要积累的语言，需要揣摩的写法，等等，力求使课堂教学能够深入浅出，简洁高效，符合儿童的认识水平，调动起每一位学生学习语文的兴趣，让有效的课堂学习发生在每一位学生的身上。

学情分析是教师进行有效教学的重要依据。我以为，研究学情至少有以下一些好处：

第一，可以了解学生的兴趣和动机，寓教于“需”。教师可以通过观察、个别访谈、座谈会、调查问卷等形式，多渠道接触、了解学生，分析学情。这样的学情分析，能够帮助教师准确地把握儿童的心理需求和思想实际，以选择适合儿童的方式来传递适合儿童的思想，有的放矢地把学生的学习兴趣和需求纳入到合理的轨道上来，满足学生的心理需求，最大限度地调动学生学习语文的主动性和创造性，使学生由“要我学”转变为“我要学”。

第二，可以知道学生的能力和水平，寓教于“基”。语文教学成功的关键是学生能够积极主动地学习祖国语文，有效地积累和运用祖国的语言文字。有效的学情分析，还能够帮助教师了解学生现有的语文基础，把握学生的能力水平和知识起点，使得教学设计能够顺应学生的身心发展规律，接近学生的“最近发展区”，从而使教学目标的设定、教学内容的确定和教学方法的选择都能够适合学生的知识水平和心理特征，让每位学生都能够体验到“跳一跳摘桃子”的滋味。

第三，可以融洽学生和教师的情感，寓教于“情”。“人非草木，孰能无情。”情是打开心扉的钥匙，是沟通心灵的桥梁。“投我以桃，报之以李。”教师投给学生一分爱，学生就会回报教师一分情。一般说来，学生对某位教师情感越深，就越爱听他的课，所谓的“亲其师，信其道”说的就是这个道理。因此，在教学设计时，如果教师能够设身处地地站在学生的角度进行学情分析，想学生之所想，急学生之所急，就能够把课上到学生的心里去，唤醒学生的情感体验，赢得学生的喜爱和共鸣。

那么，如何进行学情分析呢？这里，我们不妨先来读一读，一位语文老师在设计苏教版五年级上册习作 1“写一位教过自己的老师”时的一段学情分析：

对于刚升入五年级的学生来说，他们的习作能力正在逐步形成。我所执教的班级，班风正，学风浓，师生关系融洽。大多数学生有一定的生活阅历，具备一定的观察生活的能力，能够有顺序地把一件事情描写清楚，有些同学表达能力较强。但是，学生对写作的兴趣不够持久，有些学生缺乏认真观察和细致描写的能力。所以，在教学中，要注意采用有效的方式，激发学生的习作热情，调动学生已有的生活积累，回忆细节，筛选题材，寻找师生间发生过的那些真实可感的小事来写，并注意发挥课文及例文对学生习作的示范引领作用。

这段学情分析，从学生的实际出发，把班级学生的习作现状作了比较客观而深刻的剖析。这样的分析，能够为教师选择有效的教学策略提供依据，让教学有着更强的针对性——讲学生之所缺，练学生之所需，有效地落实训练目标，促进学生习作能力的提高。

这位语文老师的学情分析，启示着我们在进行学情分析的时候，应该尝试着从以下几个方面去思考：

1. 学习语文的规律是什么

明代哲人王阳明曾指出："为学须有本原，须从本原上用力。"学习语文只有合乎语文自身的规律，在本原上施力，才能够使学生获得自由，收获快乐，提升素养。这就要求我们对学生所要学习的内容，要在反复研读的基础上，进行合理的取舍和科学的预测：学生的兴趣点会在哪里？学习的重点是什么？难点会在哪里？疑点或盲点又会在哪里？学生会喜欢怎么学？怎样为学生营造自由而宽松的学习氛围？……教学前，教师如果能够针对这些问题展开思考，就可以减少教学的盲目性与随意性，增强教学的针对性和科学性，提高语文教学的效率。

2. 学生已有的基础怎么样

学习是一个不断累积、循序渐进的过程。我们只有了解学生已有的基础，才能够定准"起跳"的基点，也只有这样，才能够提高教学的有效性，而不至于做低估学生、浪费资源抑或"揠苗助长"的蠢事。比如，现在"幼小衔接"的问题非常突出，其中一个原因就是有些教师把一年级新生当作一张"白纸"。殊不知，早期家庭教育和幼儿园的启蒙教育已经给他们打上了"底色"，他们的拼音、识字量等都有一定的基础。如果老师还在全班范围内实施"零起点"教育，怎么能很好地激发学生的求知欲望呢？怎么能不浪费学生的宝贵时间呢？

3. 如何对学生因材施教

课堂教学应该在面向全体的基础上关注个体，因材施教，让每个学生都能够获得生动活泼的发展。这就要求我们在教学设计的时候，还要注意思量：如何针对不同层次的学生提出不同的学习要求？不同的要求是什么？在这些要求中，哪些是基础性的要求？哪些是发展性的要求？达到这些要求需要采取哪些教学策略？在实施的过程中，有哪些学生需要特别关注？其实，这些问题能够有效帮助教师去正视差异，研究学生，关注发展，以确保不让一个学生掉队。

4. 为学生的后续学习准备些什么

教育不只是着眼于学生的现在，而是为了学生的未来，让学生拥有自能学习的本领和终身学习的习惯。诚如叶圣陶先生所说的"教是为了达到用不着教"。这就要求我们站在育人的高度来关注学生的未来发展，"授之以渔"，为学生的后续学习创造条件，积累经验。因此，在教学设计的时候，我们还要考虑清楚为学生的后续学习准备些什么？通过教学，应该帮助学生积累哪些语言？习得哪些方法？以确保让学生能够"得法于课内，得益于课外"。

确定目标，找准教学的生长点

课堂是学生的知识和灵性“生长”的地方，课堂教学需要有精当而明确的教学目标来引领。作为语文教师，我们必须思考这样一个问题：在实施素质教育的进程中，语文课程到底应该教给学生什么？因为这是语文教学的归宿和出发点。语文新课标把语文教学的终极目标定位于“人”和“人的发展”的层面，明确指出：“九年义务教育阶段的语文课程，必须面向全体学生，使学生获得基本的语文素养。”就“人的发展”这个终极目标而言，语文课程应该致力于学生语文素养的形成与发展，要让学生通过语文的学习，能够拥有“能说会道”“出口成章”“下笔成文”的本领，拥有一颗懂得关注的心灵和善于思考的头脑。而这一目标是通过一篇篇课文的教学来达成的，所以，对于课堂教学来说，理应要有具体而又明确的教学目标。因为有了具体而明确的教学目标，才能克服教学的盲目性和随意性，才能使每一个学生在每一节课上都能有所收获、有所长进。这正如布卢姆所说的那样：“有效的教学始于准确地知道希望达到的目标。”

对于一篇课文来说，能够找寻到教学的生长点，确定行之有效的教学目标，这应当是一位语文教师必备的基本技能。其实，语文教学目标的确立应该建立在对课程目标、教材价值和学生实际的研究与把握的基础上。这样确定的教学目标才会服从于“人的发展”这个教育的终极目标。

1. 把握课程目标

课程目标从语文学科的角度规定了人才培养的具体规格和质量要求，分为总目标和阶段目标，并从“知识与能力、过程与方法、情感态度和价值观”这三个维度，及“识字与写字、阅读、写作、口语交际、综合性学习”这五个方面将课程目标体系化、具体化。这是语文教学长远的方向性目标，也是我们确定具体的课文教学目标的凭借与依据。这就要求我们在设置教学目标的时候，不应只局限于学生认知方面的发展，更应考虑学生的情感需要、个性发展，把三维目标统一起来，以促进学生语文素养的全面提升。当然，语文课程总目标与阶段目标中关键概念的内涵、外延，则需要我们作深入的研究，使之成为可以把握与测评的教学目标，而落实在具体教学过程当中。

2. 开掘教材价值

教材价值从实质上规定了一篇课文的教学内容与教学目标。它是教师在深入研读教材课文的基础上，对教材课文的阅读价值和教学价值的一种发掘。阅读价值，是指课文的思想内容对读者产生的精神影响、价值引导等，体现教材的人文性。教学价值，则是指课文的言语表达形式对学生积累语言材料、习得言语规律、发展语文能力、获得言语智慧等方面的独特功能，体现语文的工具性。对于课文阅读价值与教学价值的发掘应该要寻求一种平衡，不能顾此失彼，过于开掘教材课文的人文内涵，而忽略言语表达形式，就会使课堂教学“掉入内容的巢窠”，从而失去语文的本真；过于关注教材课文的言语表达形式，而忽略其蕴含的人文精神，就会使课堂教学步入文字游戏的尴尬境地，就会导致语文因失去灵魂而暗淡无光。这就要求我们必须具备相关的学科知识，能够从思想内容、言语形式、学习方法等多个视角去审视教材，开掘教材的价值，科学合理地设置教学目标。教学目标必须契合并体现一篇课文实质上的教学价值，没有教学价值的教学目标是没有意义的，是会偏失方向的。只有建立在教材阅读价值与教学价值基础上的教学目标，才是一种能够彰显语文本色的“价值宣言”。

3. 关注学生实际

学生实际对设置教学目标具有现实意义，教学目标应该基于学生已有的水平，设置学生可能达到的发展水平，契合学生的“最近发展区”。教学目标过高，则会造成教学中的“越位”，强人所难；教学目标过低，则会造成教学中的“滞后”，低水平重复。这就要求我们在设置教学目标的时候，应该目中有人，秉持着“学生已经会的，不需教；学生能自己学会的，不必教；教了学生也不会的，不能教”的宗旨，让教学目标能够切近学生的实际，使得课堂教学能够促进每一位学生生动活泼地发展。

这里，需要强调的是，教学目标的确定，要能够体现“下要保底，上不封顶”的原则，做到既要保住基础知识和基本能力得以落实的底线，又要考虑在落实“双基”的过程中促进学生学会学习和发展学生的人文素养的长线；既要顾及全体，又要关注个体，使每个学生通过学习都能有所收获，有所发展。语文教学目标是一个动态生成的系统，不是静止不变的。这要求我们在实施目标的过程中要能够灵活应变，把握好计划和变化的关系。以让学生初读课文为例，我们就可以根据学生的实际水平提出分级目标：（1）读正确；（2）读流利；（3）读出感情。然后，由学生根据自身实际自行选择学习目标，练习朗读。能读正确了，就试着读流利；能读流利了，就努力读出感情来。这样既活化了教学目标，又调动了全体学生的读书兴趣，从而把朗读的目标落到实处。

教学目标是教学活动的预期结果或标准，精当的语文课堂教学目标应该具有以下一些特征。

一是明确。精当的教学目标，首先应该做到明确。所谓的明确，是指教学目标既能指明课堂教学的方向，又能预测教学的结果。如果说教学内容决定“教什么、学什么”，那么教学目标则规定“教到什么程度、学到什么水平”。仅仅知道教学内容，而不清楚教学目标，往往事倍功半，甚至徒劳无功。明确具体的教学目标应该充分体现素质教育的要求，关注学生的全面发展，实现“认知”“技能”“情感”三维目标的有机统一。明确具体的教学目标应该是容易操作的，能够引导教师关注和研究学生的学，能够有利于教学过程和教学效果的控制，更重要的是能够有效地促进教师由重“教”向重“学”转化，从而把最终教学的效果体现在学生的行为变化上，而不是教师的教上。

二是集中。精当的教学目标，还应该做到集中。哲人老子说过：“少则得，多则惑。”课堂 40 分钟是一个常数，如果目标太多，那么给每个目标所分配的时间就较少，一节课上什么都想抓，结果是什么都没有抓住。长此以往，就会影响学生言语智慧的生成和人文素养的提升。相反，如果目标集中，课堂上就能够集中兵力，打歼灭战，学生就能在反复触摸文本的过程中获得丰富的感受。通常情况下，一篇课文或一堂课的教学目标不宜过多，一两个就可以了。核心的教学目标完成了，那么其他的附属目标会在实现核心目标的过程中自然而然地得到落实。如《如梦令》《渔歌子》这两首词的教学目标，就可以相对集中在以下三点上：

1. 借助录音朗读，体会词的节奏特点，能正确、流利地朗读课文，熟练地背诵课文；

2. 参考文中注释、插图以及课外补充资料，正确理解词的大概意思；

3. 凭借词中描写的景物，想象美好的画面，初步体会词的意境之美。

这样的教学目标，既包含学生在课堂学习中的行为目标，又包含学生在课堂学习后的发展目标，可以把握与检测，也可以组织实施，能够真正让学生有所得。

三是规范。教学目标的表述，应该做到规范。尽管教学目标的表述至今也没有公认的、统一的标准，但是我们在表述目标的时候，应该注意以下几个方面：第一，目标指向是学生通过学习之后的预期的结果，因此，行为主体必须是学生，而不是教师；第二，目标的表述主要是为了便于后续的评价行为，因此，行为动词尽可能要清晰、可把握，而不能含糊其辞，否则无法规定教学的正确方向；第三，目标指向全体学生而不是个体学生，同时也是为了便于评价，因此，目标的表现程度总是最低要求，而不是最高要求，它是这堂课最基本的保证，是绝大多数学生应该达到的标准。通常情况下，教学目标可以用如下的形式来表述“能读准、默写本课的生字新词”“能说出词语的含义和作用”“能复述课文内容”……这样的表述能够反映出教学活动后，学生行为的预期变化。

我们倡导的“一课一得，得得相连”的教学理念，就是强调每一堂语文课都应该有明确而集中的教学目标，力争让每一位学生在教学目标的引领下都能够愉快学习，收获成功。

聚焦语言，彰显语文的核心价值

语文课程是一门学习语言文字运用的综合性、实践性课程。彰显语文的核心价值，意味着语文教学要关注语言文字本身的物质存在，要着眼于从一个个标点、一个个词语、一个个句子开始构建或更新学生的语言世界和精神世界；意味着语文教学要化繁就简，以简驭繁，切实把语文植入语文的土壤之中。

1. 咬定青山：突出语文本体，让学生在语文实践中理解祖国语文

语文教学应该要突出语文，尽可能地把那些“非语文”或对语文实践无益的东西剔除掉，让语文课堂远离喧嚣与浮华，变得清净而朴实。这就要求我们在教学的时候，要能够凭借文本，尽可能地为学生营造字、词、句、段、篇、读、写、听、说等语文实践的场域，教会学生识字写字，教会学生说话，教会学生阅读，教会学生写作，切实理解祖国的语文，享受语文的魅力，掌握运用母语的规律。

比如，一位教师在教学《生命的林子》时，从文本语言出发，抓住了“晨钟暮鼓、香客如流、名满天下、水深龙多、喧喧嚷嚷、高僧济济”这组描写法门寺的词语来贯穿整堂课的教学。教学中，这位教师给予学生充分的时间，以让他们从这组词语中去发现问题，提出问题。在此基础上，教师又借助这些词语带领学生走进文本之中，走进“生命的林子”，

探寻“走”与“留”这一生命问题的答案。在整个教学过程中，这位教师先后六次让学生来听、写、读、说、悟这些词语，从而读出了词语的色彩，读出了词语的温度，更读出了词语的感情；读懂了名满天下的法门寺，读懂了给玄奘以无限压力和动力的法门寺，读懂了法门寺对于玄奘成长为一代名僧的重要性，也读懂了竞争的环境对于个人成长的重要性，更读懂了群体与个体的关系。纵观全文的教学，虽然没有什么炫人耳目的时尚手段，但是教学的行进始终贴合文本的语言。学生在对文本语言进行细嚼慢品的过程中，走进了文本的至深处，触摸到了作者的心灵世界。这位教师正是因为坚守着“立足于语文教语文”，努力践行“用语文的方式教语文”，所以，课堂中漫溢的是浓浓的品文析句、潜心会文的语文味，课堂在朴实中凸显扎实，在平实中彰显厚实。

2. 胸藏万汇：强化语言积累，让学生在语文实践中丰富语感图式

语文教学要丰富学生的语言积累，培植学生的语感。王尚文先生说过：“语文教学要提高学生的语感素质，使之不断广化、深化、美化、敏化，就必须通过规范的美的课文言语形式，不断修正、丰富学生的语感图式，锲而不舍地去雕琢学生的语感。”因此，在教学设计的时候，我们要能够立足文本，致力于学生语感的培养，让学生多读、多背文本的语言，使学生在语文实践的过程中，学会揣摩和掂量语言文字的情味感和分寸感，不断地累积和更新自己的语感经验。这里，我们不妨先来看一看《孔子游春》（苏教版语文六年级下册）的教学片段：

师：（板书：春）同学们，看到“春”，你想起了哪些描绘春天的词语、诗句或者是精彩的片段？

（有的说出有关描绘春天的词语，有的吟诵有关描写春天的诗句，也有的背诵朱自清的《春》中的名句）

师：春天就是这样生机勃勃、多姿多彩，充满了诗情画意。听同学们这一说，我不禁想起了一段描绘春天的文字。（媒体出示课文第 2 自然段）请大家小声地读一读，把语速放慢，用心去感受、体验、品味这无比烂漫的春光。

（生专心致志地小声朗读）

师：这段话中有你不认识的字吗？（学生提出“眸子”的“眸”和“广袤”的“袤”不认识。前者，教师让认识该字的学生领读，并引导学生观察字形猜想意思；后者，教师领读并释义）

师：扫除了“拦路虎”，相信大家一定能够把这段话读得更加通顺、流畅。但是，老师想给同学们提个更高的要求，行吗？

生：（齐答）行！

师：好！请大家默读这个段落，一边读一边想象，把这段文字所描绘的美景在你的脑海里显现出来。注意，读的时候语速仍然要放慢一些。

（生默读想象）

师：看同学们这陶醉的神情，老师知道大家仿佛身临其境来到了泗水河畔，亲眼目睹了这美妙的景象。有声有色的朗读有利于表达情感，就让我们一起有感情地把这段文字朗读一遍，再一次去感受泗水河畔那如诗如画的春景。

（生声情并茂地朗读）

师：同学们，面对这不可多得的精彩之作，我们有什么理由不把它保存在自己的脑海之中呢？请大家试着背一背这段话。

这个教学环节的设计可谓是“简约而不简单”：第一，生字教学，取舍得当。教者能够立足实际，教学生不会的生字，并且注意发挥学生的主体作用和教师的主导作用，教法灵活自然，凸显出汉字的文化特点，使得学生在音、形、义整合的过程中，自主建构生字的认知组块。第二，语言内化，水到渠成。在教学过程中，教者把读书的方法教给学生，把读书的时间还给学生，让学生在宽松、自由的情境中，自主读文想画面，放声诵读抒情感，使得文本的语感图式自然地融入学生的心灵深处。这样的教学设计不仅能彰显语文的核心价值，还能较好地实现三维目标的有效融合，丰富学生的语言积累，从而促使学生语文素养的形成和发展。

3. 学以致用：重视语言运用，让学生在语文实践中提高表达能力

语文教学不能只停留在对文本内容的理解、感悟上，还要凭借文本的内容引导学生去理解作者表达语言的方法、思路和文章的结构特点等。也就是说，还要站在写作的角度来指导学生阅读，在阅读中学习写作。事实上，我们帮助学生理解语言、积累语言的最终目的是学以致用，让学生能说会道，自能作文。如果一个小学生学习了 6 年的母语，最终还不会表达，话说不明，文写不通，那就是语文教学的失败和悲哀。因此，在教学设计的时候，我们要关注文本的言语形式，从文本中精选那些能够促进读写迁移的训练点，让学生把课文中那些表情达意的方法与技巧，及时地迁移运用到写作当中来，切实提高学生的表达能力。下面，我们来看看《三顾茅庐》（苏教版

语文四年级下册）的教学片段：

师：这里的美景可真令人陶醉啊！谁再来读一读课文的第 3 自然段？男同学回答问题比较踊跃，奖励你们一起来读一读！（男生齐读）

师：看到美丽的景象了吗？

生：看到了！

师：这美好的景象为什么能如此清晰地展现在我们的眼前呢？

生：因为作者选择了几个很有代表性的景物。

生：作者还用上了许多生动优美的词语，写出了它们的特点。

师：说得真好！让我们再来读一读这一自然段，用心体会作者的匠心独运！（生齐读）

师：同学们也去过许多地方，见过不少美景吧。想不想用优美的语句把它描绘出来呢？

生：（齐答）想！

师：老师有两点要求：（1）用“来到……只见……”的句式来写；（2）选择有代表性的景物，并抓住它们的特点来写。还等什么？赶快动笔吧！

（学生写话，教师巡视，写后交流）

师：谁愿意把自己写的读给大家听？

生：星期天，我和妈妈来到南湖公园散步，只见那里的假山形态万千，树木郁郁葱葱，鲜花色彩斑斓，湖水清澈见底，真是让人流连忘返啊！

师：听了他的发言，你们感觉如何？

生：感觉公园很美，是个景色宜人的地方。

生：在这样美丽的公园里散步，心情一定不错。

师：（用实物投影打出该生写的话，边评讲边圈画）是呀！这位同学选取了南湖公园里有代表性的几处景物，还用上了不少好词：形态万千、郁郁葱葱、色彩斑斓、清澈见底、流连忘返，写出了景物的特点，所以才会让我们有身临其境之感。老师奖励他一颗星，我们要向他学习。

师：谁还要交流？

生：春天来了，我们全家来到梅花山，只见那儿的梅花竞相开放，红的像火，粉的似霞，白的如雪，争奇斗艳，好一片花的海洋啊！

师：听了你的发言，大家都陶醉了，让我们把最热烈的掌声送给他，感谢他给我们带来美的享受！

从这个教学片段可以看出，教者能够准确地把握语文课程的基本特点，注意从语言文字入手，强化读写训练，能够让学生在品味文本语言的过程中，理解文章的内容，揣摩文章的写法，使学生既能感受到文本的语言之美，又能领悟到文章的形式之美，并在此基础上引导学生进行迁移模仿，学以致用。这样的教学设计，能够有效地提高学生的语言表达能力，切实地改变“君子动口不动手”的语文教学状况，充分地突出语文教学的本质，使得语文的工具性和人文性和谐地统一起来。

亲历实践，创设有效的学习经历

课堂是学生学习的主阵地，课堂教学应该寻求一种平衡，使得课堂能够有序、和谐地流动起来，让学生切实地亲历言语实践的过程。课堂是生长灵性的地方，课堂教学要为学生创设有效的学习经历，让学生学语习文，得言得意。因为只有这样，我们在教学中才能够以教材为凭借，引领学生亲历言语实践的过程，使学生的语言智慧和人文精神得到滋生和发展。

对于学生来说，有效的学习经历应该具有以下三个要素：

一是自由。自由是一种无拘无束，一种酣畅淋漓；是一种心灵的放飞，一种思想的散步。它意味着我们必须要为学生营造宽松愉悦的学习情境，使得他们的身心获得一种自由和安全感；意味着我们必须要激发学生的学习情趣，使得他们对文本产生一种强烈的自主探究的欲望；还意味着我们必须要唤醒每一个学生的潜能，使得他们的情感和智慧能够在文本的天地里自由翱翔。

二是思想。思想是个过程，也是个结果。有效的学习经历应该是让学生通过思想变得有思想。思想意味着学生在读书的过程中，必须要有积极的思维活动，要在与文本对话的过程中，让自己的心与文本的心一起跳动，产生共鸣；意味着课堂教学要能够引发矛盾的冲突，以让学生直面矛盾，潜心会文，熟读精思，交流思想，分享收获。

三是成长。课堂上，我们应该聆听到学生心灵成长的拔节声。这就意味着我们在教学设计的时候，要关注学生的生命成长，积极地为他们语文素养的提升创造条件，使得他们的语言在读书的过程中变得丰厚，情感在探究的过程中变得丰富，思想在碰撞的过程中变得深邃，智慧在对话的过程中变得灵动。

对于课堂状态来说，有效的学习经历，应该呈现出来的是一种“简约而不简单”的教学境界。首先，教学过程应该是实在的。课堂所展现的是一种真真实实地引导学生学习母语的过程，一种朴朴实实地引领学生潜心会文的过程，一种平平实实地启发学生对话交流的过程，一种扎扎实实地进行“双基”训练的过程。其次，教学内容应该是有深度的。学生对文本的学习不能走马观花，浅尝辄止，而要驻足凝视，探秘寻幽。这就要求我们在教学设计时能够开掘文本的内涵，设计精当的问题，引领学生走进文本的深处，体悟文本的蕴蓄，促进学生的发展。第三，课堂气氛应该是有温度的。教师满腔热情地启发点拨，学生兴致盎然地读书交流，师生关系融洽，教学互动和谐，思想火花迸发。

那么，在教学的时候，我们该如何为学生创设有效的学习经历呢？

1. 话题感召是关键

语文学习要从驱动学生学习需要、激发学生学习兴趣出发。而话题感召是一个切实可行、扎实有效的办法。对于学生而言，话题感召不仅有助于他们形成学习期待，激发和保持对文本的直接动机和兴趣，而且为自己树立起具体的学习路标；对于教师而言，话题感召能够在教师的教与学生的学之间架起一条绿色通道并由此展开教学流程。这就意味着在教学设计时，我们要善于将课文转化为问题，要能够结合文本内容和现实生活为学生创设一个开放的、富有意义的问题情境，把无休止的课堂提问变为一些富有思维张力和探究价值的话题。因为学生深入地读书、深入地理解课文是从问题开始的，创设有效的问题情境对于调动学生积极性是非常重要的。这里需要强调的是，在教学中，我们要尤为注意培养学生自己发现问题与提出问题的能力。比如，一位教师在教学《最佳路径》时，先引导学生质疑问难，梳理之后生成了“格罗培斯为什么能设计出这样的路径”这样一个话题。整堂课的每一个环节都围绕这一话题展开，使得课堂主题突出，线索明晰。学生围绕话题静心阅读，或圈点或勾画或批注，在与语言文字的反复接触中，不断调动思维、想象、情感介入到对文本的研读中去，使探究得以深化。随后，在教者的引导、点拨下，在多层面、多向度的对话过程中，学生不断释放自己的潜能，不断地生成情境、生成体验、生成智慧和思想，让课堂呈现出一种动态生成的开放态势，使阅读效益得以最大限度地提高。这样的教学设计是富有张力的，能够拨动学生的心弦，敞亮学生的心灵，使学生能够在自读感悟中生成语感，在品味想象中滋生灵感，在交流碰撞中生长智慧、开发潜能。

2. 启发引导是保证

小学语文教学须臾离不开教师的指导。有效学习经历的创设，需要一种充满睿智的引导。引导就是一种真诚的帮助：学生学习目标的确立，学习资源的开发，学习方式的选择，学习氛围的营造，学习结果的评价以及自我潜能的发现，都需要教师的真诚帮助。引导就是一种精当的启迪：学生学习遇到困惑之时，给予适切的点拨，让学生自己去感悟以化解困惑；学生学习浮于表面之时，给予适当的提示，让学生自己去思考以提升认识，有时候适度的分析、讲解也是一种靓丽的风景，更是一种有益的启迪。引导还是一种热情的激励：激发学生的学习热情，唤起学生的精神动力，诱发学生的生命活力，靠的就是一种引导。但是引导的同时又会造成一种束缚，所以“导”必须与“放”相融合，让学生的自主与教师的引导合二为一、高度统一、相互促进。关键是我们在教学设计时要能够寻找到“导”与“放”的切入点与平衡点，做到“导”“放”有度。不“放”便无主动性可言，学生就会失去课堂的主体地位，但一味地“放”往往又会使学生无所适从，也会失去教师教的主体性。无论是“导”还是“放”，都应该恰到好处，有利于教学目标的有效达成，“大道无痕”；都应该要启迪心智，有利于语文素养的自然生成，“润物无声”。

让学生经历有效的学习过程，还需要我们在教学设计的时候，至少要注意处理好以下一些关系：

1. 整体与部分的关联

语文教学需要抓住重点，重锤敲打关键词句或语段，但是，敲打不能只纠缠于文本的细枝末节，而是要立足整体，正确地处理好整体与部分之间的关系，既要见“树木”，更要见“森林”。从教学内容上说，就是要有疏密轻重，要能够抓住难点，突出重点，切忌面面俱到，平均使用力量。这就需要我们在教学设计时，能够抓住那些“牵一发而动全身”的重点语段，以一当十，咀嚼玩味。倘若这样，智慧就能从文本的语言当中扎下根来，自然地生长起来。比如，《孔子游春》这篇课文的重点是孔子和弟子“论水”的部分。

教学时，教师可以抓住这个重点来辐射全文，引领学生到文本中走个来回，品味文本的语言，感受孔子的智慧，并在此过程中教给学生一些读书的智慧。如在学生交流水的德行的时候，可以相机追问："文章有一个地方就已经把水的这种德行生动形象地描绘了出来，不知你们发现了没有?"这样就很巧妙地引导学生把"有德行"和前文描写春天景色的语段联系在了一起，加深了学生对文本的感悟和理解。又如在学生体会到了孔子富有善施教化的智慧之后，可以再次让学生把目光投向全文："同学们，其实，这篇文章到处都闪现着孔子善施教化的智慧，下面我们再从文章里找一找，看看文章中还有哪些地方能够体现孔子善施教化的智慧?"这样就比较自然地点引学生去审视全文，去关注孔子的言行举止，从字里行间中体会孔子的教育智慧，使得孔子的形象能够在学生的脑海中立体起来，丰满起来。

2. 课内与课外的沟通

语文教学应该要有开放而富有创新的活力，教学的视野要开阔，不能只局限于文本，要站在一定的文化高度来解读文本，审视文本，延伸文本，使文本能够成为链接课内与课外的桥梁，让学生通过这座桥梁能够由课本的小天地走向书本的大世界，博览广取，丰富心灵，增长才智。比如，教学《林冲棒打洪教头》时，就可以激发学生阅读《水浒传》的兴趣，开展"走进《水浒传》"的读书活动。首先，让学生静心阅读《水浒传》，摘录 108 将名字及绰号、书中的故事、成语、精彩片段等；其次，让学生复述自己最喜欢的故事或精彩片段；再次，让学生自由组合，分小组研究自己最欣赏的一位梁山好汉，并写出书面稿，在班级开展"我心目中的梁山好汉"主题演讲会；最后，让学生以自己喜欢的方式写阅读《水浒传》后的感受和收获。这样的教学设计，就能够把课内与课外沟通起来，使学生徜徉在经典名著的天地里，学习语文，享用语文，丰富知识，拓宽视野，砥砺能力。

以学定教，实现教与学的转换

一位教师在教学《伟大的友谊》（原人教版教材五年级上册）时，有如下一个教学场景：

师：同学们，这节课我们继续学习第 20 课《伟大的友谊》，这节课我们的学习内容是第 2—7 自然段，请同学们自由朗读第 2—7 自然段，思考有什么不懂的问题，作好记号，一会儿提出来。

（生不知道怎么提问题，冷场）

师：你想问什么就问什么，不要紧张，不用害怕。

生：恩格斯和马克思是哪个国家的人？

生：什么是奠基人？

生：英镑是什么东西？

生：恩格斯为什么要逃亡？

生：马克思把钱都给了恩格斯，那他自己怎么办？

生：为什么他们经常吵架，感情还这么好呢？

师：同学们提的问题不错，但这节课，我们要一起解决这样的两个问题：（小黑板出示）（1）马克思和恩格斯的友谊表现在哪些地方？（2）为什么说马克思和恩格斯的友谊是伟大的友谊？

师：请四人小组讨论这两个问题。

生：老师，什么是四人小组？

师：前后桌四个人组成一组讨论。

（教室里马上热闹起来。仔细一看，一听，学生根本不是在讨论问题，而是觉得新鲜好玩，正讨论这个呢）

师：（讨论约 5 分钟）停，请大家交流一下，好吗？

（学生中没有一个人举手，冷场）

（师没有办法了，随便叫了三个同学来说。他们或是说不出来，或是语无伦次地乱说一番）

师：看来这两个问题挺难的，请认真听老师说，好吗？

在这个教学场景中，教师试图为学生营造一种自主宽松的学习氛围，但由于教师拘泥于教案，只关注自己的教而不注意学生的学，导致学生提的问题与老师梳理出来的课堂教学目标沾不上边。让学生读文思考，质疑问难，以及小组讨论，这些设计的初衷是好的，但由于在教学中教师只关注自己的课前预设而不注意课堂生成，缺乏必要的启发引导，没有达成教与学的对接与转换，使得这些环节落入了形式主义的窠臼，最终导致老师不得不把问题答案和盘托出，告诉学生。如此教学，生拉硬拽，学生兴致殆尽，课堂怎能不冷场呢？

其实，语文教学既要注意发挥教师的主导作用，又要重视学生的主体地位，充分发挥学生的能动作用，更要注重学法与教法在教学过程中的最优结合和无缝对接，保证教与学的有效转换。这样教师才能在传授知识的同时，把学习的方法教给学生，最大限度地提高学生的语文能力，从而走向“教是为了达到不需要教”的境界。可是，在现实的教学中，像这位教师这样只顾自己的教而不顾学生学的现象还是比较普遍的。

杨振宁先生 2004 年归根清华之后，以 82 岁高龄开始执教大一新生，讲授《普通物理》。人们发现，杨振宁将他对物理学的深刻理解传授给青年学子的同时，还把自己学习的方法和治学的态度教给了学生，启蒙了学生的物理智慧。语文教学亦同此理，在传授知识的同时，更要把方法和习惯教给学生。

《基础教育课程改革纲要（试行）》指出：“教师在教学过程中应与学生积极互动、共同发展，要处理好传授知识与培养能力的关系，注重培养学生的独立性和自主性，引导学生质疑、调查、探究，在实践中学习，促进学生在教师指导下主动地、富有个性地学习。”这就意味着在教学设计的时候，我们要关注和研究学生的“学”，要能够根据新课程的要求，以及学生的知识水平、能力水准、学习方法特点和心理特征等方面的情况，制定出能够供学生在整个学习过程完成学习任务而使用的学习方案，变“教案”为“学案”，使教学行为至少在以下一些方面发生转变。

1. 由注重教学结果向注重教学过程转变

重结果就是教师在教学中只重视教学的结果，甚至让学生去背诵“标准答案”，而有意无意压缩了学生对新知识学习的思维过程，忽略了知识的来龙去脉，导致学生一知半解，似懂非懂，造成思维断层，降低了教学的质量。重过程就是教师在教学中把教学的重点放在过程上，放在揭示知识形成的规律上，让学生经历感知—概括—运用的思维过程去掌握知识，掌握规律。这样的教学设计，既注重揭示知识的发生过程，同时也暴露知识的思维过程，从而使学生在学习过程中思维得到训练，能力得到发展。

2. 由注重知识传授向注重能力发展转变

这样的教学设计坚持以人为本，突出培养学生的创新精神和实践能力、收集处理信息的能力、获取新知识的能力、分析解决问题的能力，以及交流协作的能力，发展学生对自然和社会的责任感，培育学生终身学习的愿望与能力，使他们养成健康的审美情趣和生活方式，从而实现全体学生的发展，以及学生个体的全面发展。

3. 由统一规格的教学模式向个性化教学模式转变

统一规格的教学模式如同加工厂生产产品，它不符合学生实际，压抑了学生个性和创造力的培养，导致现行课堂教学中许多问题和矛盾的产生。而个性化教学模式关注学生的个性差异，探寻适合每个学生个性发展的教学策略和实施路径，使得每个学生都能够通过学习，发现自身的特点，找寻到切合自己的学习方式，收获快乐和成功。比如，精读感悟是阅读教学中最为重要的环节。许多教师在设计或处理这个教学环节的时候，往往把课文肢解得很细很碎，总会提出一个又一个问域较窄、思维强度较弱的问题来让学生一一应答，这样的教学从表面上看是环环相扣，结构严谨，课堂上师生的双边活动也确实异常活跃。实际上这是一种问答式的同步化教学，教师主宰了整个课堂，而学生自主学习的权利被剥夺了，学生的个性特别是创新思维的发展被扼制了。但是，如果我们能够关注学生的差异，从整体入手，给学生以必要的自主选择的权利，就会产生不一样的教学效果。如一位教师在引导学生精读《草原》的第一自然段时，只提了这样一个问题：“这一自然段写出了草原的美丽景色，请同学们仔细地读一读，画一画，然后，说一说你觉得哪些地方写得最美，给你的感受最深刻？为什么？”启发学生感悟文本的语言，体味文本的蕴蓄。这是一个问域颇宽、思维强度颇大的问题，它给了学生一个比较宽松的自主选择的范围，能激发全体学生参与学习的积极性和创造性，从而使一个人人都能够参与、个个都乐于参与的课堂教学新格局得以形成。其间，教师的主要任务只是对学生的理解和感悟作出相机的启发、指导和帮助。这样的教学设计，不仅能充分展示学生自读自悟课文的过程，还能引发学生思维的撞击，出现不可多得的课堂争辩的场面。

小学语文教学内容丰富多样，有识字写字、阅读、习作、口语交际和综合性学习，其中既有知识的传授也有能力的培养，所以，要实现教与学实质的有效转换，还需要我们在教学设计的时候，根据教学目标和现实条件来选择有效的教学策略。从小学语文教学的实际来看，我们在教学中可以采用以下一些教学策略：

1. “讲授—练习—强化”策略

这种策略主张教师要讲清知识和操作方法，让学生在反复练习中巩固知识、形成技能。小学语文中一些基础知识的教学可以采用这种策略，比如，汉语拼音中声母、韵母的发音，汉字的笔画、笔顺、偏旁、结构，写字的基本要领等。这种策略是以教师的教为主。采取这种教学策略的时候，教师的讲授要抓住要领，要言不烦，并且能够适合儿童的理解水平；练习的设计要富有层次，循序渐进，尽可能多采用一些生动活泼的形式进行巩固，尽量减少同一层面上的机械重复；加强反馈矫正，尽量多肯定，多鼓励，以调动学生学习的积极性。

2. “示范—模仿—迁移”策略

这种策略注意到了学习者内部的作用。因为“迁移”这个环节需要学生较多地运用自己的心智去适应新的情境，具有积极主动发展的因素。小学语文教学中有些着重于能力培养的训练项目，像朗读能力的培养、阅读和作文能力的培养，就可以采用这种教学策略。比如，小学生刚开始学习写作，总有模仿的成分，苏教版的习作教材就秉持着这样的理念，在教材的习作部分编排了一些例文来供学生借鉴模仿。这些例文由学生抄写在仿制的作文格上，看上去就是一篇篇字迹工整、行款规范的习作。例文的作者就是学生，用的是孩子的口吻，写的是孩子们自己的生活，说的是孩子们自己的语言，抒发的是孩子们自己的感情。这样的例文学生读起来亲切，学起来容易。

采用这种教学策略，教师的示范要力求规范，并安排充分的时间让学生模仿、练习。通过模仿，在学生基本掌握某种技能的基础上，教师还要创造条件促成知识或技能的迁移转化。

3.“操作—领悟—运用”策略

这种策略不是把学习的过程看作一个人类已有知识的传授过程，而是让学生自己经历一个探索、发现的过程，从而获取知识，形成技能。这是一种以学生为主体的教学策略。在学生掌握了最基本的语文知识后，一些后续内容的教学可以采用这种策略。实施这种教学策略，学生的操作、实践活动在前，领悟规律在后。教学过程中的操作、领悟、运用都以学生自己的活动为主，学生成为教学活动的主体，教师的作用只是定向、扶持、点拨。因而，这种发现的学习有利于培养学生的独立学习能力。

采用这种教学策略，需要教师充分地信任学生，相信学生具有学习的潜力，相信他们可以通过自己的活动获取知识。有了这样的观念，即使是最基础的知识，也可以让学生自己去尝试、领悟和发现。比如，写字指导，要领不是由教师讲，而是让学生观察揣摩范字，自己试写，再在与范字的对照中琢磨怎样把某一类字写得匀称、美观。

4.“质疑—研讨—小结”策略

这种策略也是让学生自己发现问题，提出问题，然后自己探究研讨，得出结论。儿童天生具有好奇心，求知欲望旺盛，如果不是加以压抑，他们是可以提出许多问题来的。这种策略在阅读教学中用处较大。采用这种教学策略，首先要鼓励学生敢于提问，然后逐步引导他们善于提问。操作上的重点在于引导学生自己研讨，提出假设，进行验证，然后作出结论。结论可以由教师来做，更应提倡由学生来作，至少要先由学生讨论，后由教师总结。实施这种策略，关键是我们在教学过程中要有民主的意识，尊重学生的独特体验，给予学生话语的权利，让学生随时把自己发现的问题，提出来与老师、同学探讨，使质疑和探讨贯穿整个教学过程。

要实现教与学实质的有效转换，还需要我们在教学设计的时候，能够关注语文自身的特点，采用语文的方式来教学生学习语文。采用语文的方式教语文，是语文自身的一种召唤，是语文本体的一种回归。语文的方式是什么？简单地说，就是“读”“思”“品”“悟”“议”“说”“写”。这些方式虽然古朴，但依然鲜活而不过时。一支粉笔一本书，同样能把语文教得精彩纷呈。关键是在教学中能否合理有效地运用这些方式来帮助学生“潜心会本文”，进行扎实的语文学习，历练能力，生成智慧。

语文课，多给儿童些“干货”

——《少年王冕》课前思考与课堂实录

温儒敏教授在谈到当下语文教学的弊端时，一针见血地指出：“强调语文课的人文性，就不敢再提工具性，两者被生硬地割裂开来，语文课上成了思想教育课，掏空了语文；强调学生为主体，就死板规定老师不能多讲，课堂教学追求无边的讨论，一堂课下来没有多少‘干货’。”学习语言文字运用，是语文课程的独当之任。所以，一堂语文课应要以课文为例子，关注课文的语言现象，发掘其中的语文元素，为学生创设学习语言文字运用的情境，让学生在主动积极的语文实践中，学语习文，要尽可能多给学生留些“干货”。这种“干货”，就是学生在语文实践的过程中所习得的语文知识、语文技能以及语文学习策略。而这种“干货”，对于滋养学生的言语智慧，促进学生语文素养的养成，是至关重要的。

《少年王冕》的教学，我试图以课文为凭借，变“教”为“学”，切实让学生把心沉潜到文本中，在触摸课文语言的过程中，获得更多的“干货”。

语文课，要注意培育学生对语言文字的情感。语言文字是人类文化的重要组成部分。要让学生学习语言文字的运用首先要培养学生对语言文字的情感，而培育这种情感的方法和途径，就是语文实践。所以，写好字，读好书，理应成为小学语文课堂的主旋律。这样，就让学生在书写汉字的过程中，感受到汉字的形象之美，体会汉字的独特魅力，从而培育学生热爱汉字的美好情感；让学生在朗读课文的过程中，体会语言文字的音韵之美，感受语言文字的丰富情感，从而培育学生对语言文字的真挚情感；让学生在探究发现的过程中，感受语言文字的意蕴之美，享受学习语文的乐趣，增强学生对语言文字的独特情感。学生一旦拥有了这种情感，语文学习就会变得简单而快乐起来。

语文课，要注重引导学生揣摩文本的表达。每篇课文的语言表达都有其说道，都是属于独特的“这一个”。正是这独特的“这一个”，才为丰富学生的言语经验和提升学生的言语智慧提供了一种可能性。所以，语文课，要引导学生关注文本的遣词造句和谋篇布局，从整体上去把握课文的篇章结构和表达方法。对于课文那些颇具意味的独特的语言现象，要尤为关注。比如，课文中对于主人公王冕的语言描写虽然只有一处，但这样的语言描写以一当十，产生了拨人心弦的表达效果。教学中，我为学生引用三位清朝评注者的评注，引导他们全方位地揣摩品味这样的语言描写在表情达意上的作用，感受语言表达的情味感、分寸感及作者的表达智慧。在钻研文本的过程中，学生获得的是丰富而多元的感受、体验和理解。

语文课，要善于启迪和培养学生的思维。语文教学尤其要注重激发学生的好奇心、求知欲，发展学生的思维，提高学生发现、分析和解决问题的能力。所以，语文课堂，要能够激活学生的思维，引导学生质疑问难，提出自己感兴趣的问题来进行学习探究，感悟文本。诚如，清代唐彪在《读书作文谱》中所言：“凡理不疑必不生悟，惟疑而后悟也。小疑则小悟，大疑则大悟，故学者非悟之难，而疑之难。”语文课上让学生提出问题固然有一定的难度，但决不能因噎废食而剥夺学生提问的权利。能让学生提出有价值的问题，对于教师来说，关键是要为学生营造一种质疑问难的情境，适时点拨，让学生在这一情境中，联系文本和生活实际，开启心智，生成问题。对于学生来说，关键是要有一种敏锐的洞察力和深邃的思考力，这样才会形成有价值的问题。而这种能力，其实也是在学生质疑问难的实践中逐步培养起来的。

语文课，还要着力培植学生指尖上的智慧。语文课堂上要留给学生动笔的时间，让学生在潜心会文、静思默想的过程中，用笔写下自己的心得体会。

语文课，请多给学生留些“干货”吧！

附：潘文彬老师《少年王冕》（苏教版语文五年级上册）教学实录

一、导入：一本书引出一个人

师：走进新坝小学，一股浓浓的书香气息扑面而来，让我深深感受到新坝小学的同学对读书的喜爱。今天，我就给大家带来了一本书。这本书的名字叫——

师：（出示PPT）预习的时候，你们有没有发现这个书名藏在课本的什么地方？谁会念？

生：需林外史。

师：预习时，我们一定要留意课文的每一个地方。这样读，同意吗？

生：儒林外史。

师：此时可以有掌声。这本书就诞生在我的家乡——南京，知道它是谁写的吗？

生：吴敬……辛？

师：这个人名也藏在了课本当中，预习时关注到了吗？谁会读？

生：吴敬梓。

师：终于读对了！吴敬梓是清朝著名小说家。他33岁来到南京，在南京生活了21年。这部小说，是他花了近20年时间写成的，被称为“儒林百丑图”。这是一部章回体小说。第一回叫——

师：（出示PPT）这是第一回的题目，自己读一读。

生：（读）第一回“说楔子敷陈大义，借名流隐括全文”。

师：这里有个词叫“名流”，谁知道它的意思？可以猜一猜吗？

生：可能是这个人的名字流传过很多地方。

师：那这个人的名字因为什么而流传过很多地方呢？

生：因为他的名气大。

师：所以，名流就是——

生：很有名气的人。

师：猜猜看，这里借哪位名流？

生：王冕。

师：你是怎么猜的？

生：书的封面上画的就是王冕画荷。

师：下面请同学们看老师写王冕的名字。（板书）看看写好这个名字要注意什么？

生：“冕”的下面是“免”，不是“兔”。

生：“冕”的上面是感冒的“冒”的上半部分。

师：你的目光真敏锐！（出示PPT）这是“冕”的上半部分，看看它像什么？

生：有点像帽子。

师：这就是帽子，而且不是一般人的帽子，而是帝王的王冠。所以，“冕”是个形声字，从冃免声。它的上半部分的中间两横不能靠左也不能靠右。今天，我们要学的这篇文章叫——

生：（读）少年王冕。

师：它是根据《儒林外史》第一回有关内容改写的。少年是多大的年龄？读书时有没有关注到？

生：十岁左右。

师：这是少年的起点。

生：十六七岁。

师：这是少年的终点。少年王冕，顾名思义就是写少年时代的王冕。王冕是《儒林外史》中唯一一位受到吴敬梓先生推崇的正面人物，那么，此时此刻你脑海中有没有冒出一些问题来？

生：为什么在第一回就要写王冕？

生：王冕身上有什么值得吴敬梓先生推崇的？

师：读书时一定要学会不断地给自己提出问题，只有带着问题去读书，才会有收获。就让我们带着这样的期待走进——

生：（齐读）少年王冕。

二、识写：比照临习，写好汉字

师：这篇课文的几个生字，你们在预习时关注到了吗？都会写了吗？请把书翻开，仔细观察课后第二题“用钢笔描红”，看看怎样把这几个字写正确写漂亮，这个过程就叫做读帖。可以用笔把你认为难写的字用心描一描。

（生观察、描红）

师：认真练字，把汉字写正确写漂亮，是我们学习语文的一个重要任务。请同学们拿出本子来听写本课的生字新词。注意听，每个词语我只报一遍。

听写：

1. 耽误。2. 王冕给谁家放牛？——秦家。3. 晶莹。4. 注意听这句话：

春光明媚的时候，王冕就用一辆牛车载着母亲到村上湖边走走。这里面藏有两个生字新词，请写出来。

师：把你的听写与课后“用钢笔描红”这一题对比一下，把你写得满意的字圈出来。

（生对照、圈画）

师：再看看，你有哪些字写得不太满意。不太满意的怎么办？

生：再写一遍。

师：学习就要有这种态度。这一遍在写之前，请把你写得不太满意的字再认真地观察观察，仔细地读读帖，然后，再来临写。这样才会写出字的精气神来。

（生读帖、临写）

师：这5个字在读音方面有没有要特别提醒大家注意的？

生：“载着”读“zài”。

师：它还有一个什么读音？

生：载（zǎi）。

师：一般情况下，多音字的不同读音表示不同意思。（PPT出示“载”的两个读音及相关义项）你们能不能根据义项把下面这几个词语读准确？

（PPT出示：千载难逢　载歌载舞　载入史册　满载而归）

师：这个女孩子笑得最美，请你来读。

（生读）

师：读对的话，就掌声通过。

（生鼓掌）

师：把这些词语齐读一遍。

（生齐读）

三、朗读：自主选择，自由言说

师：课文读了吗？能把课文读正确、读通顺吗？

生：能。

师：很有信心，我就喜欢同学们的这种学习状态。课文有7个自然段，如果让你选择一个自然段读给大家听，你会选择哪一段？自己先选一选，选好了再练一练，好吗？

（生自由练读）

师：这个男孩第一个举手，请你来读。你想读哪一段？

生1：我想读最后一段。

师：好，请读吧。

（生读最后一段）

师：你读得字正腔圆，非常好！你为什么要读这一段呢？

生1：这一段主要写王冕离开秦家后非常孝敬母亲。

师：你被他的孝心感动了。继续，大家想读哪一段就读哪一段。

生2：我想读第四自然段。

（生读）

师：你觉得你读得怎么样？

生2：还不错。

师：你很有自信！你读书像说话一样自然，我很喜欢。同学们可以猜一猜他为什么要把这一段读给大家听？

生：可能是因为王冕很孝敬母亲，他被王冕的这种孝心所感动。

生：可能是王冕放牛的时候很用功读书。

生：因为王冕舍不得吃好东西，全留给了母亲。

师：他们猜对了吗？

生2：就一个人说对了。

师：其实，这几位同学说得都有道理。这一段中有没有一些特别的词语引起你的关注？

生：舍不得。

师：几个舍不得？

生：两个。一个是秦家煮一些腌鱼腊肉，他都舍不得吃。还有一个是秦家给他的一些点心钱，他也舍不得花。

师：我们在读书时要学会关注那些特别的词语。请大家把这两个舍不得圈出来。继续读。

生3：我想读第六自然段。

（生读）

师：你觉得自己读得怎么样？

生3：还行。

师：你们觉得她今天读书跟以前比有没有进步？

生：有进步，她今天读书很用心，也有感情。

师：还有什么建议吗？

生：应该像刚才那个男生一样把书读得连贯自然一些，这样就更动听了。

师：听她读完这段，你有没有什么话想说的？

生：我觉得她读这段的原因可能是她喜欢王冕画荷花最后画成功的精神。

师：你去猜测她的心思了。很好，阅读就是一种猜测的游戏。你来猜猜看。

生：她想把王冕勤奋好学的精神传递给大家。

生：这里又提到了孝敬母亲。王冕卖画有钱了，又买了些好东西孝敬母亲，始终不忘母亲。

师：（采访生3）大家说得对不对？

生3：对。

师：还有什么补充？

生3：没有了。

师：都被大家说了。最后一次读书机会给谁？要不要推荐一个人，你们最想听哪位同学的朗读？

（生推荐）

师：这位小姑娘，你愿意读吗？你想读哪一段？

生：第二自然段。

（生读）

师：这位同学是大家推荐的，她把第二自然段读给大家听了，听完之后你们有什么想说的吗？

生：这里有一句话是王冕在撒谎骗他母亲。

师：你关注到的是哪一句话？请把这句话读一读。

生：（读）娘，我在学堂里也闷得慌，不如帮人家放牛，心里倒快活些。这样可以贴补些家用。还能带几本书去读呢。

师：他关注到了王冕说的话。你们发现了吗，在这篇课文中描写王冕语言的只有这一处，有一句话叫“言为心声”，其实，王冕这番话很意味深长，值得我们去玩味。

四、识人：整体把握，提炼要点

师：通过读文，你们发现王冕身上到底有哪些地方值得吴敬梓先生推崇呢？你们的脑海中有没有闪现出一些词语来？

生：有。

师：先不要说，请把你此时此刻头脑中闪现出来的那些词语写在课题的旁边。

（生写词语）

师：写好了，我们来交流。

生1：勤奋好学，立志学画。

师：请你把这两个词语写在黑板上。

生2：孝敬母亲，勤劳刻苦。

师：如果让你选择一个词语写在黑板上，你选哪个？

生2：孝敬母亲。

师：还有不一样的吗？

生3：乖巧懂事。

师：请你写到黑板上去。

生4：善解人意。

生5：留心观察。

师：怎么会想到这个词？

生5：王冕仔细观察了荷花的姿态，把它画下来了。

师：你也是一位留心观察思考的孩子。

生6：攒下。

师：你为什么想到这个词语？

生6：他省吃俭用，舍不得用钱。

师："省吃俭用"要比"攒下"好，因为"攒下"是一种行为。这就不让你写到黑板上了，希望你不要有意见。

师：黑板上的这些词语，如果让你来归归类，你会把它们归成几类？

生：归成两类：勤奋好学、留心观察、立志学画是一类；乖巧懂事、善解人意、孝敬母亲是一类。

师：这样归类，大家同意吗？

生：同意。

五、悟文：循疑探究，揣摩表达

师：我们现在知道王冕身上有这么多优点值得推崇。其实，读书的过程就是解决问题、生成问题的过程。不知同学们发现了没有，王冕身上的这么多优点，课文只用了800多字就生动形象地表达了出来。对此你们有没有什么新的疑惑？

（生沉默）

师：有一个孩子有疑惑了，很好！上课的时候，小脑瓜要动起来，小手要纷纷举起来。这边的同学要加油！确实，提出问题比解决问题更需要智慧。这边有两位女同学举手，那边有两位男同学举手，男女生不相上下，看第五位举手的是男生还是女生。当第五只手举起来我们就开始讨论了。终于看到第五位同学举手了，就请你来说吧。

生1：作者是怎么用800多字把王冕的特点表达出来的？

师：这个问题很有探究价值！为她提出这样有价值的问题鼓掌。

生2：为什么不用一段话把王冕的优点全概括出来，而要写800多字呢？

生3：我要回答她的问题，因为作者要把王冕的所有优点融在800多字的课文之中，让我们去阅读、去感受。

师：这就是阅读的乐趣。当作者把一篇文章呈现出来的时候，我们要用心去阅读，这样，我们透过文字的描写，就会获得丰富的感受，这就是阅读的价值和乐趣所在。刚才这位女生的问题也是我的一个困惑：王冕身上有这么多优点，课文只用了八九百字就表达了出来，这是怎么做到的呢？这个问题有一定的难度，怎么办？

生：静下心来读书，到文中去寻找答案。

师：这是很有用的办法，就请同学们按照他的办法去读书，去思考。

（生自主读书）

师：不要只看局部，要前后联系起来看，整体去把握。这个问题虽然很有难度，但答案就藏在文章里面，看你们能不能发现。我发现很多同学都在抓耳挠腮，在课堂上不抓耳挠腮是不行的。这位男生有点犹豫，不要犹豫，就请你说。

生：王冕很孝敬母亲。

师：这是一篇写人的文章，写人的文章往往要写什么？

生：写人的文章要写事情。

师：那这篇文章写了什么事呢？

生：写王冕放牛，突出他的优点。

师：写了王冕放牛的事。他一开始就放牛吗？什么时候放牛的？

生：七岁去读书，到了十岁去秦家放牛。

师：这是怎么回事呢？

生：年成不好，母亲做针线活，供不起王冕读书，就让王冕去隔壁秦家放牛。

师：没有办法去学堂读书，这叫辍学。请把辍学放牛这件事写在内容旁边。

（生写：辍学放牛）

师：文章只写了王冕辍学放牛这件事吗？

生：还写了他学习画荷花这件事情。

师：学画荷花，把这件事也写下来。

（生写：学画荷花）

师：通过讨论，我们知道这篇文章主要写了王冕辍学放牛和学画荷花这两件事，这是一个非常了不起的发现。还有没有新的发现呢？这些事情是怎么联系起来的呢？这中间有一条线索，不知道大家发现了没有？

生：我想的是，王冕七岁时父亲就去世了，靠母亲做些针线活供他读书。如果他爸爸还在的话王冕就不会去放牛了。

师：你发现了这条线索的起点。这个起点很重要，顺着这个起点往下找。

生：我发现课文中有这几句话：“眼看三个年头过去，王冕已经十岁了。”“不知不觉三四年过去了，王冕读了不少书，也明白了许多道理。”“到了十七八岁，王冕离开了秦家。”

师：把这几句话前后联系起来整体地去看，你们发现了什么？

生：王冕年龄的变化。

师：这就是贯穿全文的一条线索。作者用年龄变化这条线索串起了这两件重要的事情，这就叫红线串珠。这样，一条线索串起了两件非常重要的事情，让我们读了之后，有了这么丰富的感受。

六、批注：模仿前人，品味文字

师：辍学放牛和学画荷花这两件事对王冕来说是两个极其重要的人生转折。那么，作者在描写这两件事的时候，你发现哪些描写对突出王冕身上的这些优点最为重要？就让我们带着这样的问题仔细品味课文的语言，静心批注。

师：在批注之前，我们先来看看第二自然段王冕说的话，这篇文章对王冕的语言描写就这一处，那么，这处语言描写对于刻画王冕这个人的特点有何作用呢？《儒林外史》是部名著，很多人读后，都作了批注。对于王冕的这番话，别人是怎么批注的呢。

师：（PPT 出示，齐评：出语便是不凡。）有人读了王冕的话写了“出语便是不凡”这六个字。出语就是王冕说的话。谁来念？

生：王冕说：“娘，我在学堂里也闷得慌，不如帮人家放牛，心里倒快活些。这样可以贴补些家用，还能带几本书去读呢。”

师：出语便是不凡，你们有没有看出他的不凡之处？

生：其实，王冕在学堂里不是闷得慌，这是一种善意的谎言。

师：这是善意的谎言，所以出语不凡。

生：我觉得不凡的是王冕真心实意地想减轻母亲的负担。

师：请你读读上面母亲说的话，再读读王冕的话，看看是不是出语不凡。

（生读母亲的话）

师：联系母亲说的话再看看这番话确实有不凡之处。这是齐评。每个人读书都有自己不同的感受，再来看看天二评。

（PPT 出示，天二评：善体亲心，是谓孝子，情愿放牛的也多，只无底下一句。）

（生读）

师：善体亲心的是孝子，王冕是孝子吧？

生：是。

师：“情愿放牛的人很多，只是无底下一句”，这底下一句是什么？

（生读）

师：这句话有什么意味？

生：这样可以一边看书，一边放牛，不耽误读书。

生：这样可以帮母亲减轻学费负担，还能贴补些家用。

（PPT 出示，黄评：此句必不可少。）

师：文章要写得恰到好处，不能多也不能少。哪一句不能少？

生：这样可以贴补些家用，还能带几本书去读呢。

师：作为母亲听到这话会怎么样？

生：心里很舒服。

生：如果王冕不这样讲，母亲就会觉得是自己耽误了王冕学习，所以，要这样来安慰母亲。

师：所以，此句不可少。这是清朝三位评论家读到了王冕的语言之后产生的一些感受。由此可见，“言为心声”，王冕说的这番话对于表达他这个人的特点非常重要。一起读读王冕的话，细细地品味品味。

（生齐读）

师：简简单单的话语，当我们静下心来品读的时候，就能读出其中的滋味。现在，我们就学着齐评、天二评、黄评的样子在文章中选择一些你认为对于表现王冕特点比较重要的语句来评一评。你叫什么名字？

生1：文玉心。

师：那就是文评。你呢？

生2：钱玉洁。

师：钱评。读书要留下痕迹，抓住一两处来评就可以了，要善于用自己的心灵去感悟，读出自己的理解。好，开始评吧。

（生自读批注）

师：你是第一个举手的，你选择哪一句来评？

生：我选择第四自然段第一句话。这句话体现了王冕对母亲很孝顺。还有后面的：白天牛吃饱了，王冕就坐在柳树阴下看书，这写出了王冕很用功读书。

师：你是怎么评注的？

生：王冕既孝敬母亲又很用功读书。

师：这段文字有很多人都评了。你是怎么评注的？

生：我选的是：“遇上秦家煮些腌鱼腊肉，他总舍不得吃，用荷叶包了回家孝敬母亲。”我评的是：当自己遇上好的东西时不忘母亲。

生：我也评了这一句。我评的是：“总”字不可少，因为如果没有“总”字，这次，他舍不得吃，可能下一次，他就自己吃了，而有了“总”，表明他每次都包回家孝敬母亲。

师：所以，这个“总”把王冕对母亲的孝顺刻画得——

生：十分深刻。

生：入木三分。

师：好一个“入木三分”啊！就这样来玩味文字，就这样来学写评注。对于这一段还有要评的吗？

生：我评了这一句：“每天给的点心钱，他也舍不得花，积攒一两个月，便偷空来到村学堂，从书贩子那里买几本旧书。”我的评注是：为了读书，王冕省吃俭用。

生：我评注的是：这里的“也”字不可少，既承接了上文，又突出了王冕的好学。

师：真是“一字未宜忽，语语悟其神”啊！当我们静心阅读、品味文字的时候，就能够感受到语文的魅力和阅读的快乐。

……

习作，回归儿童生态

语文新课标在“总体目标与内容”中对写作提出了这样的要求：“能具体明确、文从字顺地表达自己的见闻、体验和想法。能根据需要，运用常见的表达方式写作，发展书面语言运用能力。”在第一学段的“目标与内容”中提出：“对写话有兴趣，留心周围事物，写自己想说的话，写想象中的事物。”第二学段提出：“乐于书面表达，增强习作的自信心。愿意与他人分享习作的快乐。”第三学段提出：“懂得写作是为了自我表达和与人交流。”在“实施建议”中指出：“关于‘写作’的目标，第一学段定位于‘写话’，第二学段开始‘习作’，这是为了降低学生写作起始阶段的难度，重在培养学生的写作兴趣和自信心。”从这些表述中，不难看出，小学习作重在降低写作的难度，让儿童易于动笔，乐于表达，激发写作兴趣，培养写作自信心。为此，我们要科学而准确地把握习作的内涵，让习作回归儿童的生态。

习作回归儿童的生态，就是要让习作回归儿童的生命状态。每位儿童都是独特的生命，具有唯一性，他们的天赋和秉性、兴趣和爱好，都是各不相同的，表达自己情感的方式也是各不相同的。即使是同一位儿童，在不同的成长阶段，其认知能力、兴趣和关注点也是不相同的。习作就是儿童记录自己生命状态的一种方式。这就需要我们在习作教学时能够关注每一位儿童的生命诉求，能够心怀宽容和赏识，守护儿童的天性，呼唤儿童的灵性，激发儿童的悟性，张扬儿童的个性，切实消除儿童对习作的一种神秘感，鼓励儿童用自己的语言自由地表达自己的心声和情感，最大限度地让每一位儿童都享受到生命的愉悦和习作的快乐。

习作回归儿童的生态，就是要让习作回归儿童的生活状态。自由快乐、好奇幻想、游戏模仿是儿童最本真的生活状态。儿童拥有了属于自己的这样一种闲暇和惬意的游戏生活，习作就会变得简单容易起来，因为习作就是儿童记载自己平日生活状态的一种需要。曾经读过《遥远的声音》这篇小说，小说的主人公正彦不能自己掌握生活，想游玩得请示妈妈。假期来了，表哥悠闲地去钓鱼，而正彦却被妈妈逼着每天坐一小时的电车去上辅导班。那天，妈妈记错了时间，正彦白跑了一趟，就在路边给妈妈打电话请示能否玩一会儿，不幸被汽车撞死。在惨剧发生的那一瞬，表哥正好路过，听见正彦对着电话向妈妈说："我能玩会儿吗?"后来正彦家里总接到死去的正彦打来的电话。一天，表哥去他家，电话铃响了，果然是正彦那犹疑的声音："……我玩什么好呢?"表哥对着话筒悄声而又坚定地说："你去找小伙伴，一起去踢足球、骑自行车。"此后，死去的正彦再也没来电话。这篇小说给我触动很大：一个被剥夺了游玩权利的孩子，死后的灵魂也无所寄托，也不得安宁。保卫"童年"，让儿童在成人以前应该活得像儿童的样子，过上本该有着属于儿童自己的欢乐、自由、有尊严的闲暇生活，这是我们应有的责任，更是习作回归儿童生态的应然状态！

习作回归儿童的生态，就是要让习作回归儿童自己的生长状态。儿童的成长是一种自然而又舒缓的过程。习作就是儿童记录自己生长状态的一种表达，它需要我们拥有一种"孩子，你慢慢来"的定力和耐性。著名作家王旭峰说："儿童写的东西，可以说是天使在说话。"习作应该是无忌童言的自然流淌，是本真童心的自然飞扬，是童话的世界，是诗意的殿堂，是自由的王国。一天，一位一年级的小朋友写了这样两句话："今天，我们学校来了两位外国阿姨。这两位外国阿姨也是女的，长得很漂亮。"这两句话在成人来看似乎有点可笑，阿姨本来就是女的嘛，这样写不是废话吗？岂不知，这就是儿童的认识，儿童的发现。他原以为身边的阿姨是女的，现在见到了外国的阿姨，发现外国的阿姨也是女的。由此不难看出，这位孩子对"阿姨"已经有了全面而深刻的认识，所以，写了这样的话来表达自己的见解。其实，这两句话用词造句精当妥帖，尤其是"也"字道出这个孩子的一种新的发现。这个孩子的语文老师对这两句话大加赞赏，说他观察细致，把话写得很通畅。这样评价，从儿童的立场出发，是恰如其分的。试想，一年级的孩子能写出这样通顺流畅的语言是多么的难能可贵啊！他现在这么写就是“天使在说话”，但随着年龄的增长，这种话语方式自然就会发生变化的，不会这么说，什么年龄的儿童说什么样的话，这是值得珍视的。其实，这就是生长，就是一种道法自然的客观规律，是违反不得的！

习作回归儿童的生态，这是新课程对习作教学的救赎与皈依。我们只有对此有比较清楚的认识，才会在实践中按照儿童习作的自身规律行事，关注儿童的生命诉求，体现儿童习作的价值追寻，让习作教学走向“左右逢源”、科学高效的境界。

附：潘文彬老师“习作5”（苏教版语文五年级上册）教学实录

一、习作指导：唤醒封存的记忆

师：最近，我在《儿童文学》杂志上读到了一篇叫《蒲公英》的散文。这篇散文的第一自然段写得很有意思。想看吗？

生：想！

师：（媒体出示：夕阳。晚风。飘。）这一自然段是这样写的。咱们一起来读读。

生：（读）夕阳。晚风。飘。

师：这个自然段三句话5个字。读后，你想说些什么呢？想说什么就说什么。

生：这一自然段非常简洁。

师：简洁，这是你的感受。

生：虽然这一自然段很简洁，但是它把夕阳落下的意境表达得很美。

师：你看到了吗？

生：我无法说出来。

师：你无法用语言来描述了，真是太美了！夕阳。晚风。飘。谁在“飘”？

生：蒲公英在晚风中随风飘荡，这番景象太美了。

师：太美了！这是你的感受。你无法用语言来表达这种美，但作者只用5个字就足以把这种美好的景象表达出来。

生：我觉得，这5个字能代表一段话，说的是蒲公英在晚风中飘，很美。

师：同学们，《蒲公英》这一自然段用了5个字，把夕阳西下，晚风轻轻地吹，蒲公英随风飘荡的美丽画面很好地表现了出来。刚才大家说得非常好。有这样一句话说的就是，我们写作文，能不能写出东西来，不仅仅依仗我们眼睛看到了多少，耳朵听到了多少，更要依仗我们心里感受到了多少。其实，写作文是从感受开始的，可以这么说，没有感受，就没有精彩的作文。

师：同学们，在我们的生活当中，每天都会发生一些事情，这些事情会让你怎么样？

生：这些事情，有的会让我欢喜，有的会让我悲哀，有的会让我生气，有的会让我平静。

师：看来，你尝到了生活的酸甜苦辣。其他同学有跟他有同感的吗？

生：我每天经历的事情也是喜怒哀乐无常的。

师：其实，生活就是这样。生活中，我们经历了很多事，在经历这些事情的过程中，我们的情感会随着事情的变化而变化，时而喜，时而忧，时而乐，时而悲。下面请同学们看一幅图画，（媒体出示：一张微笑的脸）看看这是一张怎样的脸？

生：这是一张微笑的脸。

师：你想到这是谁的笑脸？

生：这是妈妈的笑脸，可能是自己考试考得好了。

师：因为考试考得好，妈妈高兴了。看到妈妈的这张笑脸，你怎么样？

生：我感到很开心。

师：你也很开心，你也给妈妈一个甜甜的微笑。那么，这张甜甜的笑脸，会让你们回想起什么事情？

生：考试考得好。

师：除了考试，还会有什么事情会让你笑或者其他人笑呢？

生：我帮助了别人，我很开心。

师：看来，你是一个乐于助人的孩子。

生：和别人谈笑，讲到好玩的事情会觉得很开心。

师：你开心，大家都开心。还有吗？

生：当灾区的人民受到解放军官兵的救助时，他们很开心。

师：让灾区人民开心，这对解放军官兵来说是最开心的事。

生：帮家人做事，我很开心。

师：看来，你是一个懂事的孩子，经常帮你家人做一些力所能及的事情，做了这些事情家人开心，你更开心。现在，请大家回忆一下，在你们刚才说的事情当中最让你难忘的细节是什么？什么是细节呢？细节，或许就是一束鼓励的目光，或许就是一句温馨的话语，或许就是一连串细微的动作，或许就是一个甜甜的微笑……想想看。其实，回想这个细节的时候，仿佛这件事情现在就在你的眼前发生着。

生：两个分别很久的母女拥抱在一起。

师：母女久别重逢，拥抱在一起的那个瞬间，那些细节让你难忘。

生：我和朋友重新和好时，朋友拉着我的手说："我们还是好朋友！"这些细节让我很难忘，让我很开心。

师：一个动作，一句话语，温馨难忘，铭刻在心！非常好，就像这样来回忆。

生：我帮妈妈做家务，妈妈说："女儿长大了，我很开心。"

师：你妈妈说这句话的时候，有动作吗？

生：有。她摸着我的头说的。

师：你观察妈妈说话时的神情了吗？

生：观察了。她笑眯眯地对我说的。

师：如果你把这个动作、这个神情加上这句话再来说一说，我想细节一定会更精彩。

生：我帮妈妈做家务，妈妈抚摸着我的头，笑眯眯地说："女儿长大了，我很开心。"

师：有了"抚摸"这个动作，有了"笑眯眯"这个神情，再加上"女儿长大了，我很开心"这样的话语，细节就生动起来，精彩起来了。刚才，我们由这张笑脸，想到了事，想到了事中最难忘的细节，这些东西，我们想得越清楚越好，越细致越好。下面，我们再看一幅图，（媒体出示：一张生气的脸）看看这是一张什么脸？

生：这是一张生气的脸。

师：这个生气的表情肯定是由某件事引发的。那么，你有没有这样的经历，如果有，那是什么事情引发的？这件事情中最让你难忘的细节是什么呢？现在就在脑子里面回想，把事情的过程想清楚，想明白。

（生静心回想）

师：想清楚了，你记在心里就行了。我们继续往下看，（媒体出示：一张哭脸）这是一张什么脸？

生：这是一张哭脸。

师：哭得怎么样？

生：哭得很伤心。

师：这张哭脸一定会像前面的那些脸一样是由某件事引起的。是什么事情，这件事情当中的一些细节，我现在不让你说，只让你想。

（生静心回想）

师：最后，我们再来看看这一幅图，（媒体出示：一张开怀大笑的脸）这是一张什么脸？

生：这是一张非常高兴的、哈哈大笑的脸。

师：如果让你用一个成语来形容这张脸，你会用什么？

生：哈哈大笑。

师："哈哈大笑"不是成语，能不能用一个成语？

生：开怀大笑。

师：还有吗？

生：欣喜若狂。

师：还有吗？

生：喜笑颜开。

师：这张嘴已经张得这么大了，比喜笑颜开还要开了。我想，这张开怀大笑的脸也肯定会是由——

生：肯定会有某件事令他开心。

师：肯定是由某件事引发的。那么，是什么事呢？这件事中又有哪些细节浮现在你的眼前呢？现在，我依然不要你说，你在脑子里面想。

（生静心回想）

师：刚才我们看了4幅图，大家看一看，这4幅图中哪一幅图最能引发你头脑中的记忆？

生：第一张脸引起我脑中的记忆。

师：什么记忆？

生：很快乐的记忆，因为我帮助了别人。

师：看来，你是一个乐于助人的孩子。还有吗？

生：第四张脸引发了我的回忆。

师：是你笑还是别人笑？

生：是我自己笑。

师：你曾经因为什么而大笑？

生：以前我跟朋友说笑话时就禁不住哈哈大笑。

师：你笑得怎么样？

生：嘴都笑开了花。

师：不是嘴都笑开了花，而是脸都笑开了花。这张脸引起了你对往事的一种回忆，很好！

生：能够引起我回忆的是第三张脸。因为我考试考得不好，不仅自己伤心，妈妈也很伤心。

师：看来，你的妈妈非常重视你的考试成绩。考试考得好当然值得开心，考得不好也没有关系。只要能从中吸取教训，总结经验，这样下次再考，你就一定会像第一张笑脸、第四张笑脸一样开心的。孩子，不要总想着考试，要学会享受生活。

生：引起我回忆的是第二张脸。我把别人的东西弄坏了，别人很生气，就说了我，我们吵起了架。

生：第二张生气的脸让我想起了生活中的一件事，别人犯了错还把错误推到我身上，我非常生气，又不是我做的，为什么要推到我身上。

师：你很委屈。今天的作文就要求同学们写由这四幅图中的某一幅引发的你对往事的回忆。看习作要求（媒体出示本次习作要求），谁来念？

生：写一件亲身经历的事，注意把事情写具体，表达自己的真情实感，题目由自己定。

师：这就是本次习作的要求，很简单，要求我们写什么？

生：写自己亲身经历的事。

师：这是第一点。在写这件事的时候要注意些什么？

生：注意把事情写具体，表达自己的真情实感。

师：想想看，怎么把事情写具体？

生：要关注这件事中的每一个细节。

师：关注细节，就是观察这件事当中的什么？

生：就是观察这件事当中人物的表情、动作、语言，甚至神情。

师：还包括自己亲身经历的，在经历的过程当中你应该有什么？

生：我们应该有感受，有感受才能写出好作文。

师：是的，你是一个感情很细腻的孩子。有细节，有感受，这样才能把事情写具体。如果你能把这些东西写出来，写具体了，你的真情实感也会在其中。下面我们请同学们做游戏，做什么呢？放电影。

（学生异常兴奋）

师：看过电影吧，现在就在你们的头脑中放电影。放什么电影？就是去想一想你所要写的那件事，想两项内容：第一，想这件事发生的过程、起因、经过、结果；第二，想在这件事情发生过程当中最让你难忘的细节是什么，是一串动作，是神情，是语言，还是心理活动。把这些都在你脑子里过一过。

（学生静心回忆）

师：过完了，就请你们拿出本子，做一件事，把你所要写的那件事中，你认为最关键的地方用简要的词语写下来；你也可以这样做，把你所要写的那件事列个简要的提纲写下来。明白了吗？

（学生动笔写，教师相机指导）

师：下面请同学们用你们手中的妙笔，根据你写的关键词或提纲把这件事情再现出来，期待着同学们精彩的作文，我们下面再相见。

二、习作讲评：享受写作的乐趣

师：一篇篇精彩的作文都从同学们笔下流淌出来，有不少同学的文章写得很长，看来是有很多话想说。作文草稿已经完成了，回顾一下这篇作文的要求。

生：写一件亲身经历的事，注意把事情写具体，表达自己的真情实感。题目由自己定。

师：这是这一次习作的要求，只要你达到这次习作的要求，就是优秀的作文。以前作文的等第谁给你们评？

生：老师。

师：自己有没有给自己评过？

生：没有。

师：今天我们来学一学自己给作文评等第，好吗？

生：好。

师：第一次，我想大家一定会觉得很新鲜。请把你的作文拿出来，看看你的作文是不是做到语句通顺了，如果你的作文做到语句通顺了，就在题目旁边画上一颗五角星，有红笔就用红笔画，没红笔就拿其他笔画。好吗？

生：好。

师：放声读吧。

（生放声朗读作文）

师：这个孩子真好！他读到需要修改的地方就拿出笔来改了。如果你把自己的作文改通了，改顺了，也可以画上一颗五角星。

（教师相机指导学生修改作文）

师：改的时候要用修改符号，不要用胶带粘。修改之后，只要你达到了语句通顺，就不要犹豫，自信地在题目旁边画上一颗五角星。

（学生画五角星）

师：第二步，请你来看写的是不是一件事？如果写的是一件事，就请你在旁边打一颗五角星。

（学生读文自评）

师：下面这条要注意听了，把一件事情写具体，什么叫写具体？还记得那个孩子说的话吗？请你再说一遍。

生：把每个细节都要写出来，比如，人的神情、动作、语言，还有自己的感受。

师：不错。下面请对照你的作文，如果你的作文当中有语言描写或者对话描写，就请在题目旁边再加上一颗星。没有的，如果你添加上了，也可加上一颗星。

（学生读文自评自改）

师：再看，如果你的作文当中有动作描写的，在旁边再加一颗星。没有的，如果你添加上了，也可加上一颗星。

（学生读文自评自改）

师：再来看，如果你的作文中有心理描写的，或者神态描写的，请再加一颗星。

（学生读文自评自改）

师：假如你的作文当中既有语言描写，又有动作描写，也有神态或心理活动的描写，就再加一颗。

（学生读文自评）

师：下面的要求对大家来说比较高了，如果你的作文当中有类似于一开始说的“夕阳。晚风。飘。”这样的环境描写的，请再加一颗星。

（学生读文自评）

师：如果这件事是你自己身上发生的，是真实的事，加一颗星。

（学生读文自评）

师：最后一条，题目自己定，题目是文章的眼睛，要把题目起得亮一些。念念自己的作文题目，对你的作文题目比较满意的，加一颗星；如果不太满意的，你可以修改修改，修改后你满意了，也可以加一颗星。

（学生读题自评）

师：现在，请大家数一数看看自己给自己的作文评了几颗星，凡是得到五颗星的就自己给自己的作文打上“优”。有五颗星的请举手，包含五颗星以上的。

（全班同学都举起了手）

师：看来，大家都达到了要求。除掉五颗星还有几颗星，就在“优”的旁边写加剩下的那几颗星。

（学生给自己的作文评等第）

师：这次作文，大家都很优秀，为自己鼓掌。

（学生开心地鼓掌）

师：大家多开心啊！作文就是这样，为自己带来快乐的享受，因为我们写的是自己的事。下面我就把实物投影打开，谁愿意把你的作文拿出来与大家分享？

（学生把作文放在投影上与大家分享）

师：她给自己的作文自评是优加三颗星。请把你的作文放声念给大家听一听。

（生朗读作文）

我愤怒了

呀！钢笔坏了，又要买一支新的了。

买好钢笔，我走进了另一家店，发现同样的钢笔，刚进来的这家要比别的店还便宜。于是，就在这里发生了一件让我愤怒的事情。

我走进那家店看见那里的商品琳琅满目，真是让人眼花缭乱呀！我走出那家店时，忽然听见有人在喊：“捉小偷。”我心想：我反正不是小偷，没我什么事。“小偷就是你，小姑娘，”老板娘大声喊道，“给我站住！”我停下脚步，老板娘跑到我的面前来，“把钢笔还给我，如果你买，请给钱。”“什么？这是我的钢笔。”我气得直跺脚。“不可能，这明明是我店里的东西。”老板娘大声叫道。这一叫可引来了好多人在这里围观。我急得眼泪一直在眼睛里打转，我带着哭腔说：“明明是我在其他店里买的，你为什么要冤枉我呀？”那时候我有一肚子委屈，可是哪有人会相信我呢？这真是哑巴吃黄连——有苦说不出呀。我忽然想到她店里有客人，“你不信问他。”我指着其中一个客人说。“对，她没有偷。”那个客人也替我辩解，老板娘这才放过了我。

这件事终于解决了。但现在一想起这件事，我就相当地愤怒！

师：你自己评价一下自己的作文，你这篇作文最让你满意的是什么？

生：最让我满意的是，我把我生气的状态写出来了，老板娘非常确认这是她的商品，实际上不是她的商品。

师：其他同学再发表一下意见。听了她读的这篇作文之后，大家也发表一下意见。

生：如果这是我的话，我也会很愤怒，因为明明是我在其他店里买的却说我偷的她们家的，让我感到非常愤怒。

师：你跟她产生了共鸣，说明她的这件事写得确实很好。

生：如果是我的话，我会把围观的人的话还有神态都写出来。

师：你觉得她写得怎么样？

生：我觉得她写围观的人也要写具体一些，这样从一旁衬托出老板娘的凶狠、鲁莽和对她的误解，不调查完事情就对人评价。

师：这是他的观点，他的意见值得你去参考。明白他的意思吗？

生：明白。

师：还有谁要说，她的这篇作文从语言上来看怎么样？

生：她把人物神态描写得很好，写出了她的眼泪在眼眶里直打转。

师：这个细节描写得怎么样？

生：很生动。

师：很好！写作文就要这样，把这些生动的、鲜活的细节描写出来。

生：她的语句也很通顺。

师：语句很通顺，意思表达得非常清楚明白。

生：我觉得她的作文没有心理活动描写。

师：你觉得在哪里加上心理活动描写比较好？

生：在被别人冤枉的时候加上一些心理活动描写。这样，她的感受能体现得更强烈一些。

师：这个意见也值得你参考。你把气愤写出来了，表达了自己的真情实感，给自己打的是优加三颗星。同学们觉得她还有什么地方值得再加星的？

生：她写出了她心里非常愤怒，就是又难过又愤怒的那种心情，又没办法对人家解释。

生：我觉得，她将旁边的围观人和商店里的商品琳琅满目的环境写了出来，应该再加一颗星。

师：对啊，她当时没有感觉到这是环境描写，琳琅满目，让人眼花缭乱，这个是要加星的。正因为商品很多，所以老板娘眼睛都花了，冤枉了你。还有一处是她用了一个歇后语，给大家读一读。

生：哑巴吃黄连——有苦说不出。

师：用得怎么样？

生：恰当。

师：该不该加星？

生：该！

师：所以再加几颗星？

生：两颗。

师：大家同意吗？

生：同意。

师：鼓掌，一致通过。你自己加吧。

（学生鼓掌）

师：她的作文用词造句非常准确，写作文就应该这样，推敲词句，准确表达。对她的作文的讲评，对你修改自己的作文有启发吗？

生：有。

师：需要不需要再来改一改？

生：需要。

师：好，给你们时间再来改一改。就用修改符号改，不要用胶带粘。

（教师巡视，相机指导）

师：真不愿意打断大家的思绪。现在，你们最想听谁的作文？

生：（异口同声）黄博。

师：黄博，你愿意上来读自己的作文吗？

（生朗读作文）

那时的我乐开了怀

记得暑假的一天，马书凡到我家来玩。我们一起写作业，一起看电视，一起吃零食。

到了下午，马书凡提议去王梓桐家玩，一路上我们有说有笑，笑声溢满了整条小道。

进了王梓桐家往里走，看到一瓶水正放在地上。我们问他："这是什么?"王梓桐说："这是我自己精心研制的泡泡水。"我和马书凡惊呆了，继续问："这里面有什么?""有洗衣粉、沐浴露、洗发水、冰红茶。"我和马书凡又从惊呆变成了目瞪口呆。

王梓桐拿出吸管，蘸了一点泡泡水，吹出了一个个芝麻大的泡泡。马书凡看了觉得不行，就说："让我来帮你加工一下吧。"马书凡进了厨房，他把泡泡水倒进容器里，然后问王梓桐："你家里有什么东西可以制作泡泡的，给我拿几件来?""好的，马上就到。"王梓桐拿来洗手液、洗涤灵、肥皂。马书凡说："好，现在把这些东西加进里面，好了，就让我们去外面试试看吧。"马书凡拿出吸管，蘸点泡泡水，吹出了一个个樱桃大的泡泡。马书凡高兴极了，说："二号泡泡水终于研究成功了。"

王梓桐又想出一个鬼主意，不如再加点别的东西，说完，他从厨房里拿来葡萄，又上楼拿来红色颜料，交给马书凡，说："一定要把它们全部加进去。"马书凡无奈，只好照办。他先把葡萄拧进泡泡水，接着把红色颜料拧进去，然后搅拌，可想不到水变红了。

马书凡十分惊奇，可是一不留神，加满颜色的泡泡水被马书凡一碰就泼到他的脚上。见此情景，王梓桐是开怀大笑，而我呢，更是捧腹大笑，马书凡却很尴尬。

我和王梓桐的笑声回荡在家的每一处角落。这笑声见证了我和马书凡、王梓桐之间纯真的友谊!

师：怎么样?

(学生以掌声回答了老师的问题)

师：大家情不自禁的为他鼓掌，真不愧是我们班上的小作家，黄博同学没有让大家失望，再给他一次掌声。黄博，你觉得这篇作文最让你得意的是什么地方?

生：我觉得把马书凡的尴尬写出来了。

师：这是一点，还有吗?大家来评价一下。

生：他通过这件事写出了与马书凡之间的友谊。

生：他让这件小事情变成了大作文。

师：好的，小事情写成了大作文，非常精彩。

生：他写得生动有趣。

师：生动有趣，充满了情趣，写出了他的真情实感。很棒!

生：他写出了和朋友的心情，为什么笑，明明是来吹泡泡的，为什么会泼出来呢。

师：你觉得还要去添加，因为这是你想要知道的。

生：他写出了王梓桐的鬼主意很多。

师：其实，你们发现没有，他用词造句也是挺讲究的，你给大家再念念第二自然段。

（生读第二自然段：到了下午，马书凡提议去王梓桐家玩，一路上我们有说有笑，笑声溢满整条小道。）

师：怎么样？

生：好！把他们很开心的状态写出来了。

生：好词非常多。“笑声溢满了整条小道”写得很好。

师：妙就妙在这个“溢”字上，就凭这个“溢”，我就要给他再加两颗星。这个句子，写得多好啊！他的所有同学的这篇文章还有很多精彩的地方，给他掌声。

（学生鼓掌）

师：我们五（3）班的同学真的很棒，让我仰慕，我要向你们学习。刚才，你们已经把自己的文章做了修改，已经改得越来越精彩了。有一句话说得好：文章不厌百回改。我想大家回去之后，再把这篇作文好好地修改修改，然后用稿纸把它誊抄清楚，加上点评。这个点评你可以自己评，也可以请爸爸妈妈帮你评，也可以请班上某位同学帮你评，当然也可以邀请你们的语文老师、数学老师帮你评……然后交上来，请班长召集几个人，把所有同学的这篇作文汇编成一本小书。这本小书的名字就叫《我们的心情故事》，当然你们也可以想其他名字。书怎么编呢？你们可以参照一下语文书，或者其他你读过的书，当然要有目录，也可写上编者的话。编者的话由谁来写，你们自己想办法找人。期待着这本小书早日出现在你们的班上，同学们能够互相传阅。

智慧，在习作中舞动

提起智慧，也许我们会觉得有些玄乎，它非孔明先生莫能有也；提起智慧，也许我们会觉得有些神秘，它本与儿童不甚亲密。其实，这都是一种误解。智慧一点也不玄乎，一点也不神秘，它天生就与儿童有缘。因为儿童具有潜在的艺术灵性，是“本能的缪斯”。这是我阅读了这本凝聚着晓庄学院第一实验小学师生智慧的《晨曦》后最强烈的感受。真的，这本《晨曦》让我真切地体悟到了习作的真谛和智慧的意蕴。

智慧，一种儿童式的直觉和对生活的热爱。世界的一切对儿童来说都是新鲜的，儿童对周围的世界总是充满着好奇，充满着浓郁的探究欲望。儿童总会用自己明亮的双眸去观察世界，用自己纯真的心灵去体验生活，来发现世界的神奇变化，感受生活的多姿多彩。智慧在儿童习作中表现出来的是儿童的率真，儿童的烂漫，儿童的情趣，是一种天然的单纯，是一种不含任何杂质的纯净。智慧，就是这样在《晨曦》中的那一篇篇习作中自由地舞动着。

智慧，一种儿童式的敏锐和对生活的发现。生活是平淡而又琐屑的，谁也不可能时时处在激动和感动之中，儿童的生活也是如此。但是，儿童对生活总是怀有一腔热情，儿童的目光是最敏锐的，对世界、对生活的洞察也是最独特的。儿童往往能从司空见惯的琐碎而又平凡的事情当中发现为成人所忽视的一些东西，从而体味到生活的情趣和内涵。智慧在儿童作文中显现出来的并非是人们所想象的那样独辟蹊径，出奇制胜，而恰恰是一种浑然天成的平凡与自然，是一种平淡之中透出的真，平静之中露出的善，平常之中溢出的美。智慧，就是这样在《晨曦》中的那一篇篇习作中自由地流淌着。

智慧，一种儿童式的想象和对生活的超然。儿童时代是充满想象和幻想的时代，儿童的想象总能给人以美妙神奇的感觉。鲁迅先生说得好："孩子是可以敬服的，他常常想到星月以上的境界，想到地面以下的情形，想到花卉的用处，想到昆虫的语言，想到潜入蚁穴。"在儿童的想象中，世界就是这样充满着神奇的色彩，就像童话一般，如梦如幻。智慧在儿童作文中显现出来的是一种超然放达的想象，是一种心灵的自由驰骋，理想的自由放飞，思想的自由漫步。智慧，就是这样在《晨曦》中的那一篇篇习作中自由地生长着。

灵动的智慧，从《晨曦》中的那一篇篇作品中自然而然地分泌了出来。那么，这智慧之源又在哪里呢？晓庄学院第一实验小学师生的探索实践，让我略有所悟——智慧之源原本就在师生的现实生活当中，解放儿童，呵护儿童，还以儿童本该属于他们自己的生活，如此，智慧就会在儿童习作中欢唱起来，舞动起来。

——让儿童学会用自己的眼睛去发现。放飞儿童的心灵，让儿童在广袤的自然中去尽情地观赏春花秋月，聆听虫鸣鸟叫；白天与小伙伴一道嬉戏、畅谈，晚上安逸地躺在草地上数着天上那调皮的星星……让儿童用那颗童心去洞察这个大千世界，享受生活的丰富多彩。这样，儿童的真情便会被激荡起来，便会有了倾吐心声的欲望，且有着一吐为快的惬意！

——让儿童学会用自己的头脑去思考。开动儿童的头脑，让儿童能够像牛顿思考苹果为什么会落地那样思考问题，能够像孔子遇水必观那样从司空见惯的流水碧波中去体悟做人的真谛……让儿童用那颗童心去思考这个大千世界，品味生活的美妙情趣。这样，儿童便会顿悟：生活原来是如此的美丽芬芳！生活原本也是内涵丰富的百科全书！不用心读之思之，很难品出它的滋味，悟出它的真谛，也难写出如此具有儿童气息的习作来！

——让儿童学会用古典的心情去阅读。利用儿童的闲暇，背背那脍炙人口的唐诗、宋词和元曲，去吸纳那曼妙丰盈的中华文化精髓；读读那经典名著《西游记》《水浒传》等，去感受那正义与邪恶的较量；走进安徒生的童话里，去与那卖火柴的小女孩共度难忘的圣诞之夜……读书，一种心灵与心灵的对接，这种对接能够将人类的聪明智慧和大自然的美妙力量悄悄地注入心田。所以，让儿童怀着古典的心情去阅读这些经典作品，咀嚼辉煌灿烂的人类文化，汲取其精华，就能够抹亮儿童的人生底色。而这些本该就是儿童不可或缺的精神底子，少了它，儿童就会缺失一些文化的底气；少了它，儿童作文就会因失去灵气而变得平庸！

智慧需要智慧去培育，真情需要真情去孵育。正是因为晓庄学院第一实验小学的老师用自己的智慧去培育儿童的智慧，用自己的真情去孵育儿童的真情，所以，他们才收获了儿童作文的这般精彩纷呈！

观 课

品出语文的真滋味

品出语文的真滋味

好茶不品不知其味，好课不品不知其妙。品读江和平老师执教的《碧螺春》一课，就好似在品味着清香宜人的碧螺春茶，一股淡淡的茶香，从唇齿滑落到心间，充满着快意。在这行云流水般的《碧螺春》的教学中，我看到了江和平老师的智慧和风格。

一、品字：咂摸汉字之味

汉字是一种意音文字，在表意的同时也具一定的表音功能。通常情况下，由汉字的字形能够想象到汉字的字义。江老师在教学中就注意抓住了汉字的这个特点。我们看到，教学伊始，江老师在黑板上写了“吃”字和“品”字，让学生通过分析字形，来品味这两个字的意味。在学生充分交流之后，江老师告诉学生：“碧螺春茶是需要品的，课文《碧螺春》也是需要品的。”如此导课，不仅让课堂氤氲着浓浓的语文味，而且让学生在咂摸汉字意味的同时，也知晓了学习《碧螺春》这篇课文的基本方式——品。如此设计，充分体现了江老师的慧心。

我们知道，识字是语文学习的基础，也是语文的标志性能力。小学语文教学应该重视识字这一最基础的内容，即使是高年级的语文教学，也要一丝不苟地把它抓细抓实。江老师极为重视生字的教学，她的识字教学充满了睿智。课堂上，江老师出示生字之后，对学生说："瞧这些生字，大多平时难得一见。它们大都和什么有关?"学生答道："和炒茶有关。"江老师追问道："哪些生字需要提醒同学们注意?"于是，学生就从字音、字形等方面说开去，自主而又开放。在此过程中，江老师注意适时地调控和引导，让学生由字形去揣测字的意思，自然而又实在。如此教学，既能培养学生独立识字的能力，又能充分调动学生识字的主动性和积极性，还能彰显出汉字独特的文化魅力。

二、品词：咀嚼词语之味

一字一词总关情。一词，一句，这是文本构成的最基本元素。与文本展开的一切对话活动，理应根植并归顺于这一词、一句之中。在教学过程中，江老师对话题展开就注意从品味文本的语词开始，让阅读对话以理解、内化、积累和运用文本的语词为归宿，使学生的思维始终在文本的语词当中穿梭、流连。江老师的课堂给人最强烈的感受，就是文本语词的张力被激活了，学生对文本语词的理解和感悟立体而又丰满。比如，对"久负盛名"这个词语的品味，江老师抓住了"久"字，引导学生链接课外的资料来咀嚼、玩味，体会碧螺春茶的悠久历史及其文化的意蕴。再如，对"茶汛"的品味，也同样充满着情味。我觉得，如此咀嚼语词，既是对语词意义的揣摩，又是对语词理法的领会，还能使学生感受到此时的文字已不再是僵化、冰冷的符号，而是赋予个体情愫的有情之物，滋养着言语智慧。如此教学是富有张力的，不仅能扎实"双基"的训练，还能较好地实现知识与能力、过程与方法、情感态度和价值观三个维度的融合，从而促使学生形成良好的语文素养。

三、品题：琢磨文题之味

文章的题目是重要的教学资源，然而，这个教学资源往往会被忽视。江老师就能独具慧眼，抓住"碧螺春"这个题目，精心设计教学，让学生透过题目这个"眼睛"，窥见碧螺春茶形色之美，体悟碧螺春茶名字之雅致。这里，不妨再回味一下江老师的这个教学场景。

学生读完课文之后，江老师板书课题"碧螺春"，并问学生能从这三个字中想出什么来。有学生说，从"碧"字，想到茶园里碧螺春翠绿欲滴，想到碧螺春茶汤色碧绿清澈；还有学生说，从"螺"字，想到碧螺春茶叶"蜷曲成螺”，非常漂亮。江老师说，在古代，人们把少女头上盘的高高的发髻叫“螺髻”。碧螺春外形如螺，可见多动人了。这是对“碧螺春”这个名字中的“碧”和“螺”这两个字的揣摩和品味。师生对话当中，充满了浓郁的文化色彩，给人一种熏陶。

对“碧螺春”中的“春”的咀嚼和品味，更是充满了诗意的浪漫色彩，给人一种享受。有学生说，碧螺春采制在早春，因此名字中有个“春”字；还有学生说，古代常用“春”字来代称茶，在碧螺春的产地“碧螺峰”里其实就有“碧螺”二字，所以给这种茶取了这个雅致的名字。随后，江老师给学生出示5000年前刻在龟甲上的“春”的字样，让学生根据字样去猜测每个部分所表示的意思。在学生充分交流的基础上，江老师说道：“是的，春来了，太阳出来了，一切都欣欣然张开了眼。人们把如此美好的‘春’赐予一种植物，再读‘碧螺春’，我们品味到‘碧螺春’的名字仅仅是一种雅致吗？”

“碧螺春”名字所蕴含的文化意蕴，就这样在江老师的智慧点引下，在师生聊天式的对话中，鲜活了起来，流动了起来，丰盈了起来，它就像清香的碧螺春茶汤一样让人回味绵长，滋润着学生的心灵。如此教学，课题的教学资源得到了彰显，语文的味道浓厚了许多。这就是江老师的一种大气和智慧。

四、品文：揣摩文章之味

叶圣陶先生说：“教学语文课本和文学课本，几个重要项目里头有一个项目，就是好好地读。”可见，要读通、读懂一篇课文，反复读是必不可少的。其实，书是学生自己读懂的，而不是教师讲懂的。江老师在教学中充分体现“以读为主”的思想，使我们整堂课都能听到琅琅的读书声。

1. 初品：在读中理解意思

初品旨在让学生把课文读通、读顺，初步理解课文的内容。在学习了生字、新词之后，江老师就让学生逐段朗读课文，理解每一自然段的意思。在此过程中，江老师还不失时机地对学生进行启发和点拨，或引导理解有关词句的意思，或引导读好有关长句子，或“友情奉献”朗读第7自然段，其间师生互动和谐，课堂流动有序。如此教学，非常巧妙地把理解内容寓于读书的活动之中，既扎实又有效。

2. 细品：在读中揣摩意味

歌德说过："内容人人看得见，含义只有有心人得之，形式对于大多数人是一个秘密。"这就意味着在细品的过程中，不仅要引导学生理解人人看得见的"内容"，还要引导学生体会只有有心人得之的"含义"，更要引导学生发现对于大多数人是一个秘密的"形式"。唯有如此，学生在细品中才能言意兼得，获得言语智慧的滋养。江老师在引导学生细品的时候，注意采用多种手段，充分发挥读的功能，让学生通过各种形式的读来揣摩品味文本语言的情味感和分寸感。比如，对"采茶"和"焙茶"那两部分文字的品读，既灵动又有深度。江老师在聊天对话的过程中，提高了学生的认识；在思悟辨赏的过程中，发展了学生的思维；在声情并茂的朗读中，培植了学生的语感。

有什么样的思想，就有什么样的行为。江老师用自己的思想去唤醒学生的思想，用自己的行为去引领学生的行为，用自己的智慧去开启学生的智慧，这是江老师的一种幸福的追寻，也是江老师所教学生的最大幸福。

真的，品味江老师的这堂充满智慧的课，我有一种酣畅之感。感谢江老师带给我这种幸福的快意！

附：江和平老师《碧螺春》（原苏教版语文六年级下册）教学实录

（板书"吃""品"）

师："吃""品"都有"口"字，分析字形，你想到了什么？

生："吃"有一个"口"，"品"有三个"口"。

生：吃饭是大口大口地，而品是慢慢地、细细地。

生：我想，茶只有一小口一小口地品，才能品出滋味。

师：跟"吃"字连在一起的，如"吃喝"，颇有饥不择食狼吞虎咽之相。"品"字却很雅。

生：品酒，品茶，不仅能品出滋味，还很有情趣。

师：说得真好。碧螺春茶是需要品的，课文《碧螺春》也是需要品的。

（课件出示生字词）

师：瞧这些生字，大多平时难得一见。它们大都与什么有关？

生：和炒茶有关。

师：说得不错。哪些生字需要提醒同学们注意？

生："蜷"读"quán"，不读"juǎn"。

生："吓煞人香"中的"煞"读"shā"，"煞是好看"中的"煞"读"shà"。

师：请你示范一次。

（生读）

师：齐读。

（生齐读“吓煞人香”“煞是好看”）

师：“吓煞人香”中的“煞”也通“杀”，（板书“杀”），吓杀人的香！名字是有些不雅。依此类推，“煞是好看”那就是——

生：非常好看！

生：我知道“焙”的意思是“用微火烘”，“焙茶”就是“炒茶”。

师：先别坐下，还可以说“焙”什么？

生：焙药材，焙烟叶。

师：谢谢！

生：“搓”指用两个手掌反复摩擦，或把手掌放在别的东西上来回揉。“捻”指用手指搓。

师：以上两个动作，请大家动手做一下。

（生纷纷做“搓”和“捻”的动作，力气很大）

师：请“手下留情”，焙茶手是在搓茶叶，捻茶叶。同学们预习得不错，谁来把第一节读一读。

（生读第一自然段）

师：第一自然段有多少个字？

生：（数了数，纷纷说）18 个字。

师：这一自然段 18 个字，你品出了哪些信息？

生：碧螺春久负盛名。

师：久！多久？

生：书上说，数百年。

生：我在资料上看到，茶圣陆羽在《茶经》中就已经写到了碧螺春。1200 多年前，碧螺春就名扬天下啦。

生：我还从这 18 个字中知道碧螺春的产地在太湖的东山和西山。

师：湖，山，碧螺春，放在一起，没想到什么吗？

生：碧螺春生长的环境特别好，有山有水。

生：好茶出自好山。碧螺春是集太湖山水之灵气的！

师：越品越有味。第一自然段介绍了碧螺春的产地。谁来读读第二自然段。读完后请同学们用简洁的语言概括一下这一节的主要内容。

（生读第二自然段）

生：这一自然段写了一个传说。

生：传说是为了说明名字的由来。

（生读第三自然段）

生：这一自然段写刚交春分，茶汛便开始了。

师：知道春分是什么时候吗？

（生摇摇头）

师：春分在3月20日或21日。那时正是乍暖还寒的时候。

生：（读第四自然段）这一节写采茶。

师：读得太美了，我都陶醉了。

生：（读第五自然段）这一节写焙茶。

师：不容易，读得这样流畅。生字中有六个在这一小节呢。

生：（读第六自然段）这一节写品茶。

师：这一节第一句话是个长句子，注意停顿："看/制作碧螺春茶……"，谁来把这一句话再读一读？

（生读第六自然段第一句话）

师：第七自然段，我"友情奉献"！（声情并茂地读第七自然段）我特别喜欢外国诗人写的这一句诗，你也喜欢吗？一起读——

师生："在清香的碧螺春茶汤里，我看到了江南明媚的春光。"

师：课文读完了，课题还没板书呢。

（板书：碧螺春）

师：你能从这三个字中想出什么来呢？

生：我从"碧"字想到茶园里碧螺春翠绿欲滴，想到碧螺春茶汤色碧绿清澈。

生：我从"螺"字想到碧螺春茶叶"蜷曲成螺"，非常漂亮。

师：在古代，人们把少女头上盘的高高的发髻叫"螺髻"。碧螺春外形如螺，可见多动人了。

生：碧螺春采制早春，因此名字中有个"春"字。

生：古代常用"春"字来代称茶，在碧螺春的产地"碧螺峰"里其实就有"碧螺"二字，所以给这种茶取了这个雅致的名字。

师：竟然这样巧合，真不知是天意，还是人意。

师：我们的祖先5000年前刻在龟甲上的"春"字是这样的——（板书

的是三个字中间的一个，）猜一猜，这个字每个部分表示什么意思？

生：左边圆圈里加个点，像是太阳。

师：右边的横线代表什么呢？

生：大概是土地吧。

师：真会想。中间是‘屯’字，又像什么？

生：我看出来了，是小草发芽了！中间鼓起的小圆包，估计是胚芽。

师：是的，春来了，太阳出来了，一切都欣欣然张开了眼。人们把如此美好的“春”赐予一种植物，再读“碧螺春”，我们品味到“碧螺春”的名字仅仅是一种雅致吗？

（生读“碧螺春”）

师：每年刚交春分，碧螺春的茶汛便开始了。请同学们用“汛”组一组词。（板书：汛）

生：潮汛，汛期，桃花汛……

师：“汛”给我们的感受是什么，比如潮汛？

生：水势很大，来势凶猛，潮水仿佛一下子就来到了眼前。

生：不可阻挡，且来的时间大致相同。

师：那茶汛呢？

生：茶树都抽出了嫩芽，似乎是一夜间长出来的。

生：会有一大片新绿扑面而来。

生：每年春分刚过，碧螺春的茶汛便会如约而至。

师：此时，我们走进碧螺春茶园，能感受到茶汛开始了吗？

生：茶树个个翠绿欲滴，刚刚萌发的新芽非常娇嫩，预示着茶汛开始了。

生：绿树映衬着俊美的身影，构成一幅美丽动人的图画。漫山遍野的新绿扑面而来，茶汛开始了。

师：现在，我们欣赏几幅茶汛到来时碧螺春茶园的图片。（生欣赏图片）真是“入山无处不飞翠，碧螺春香百里醉”，这就是茶汛，多么美丽的图画。

生：我还从“采茶姑娘三五成群，结伴向茶园走去”看出茶汛来了，采茶姑娘纷纷来到茶园，茶多，采茶人也多。

生：她们用灵巧的双手敏捷地摘下一片片嫩芽，手指像风一样在茶叶间穿梭。

师：手指在舞蹈！

生：空中“不时传来银铃般的欢笑声”，采茶姑娘个个“神采飞扬”，正因为茶汛来了，她们才流露出丰收的喜悦。

师：因为茶汛，美丽中多了一份甜蜜。（出示图片）采摘的就是这样的嫩芽，芽尖像“一杆枪”，芽叶像“一面旗”，这就叫——

生：一旗一枪。

师：一斤茶，含芽量6万至7万个，最多的达9万个。

（生惊讶得“啊”了一声）

师：有一位喜爱摄影的叔叔，一直想拍一幅采茶女的手的照片。他跑遍茶山，也没有找到他想象中的手。当我们把镜头聚焦在采茶女的双手时，那将是一双怎样的手呢？想一想。

生：布满老茧。

生：掐芽叶的手指被染绿了。

生：长年机械地重复一个动作，手已经有些变形了。

师：风吹日晒雨淋，年复一年。美丽的背后，有一份艰辛。（出示采茶图）遥望她们的身影，你有一种感动吗？（课堂上静静的，一会儿音乐响起）

（师生配乐齐读采茶这一自然段）

师：碧螺春不炒隔夜茶。入夜，山村里万家灯火，又是另一番繁忙景象，这就是茶汛季节。我们走进一家，看看焙茶手焙茶的情景。

（多媒体出现课文第五自然段）

师：哪儿给你的印象深？

生：他们“叉开五指”，（边说边做动作）在滚烫的大锅里翻拌。拿手做铁铲，用手来感觉温度，

生：“忽而揉，忽而搓，忽而捺，忽而抓”，动作不一样，根据火候和茶叶的变化来决定。

生：从这12个字，既看出他们技艺娴熟，又看出他们繁忙。炒茶时，注意力要集中，否则就把茶叶炒焦了。

师：眼到，心到，手到，12个字，不一般。你来读一读。

（生读）

师：整套工序，需要45分钟。12个字，就把炒茶情景展现在我们眼前，还给我们很多联想。12个字，真的不一般。再读。

（生齐读）

师：一次只能炒三两茶叶。炒好的茶叶，人们称为“工艺茶”。大家知

道什么叫“工艺品”吗？

生：用手工技艺做成的产品，如刺绣等。

师：你们觉得工艺品该是什么样的呢？

生：很美，很精致，手工技术含量高。

师：从哪儿看出碧螺春是像工艺品一样的茶呢？

生：从“条索纤纤，蜷曲成螺”可以看出，“纤纤”表示小巧而柔美，“螺”有美丽的旋纹，可见碧螺春多么精致美丽。

生：它不仅形美，还有浓郁的芳香。

生：焙制好的茶叶“干而不焦，脆而不碎，青而不腥，细而不断”，所有的一切都恰到好处。

师：谈何容易！（引读）虽然干——

生：但不焦。

师：虽然脆——

生：但不碎。

师：虽然青——

生：但不腥。

师：虽然细——

生：但不断！

师：就像郭沫若笔下的“白鹭”：增一点儿——

生：（齐背）增一点儿则嫌长，减一点儿则嫌短，素一点儿则嫌白，深一点儿则嫌黑。

师：真所谓“增之一分则过，减之一分则不及”。这就是“工艺茶”，这个工艺茶的名字就叫碧螺春。我们能够看到的是“干而不焦，脆而不碎，青而不腥，细而不断”，看不到的是什么呢？这使我想起了一位焙茶手。他18岁做学徒，如今已经65岁了。为了保持茶的醇香，47年里，他从未用肥皂洗过手……大家觉得碧螺春仅仅是工艺品吗？不，它是有生命的，有情义的，焙茶手把自己的青春、事业、情感融入这些小小的茶叶之中了。如果你对这些普普通通的焙茶手有一份敬意，就请用你的声音去赞美他们。

（生自由读焙茶一节，师再指名朗读）

师：碧螺春是日月光华、太湖山水和万千茶农心血汗水神奇的结晶！是人与自然无比和谐完美的结晶！这就是碧螺春。

（师泡碧螺春茶，端着茶杯走到学生中间，共同欣赏）

雅趣，一种美好的诉求

雅趣，是特级教师史春妍老师的教学追求。她对《梅兰芳学艺》一课的教学，带给我们的是雅、趣共生的美好享受。

一、雅：有一种文化的味道

史老师的语文课堂是雅的。无论是文本资源的开掘，还是教学流程的设计，无论是识字写字，还是阅读理解，无论是学生的自主发现，还是教师的启发点拨，都透发出一种雅的气息，散发出一种文化的味道。

“雅”在《现代汉语词典》（第6版）中有这样几个义项：一是“合乎规范的”。史老师能够依据课程标准的要求和低年级学生的心理特点，把握识字写字这个教学重点，精心研读课文，合理发掘文本资源，巧妙地把识字写字融入阅读理解的过程之中，上出了比较正统的低年级阅读教学课。这是其一。其二，史老师有着深厚的文化底蕴，能够把握汉字的文化意蕴，精心设计识字写字教学，让识字写字教学彰显出汉字的文化魅力。比如，教学“梅兰芳”的“芳”这个字的时候，史老师是这样展开教学的：

师：咱们再看看“芳”，是什么头？

生：草字头。

师：能用“芳”组个词吗？

生：芬芳。

师：再看这个“芳”字，它是草字头，就是告诉我们大自然中芬芳的是什么？

生：大自然中最芬芳的是花和草。

师：对啊，所以“芳”的上面是一个——

生：草字头。

师：看老师来写草字头。草字头写的时候要注意，点撇将横分三份。（板书：芳）

如此教学，让学生既分清楚“芳”的字形，又理解“芳”的意蕴，还巧妙地把理解形声字的基本方法渗透给学生。这样教学，合乎标准，使得一股浓浓的汉语言文化的气息扑面而来，清新自然，雅气悠然。

“雅”的第二个义项是“高尚；不粗俗”。课堂上，我们可以深切地感受到史春妍老师能够充分发挥文本的例子作用，教得高雅；学生能够潜心体悟语言文字，学得高雅。语文的张力和魅力就在“教”与“学”互动和谐的过程中触动着学生的心弦，滋养着学生的心灵。而这，对于学生来说，就是一种高雅的学习享受。这里，不妨来回味这样一个教学场景：

师：认一认这个词——

生：紧盯。

师：“盯”有一个目字旁，什么意思？

生：就是眼睛看着一个事物。

师：“盯”就是一直对准一个事物看。你们现在都在盯着我看。那“紧盯”是什么意思呢？我们来看“紧”字，下面的部首“糸”，念作“mì”。这个“糸”是什么意思呢？请你们看看图，再看看老师手中的丝线，大胆猜一猜。（大屏幕出示“糸”的古文字，老师将手中的绳子拧成“糸”的古文字状）

生：我猜“糸”就是将线绕起来的意思。

师：你们看“糸”的中间笔画是撇折撇折，多像丝线缠绕起来的样子啊！带有部首“糸”的字大多跟线有关。“紧盯”就像是这根线在牵着——

生：牵着眼睛。

师：对啊！眼睛像被线牵住一样牢牢地盯着一个东西看，这就叫做“紧盯”，再读一读这个词——

生：紧盯。

师：为了把“紧”这个字写得紧一点，我们要把中间的撇折撇折点写得扁一点。在书上描一个“紧”字。

这里，学生在史老师的循循诱导之下，准确地理解了“紧盯”这个词语，并透过“紧盯”这个词语，深切地体会到梅兰芳练眼时的专注与刻苦。同时，学生在这个过程中也学会了一种理解词语的方法。如此教学，令人拍案叫绝，语言文字的高雅气息沁人心脾，悠远绵长。

语文课带给学生的应该是一种美好的感觉。史老师就是凭着她的爱心和智慧，把最美好的语文奉献给了儿童。所以，学生在课堂上，时而专心识字，用心感受汉字的意味之美；时而静心写字，用心体会汉字的形体之美；时而潜心会文，用心揣摩语言文字表达的情意；时而放声朗读，用心体会文章的情感……学得如此轻松，如此自由，尽情地享受着学习语文的快乐。

二、趣：有一种游戏的精神

游戏，是儿童的天性。史老师的语文课就充满着一种游戏的精神。所以，她的语文课能够深深地吸引儿童，让每一个儿童都能够情趣盎然地投入到语文学习的过程中来。史老师追求的语文之“趣”，不是哗众取宠，而是在游戏精神引领下的儿童学习语文的趣味，这种趣味意蕴丰赡。

第一，这种趣味是一种情趣。

置身于史老师的语文课堂，我们就会发现，史老师是一位富于童心的人，她的一言一行，一举一动，一颦一笑，都饱含着爱心和智慧，都透发出童真和童趣，都能够不知不觉地把学生带入到学习语文的情境之中，快快乐乐地识字，开开心心地写字，自由自在地朗读，为他们创造了一种极富情趣的课堂生活。这样的课堂，定能让学生感受到语文学习是何等的快乐而有意思啊！而这，对于儿童学习语文来说又是何等的重要啊！

第二，这种趣味是一种意趣。

语言文字是人类文化的重要组成部分。其实，每一个汉字都耐人寻味，有着不一般的意味。教学时，史老师能从汉字的特点出发，引导学生透过字形，去理解字义，巧妙地把识字、学词、读文、思考、表达等融为一体，从而把汉字教得妙趣横生。比如，教学“注视”这个词语时，她是这样引导的：

师：小朋友看，“注”有一个——

生：三点水。

师：那你猜猜看，它跟什么有关？

生：三点水就是跟水有关。

师："注"原先就是指集中注意力往一个目标里面灌水。"注视"里面有一个"见"，"注视"就是指集中注意力朝一个目标看。再读读这个词。

生：注视。

师：瞧，汉字多有趣，我们抓住了汉字的部首，就能轻松地理解词语的意思了。

如此教学"注视"，尽显汉语的文化魅力，别有一番意趣。而这，对于教儿童学语文来说是何等重要的素养啊！

第三，这种趣味是一种理趣。

语文教学应着眼于儿童言语智慧的生长。史老师深谙此道。因而，她在教学中能够科学合理地利用文本，巧妙地引导学生学语习文，历练能力，提升素养。因而，她在教学中能够启发学生在通读课文的基础上，紧扣课题，了解课文的大意；引导学生在读文圈画的基础上，前后对比，了解梅兰芳眼睛的变化；点拨学生在关键词句的基础上，品词析句，体会梅兰芳学艺的艰辛。如此教学，不疾不徐，开合有度，既有技法，又有大法，既启迪思想，又培育智慧，多么富于理趣啊！而这，对于雅趣课堂来说是何等重要的一种追寻啊！

三、"雅""趣"共生：有一种语文的气质

史老师的课堂其实是一个雅、趣共生的课堂。这种雅趣合乎汉语言的基本特点，彰显出来的是汉语言本身的文化魅力，是语文本该具有的一种精、气、神，是汉语言文化的一种价值回归。这种雅趣也符合儿童身心发展规律，能够让孩子感受到学习的乐趣，是基于儿童的发展，以儿童为本位的一种价值追求，是为了把学生培养成具有高尚情趣的人。从史老师的课堂，我们不难看出史老师所追求的雅趣，有着以下三个基本要义：

其一，眼中有儿童。

史老师的语文课能够坚守儿童的立场，始终站在儿童的角度设计教学，精心地为儿童营造良好的学习情境，把儿童的学习情趣激发起来，调动起来，让儿童在一种快乐的情境当中感受到汉字的独特魅力。史老师能够用一种充满童真童趣的、适合儿童的雅的方法去引导学生学。

其二，心中有课程。

史老师的心中有着强烈的课程意识。新课标强调，低年段的识字写字要

“多识少写”。史老师深知，“多识少写”并不是降低了写字的要求，相反的，而是要求教师要关注学生识字写字的兴趣，让孩子喜欢写字，积极主动地去识字写字。所以，在课堂上，史老师在引导学生识字写字的时候尤为重视学生识字写字的兴趣和习惯的培养，不仅关注学生在写字的过程中每一笔、每一画是不是写得规范、到位，是不是合乎标准，还关注学生在写字的过程中有没有体会到写字的乐趣，有没有感受到汉字的精美。

第三，手中有方法。

史老师手中有着诸多的教学生学习语文的方法，授之以渔。她既有着培养学生识字写字兴趣的方法，也有着帮助学生写好汉字的方法，既有着培养学生理解词语能力的方法，也有着帮助学生朗读课文的方法……史老师手中的这些方法，使得学生的语文学习变得简单起来，轻松起来，快乐起来，并且让学生在这种轻松愉快的情境中得意、得言、得法。

附：史春妍老师《梅兰芳学艺》（苏教版语文二年级上册）教学实录

一、揭示课题，初步了解梅兰芳，学习生字“兰”“芳”

师：（出示照片）你们知道他是谁吗？

生：他是梅兰芳。

师：（出示名字“梅兰芳”）他的名字中“兰”和“芳”都是生字，谁再来读读他的名字？

生：（读）梅兰芳。

师：“兰”字写时要注意：点撇独立在上方，三横之间等距离。（板书：兰）

师：咱们再看看“芳”，什么头？

生：草字头。

师：能用“芳”组个词吗？

生：芬芳。

师：“芳”字也是草字头，就是告诉我们大自然中芬芳的是什么？

生：大自然中最芬芳的是花和草。

师：对啊，所以“芳”的上面是一个——

生：草字头。

师：看老师来写草字头。写时要注意，点撇将横分三份。（板书：芳）

师：拿出习字册，我们来写一写“兰”和“芳”。注意：头正身直坐端正。（生描红仿写；师巡视，提醒注意写字姿势）

师：我们刚才认识了他，他的名字是——

生：梅兰芳。

师：（板书："梅"，提醒右半部分的笔顺）梅兰芳是什么人？（出示句子："梅兰芳是世界闻名的京剧大师。"生齐读）

师：（出示词卡：京剧）谁能念准这个词？（生读，注意读准"京"是后鼻音）

师：京剧是咱们国家的国粹，它有200多年的历史。梅兰芳是京剧大师，下面我们就来欣赏一下梅兰芳的表演。（出示梅兰芳扮演的经典角色图片：林黛玉、穆桂英、杨贵妃，并播放京剧）

师：瞧，他男扮女装扮相俊美。听，他的唱腔也非常的细腻圆润。你们看，这是谁来看他的演出了？（出示照片：梅兰芳受到周总理的接见）

生：周恩来总理。

师：对，他的表演受到了周总理的夸赞。而且，还有很多的外国朋友也是他的戏迷。（出示照片：梅兰芳在国外的演出）他将京剧介绍到了国外，让京剧走向了世界。所以，我们说——

生：（齐读）梅兰芳是世界闻名的京剧大师。

师：今天，我们就要一起来学习第14课，题目就是——

生：梅兰芳学艺。

二、初读课文，走近梅兰芳，感受他"眼睛"从小到大的变化

师：梅兰芳是怎么学京剧的呢？让我们打开课本，轻声读课文。要求：读准字音，读通句子。（生读课文）

师：大家读书的姿势都非常端正。下面，谁能把课文读给我们听，做到正确、连贯。请你读第一自然段。（生读第一自然段）

师：这位小朋友，不仅注意了停顿，这个儿化音读得特别准。（出示词卡：没有神儿）谁再来读？（生读）

师：（出示词卡：傅、师傅）还有一个词，单独读第四声。

生：傅（fù）。

师：和师在一起组成词，就要念轻声——

生：师傅（fu）。

师：谁接着往下读？（生读第2自然段）

师：（出示词卡：紧盯）这个词你刚才在读的时候有点打顿了，这个词第一个是前鼻音，第二个是后鼻音，读准它——（齐读：紧盯）

师：（出示词卡：或者）还有一个词也难读，一起读。（生读）

师：第3自然段谁来读？（生读）

师：咱们共同努力，把课文读正确，读连贯了。你有哪些收获？

生：我知道了课题“梅兰芳学艺”的“艺”是指京剧。

生：我知道梅兰芳练眼很辛苦。

师：是的，学习京剧是要练眼睛的。（板书：眼睛）因为眼睛在京剧表演中非常重要。俗话说：“上台全凭眼，一切心中生。”“眼睛”这个词在课文中也多次出现，请小朋友默读课文，找一找，带有“眼睛”的词句，它们也是学习课文的“眼睛”。（生默读，师巡视）

师：小朋友们很会学习，很多小朋友都一边默读，一边动笔勾画，学习习惯真好！你们找到了哪些带有“眼睛”的词句呢？

生：我找到了“人们都说，梅兰芳的眼睛会说话了”。（板书：会说话）

生：我找到了“师傅说他的眼睛没有神儿”。（板书：没有神儿）

生：我找到了“日子一长，他的双眼渐渐灵活起来”。（板书：灵活起来）

师：同样一个人的眼睛，怎么前后有这么大的变化呢？（出示：师傅说他的眼睛没有神儿，不是唱戏的料子。）谁来读一读？（生读）

师：“不是唱戏的料子”就是说——

生：眼睛没有神儿。

生：不适合唱京剧。

师：（出示：梅兰芳小时候的照片）咱们来看看他的眼睛，他的眼皮向下——

生：耷。

师：这个词用得好，而且他还是近视眼。他的眼睛见风还会流眼泪。哎呀，这样的一双眼睛实在是——

生：没有神儿。

生：不是唱戏的料子。

师：师傅是这样说的。我们再来看看，后来，人们是怎么说的？（出示：人们都说，梅兰芳的眼睛会说话了。生齐读）

师：什么是眼睛会说话呢？我们再来看看梅兰芳的眼睛，（出示梅兰芳剧照）你感受到什么？

生：这双眼睛在笑，我感受到了快乐。

师：（出示梅兰芳另一幅剧照）这双眼睛是在说什么？

生：忧伤。

生：悲哀。

师：梅兰芳的眼睛能够表达自己内心的情感，这就叫——

生：眼睛会说话。

三、学习第二自然段，抓住关键词，感受锻炼眼睛的艰难

师：梅兰芳究竟是怎样练习，让眼睛会说话的？仔细默读课文第2自然段，一边读一边勾画有关的句子，看看他是怎样做的。（生默读，勾画句子）

生：他常常紧盯空中飞翔的鸽子，或者注视水底游动的鱼儿。

师：哦，他常常"紧盯"，（出示词卡：紧盯）"盯"为什么有一个目字旁？

生：因为"盯"和眼睛有关，是用眼睛看着一个事物。

师：对。"盯"就是一直对准一个事物看。你们现在都在盯着我看。那"紧盯"呢？

生：就是紧紧盯着。

师：我们来看"紧"字，下面的部首"糸"，念作"mì"。这个"糸"是什么意思呢？请你们看看图，再看看老师手中的丝线，大胆猜一猜。（出示"糸"的古文字，老师将手中的绳子拧成"糸"的古文字状）

生：我猜"糸"就是将线绕起来的意思。

师：你们看"糸"的中间笔画是撇折撇折，多像丝线缠绕起来的样子啊！带有部首"糸"的字大多跟线有关。"紧盯"就像是这根线在牵着——

生：牵着眼睛。

师：对啊！眼睛像被线牵住一样牢牢地盯着一个东西看，这就叫做"紧盯"。再读一读这个词。（生读）

师：为了把"紧"这个字写得紧一点，我们要把中间的撇折撇折点写得扁一点。在书上描一个"紧"字。（生描红。）

师：还有一个词，也是你们刚才找到的。我们再来认一认。（出示词卡：注视，生读）

师：小朋友看，"注"有一个——

生：三点水。

师：那你猜猜看，它跟什么有关？

生：三点水就是跟水有关。

师："注"原先就是指集中注意力往一个目标里面灌水。"注视"里面有一个"见"，"注视"就是指集中注意力朝一个目标看。再读读这个词。

生：注视。

师：瞧，汉字多有趣，我们抓住了汉字的部首，就能轻松地理解词语的意思了。我们再读一读带有这两个词语的句子。（生读）

师：鸽子在空中飞翔。（出示词卡：飞翔，生读）

师：鱼儿在水底游动。（出示词卡：水底，生读）

师：梅兰芳选择这些目标来练眼睛，感受怎样呢？（播放录像：空中飞翔的鸽子）让我们选择一只鸽子紧盯着，不能盯丢掉哦！注意练眼时，眼睛可以动，头不能动。（生体验）

师：谁来说说什么感觉？

生：我感觉眼睛特别累，发胀。

生：我感觉特别难，一不留神就找不到盯的鸽子了。

师：咱们健康的眼睛都觉得很累很难，梅兰芳的眼睛可是患有眼疾的，他会是什么样的感受？

生：他肯定硬撑着看，眼睛一直在流泪。

生：他会特别难受，肯定比我吃力多了，经常盯丢了，重新再练。

四、延伸拓展，加深理解“勤学苦练”，体会成功的不易

师：（出示：日子一长）究竟有多长呢？你们大胆猜猜看。

生：一两年。

生：三四年。

生：五年。

师：这样练眼睛可是整整花了十年的时间，他的双眼才渐渐灵活起来。人们都说——

生：梅兰芳的眼睛会说话了。

师：读到这儿，你有没有想到什么词？

生：勤学苦练。（出示词卡：勤学苦练，生读）

师：经过勤学苦练，梅兰芳现在的眼睛怎么样？

生：梅兰芳的眼睛变得灵活起来了。

师：对的，他的眼睛多有神啊，这就叫做——（出示词卡：灵活，指名读）

师：除了练眼睛，他还会练什么？（出示：梅兰芳练功图）

生：练手。

生：练平衡。

师：梅兰芳站在什么上面？

生：凳子上。

师：凳子上有块小砖头，小砖头上还有个木头做的小鞋子。梅兰芳站在上面要一炷香的时候，为的是像女孩子一样婀娜多姿。还要练什么？

生：步伐。

生：打。

师：其实，光练这么多还不够。（出示：京剧的基本功唱、念、做、打、手、眼、身、法、步）这些基本功每一样都要像练眼睛一样勤学苦练。（生齐读最后一段）

师：看来要想成功，就要经过坚持不懈的勤学苦练。让我们捧起课本，再来读一读课文。（生齐读全文）

五、巩固识写，指导书写

师：生字又从课文中跳出来了，你们还认识吗？（出示生字，生认读）

师：这些字的笔顺有没有你弄不清楚的？（出示："芳、灵、或、紧"的笔顺，学生书空）

师："或"字的第二笔是什么？

生："或"的第二笔是竖。

师：再看看"或"和"者"里都有一个什么笔画？

生：都有笔画"撇"。

师：这两个字里面的笔画"撇"写法一样吗？

生：不一样，它们长度不同

师："或"的撇短，"者"的撇长。我们在写时要注意。再来看一看"或"字，下面的"提"要把脚踢上去，而上面的"撇"却要把脚伸下来，写不好要打架的，怎么办？

生：把踢上去的"提"往上写一点，把伸下来的"撇"写下来一点。

师：观察得真仔细。（师范写"或"）"提"往上去一点，"撇"往下来一点，这两个笔画相互避让了，"或"字就写好看了。

师：我们再来看看"者"，看清里面的"撇"怎样写。

生："撇"从土字的中间斜下来，让出位置给"日"字。

师：是的，（师范写"者"，边写边提示）这一撇也很谦让，留出空位让给"日"。请小朋友们来写"或"和"者"。

（生写字，师巡视，展示学生的书写，评议后再写）

这一类·这一个·每一位

听孙庆博老师教学《恐龙》一文有一种行云流水般的酣畅之感。孙老师的课堂是扎实的，灵动的，氤氲着浓浓的语文味道。学生在孙老师的课堂上是自由的，舒展的，享受着学习语文的快乐。静心思忖孙老师的教学，给我带来了诸多启迪。

一、阅读教学要关注文体，彰显“这一类”的特点

《恐龙》是一篇说明性课文。阅读说明性文章，要抓住要点，理清顺序，了解基本说明方法，以彰显出说明性文章的教学特点。孙老师熟谙此道。在教学中，孙老师对每一个教学环节的设计，都能够紧扣文体的特征，点引学生通过朗读、体悟、对比、想象等方式，自然而巧妙地帮助学生理清课文的说明顺序，把握课文的说明要点，揣摩、领悟课文的基本说明方法。

教学伊始，孙老师引导学生回顾课文内容，聚焦课文重点——恐龙的种类很多，形态更是千奇百怪。在此基础上，引导学生自主阅读，画出课文所写的恐龙种类。然后，相机追问，把阅读引向深入：“说恐龙的形态是千奇百怪的。那么，课文描述的这五种恐龙各有什么特点呢？请大家默读课文，先把描写这五种恐龙形态的词句用波浪线画出来，然后再细细地朗读、品味。最好能用一两个词简要地概括出每种

恐龙的特点。”这样，学生在问题的驱动下，自主阅读，潜心会文，在默读勾画、提炼概括、朗读品味的过程中，触摸课文的语言，体会恐龙的特点，自然而立体地理解了课文的“意”。更为重要的是，孙老师不止于此，他还追问：“作者是怎样把这些恐龙的特点很生动地描写出来的呢?”如此设问，激活学生的思维，引导学生进一步揣摩课文的语言，领悟课文的表达，自然而全面地把握课文的“言”。这些环环相扣的追问，看似随意，实为教者的匠心独运。其实，这些追问对于阅读说明性文章来说，是至为重要的环节。因为只有如此环环相扣、步步深入地追问，才能够切实地让学生沉潜于文本之中，学语习文，理解语言，揣摩表达，得意得言。而这，顺应着的是说明性文章的特点，彰显出的是“这一类”课文的教学共性。

二、阅读教学要聚焦语言，教出“这一个”的味道

《恐龙》这篇课文语言简练、准确、形象、生动，是一种富有特色的语言现象，是独特的“这一个”。教学中，孙老师尤为关注这种独特的语言现象，引导学生聚焦语言，揣摩文字，教出了说明性文章独特的味道。这里，我们不妨来看这样的片段：

师：雷龙有什么特点呢？你是从哪些词语或者句子中体会出来的？

生：雷龙很大。我是从“庞然大物”这个词看出来的。

师：（板书：庞然大物）你知道雷龙有多高、多大吗？（生：不知道）雷龙的脖子有8米长，整个身体站起来比我们上课的四层教学楼还要高呢。知道雷龙有多重吗？（生：比六头大象还要重）一头大象有上万斤，普通雷龙的体重都要超过六七万斤。（生发出“啊”的惊叹声）大吗？我们一齐来读这个词——

生：（齐）庞然大物。

师：它走起路来，轰隆隆，轰隆隆，听起来就像打雷一样。怎样才能把雷龙“又大又重”的特点读出来呢？请同学们试一试。（生练读）

师：你来读，让大家感受一下。

生：雷龙是个庞然大物，它的身体比六头大象还要重，它每踏下一步就发出一声轰响，好似雷鸣一般。

师：同学们都认为你读得好。你能介绍一下你朗读的经验吗？

生：在朗读时，我注意重读了“庞然大物、六头大象、雷鸣一般”几个词。

师：你的经验很值得大家学习，像他这样我们一齐来读——

从这一片段，可以看出孙老师具有强烈的语文意识，他对《恐龙》这篇说明性文章的“这一个”语言现象有着敏锐的感觉和深切的体悟。因而，在教学中，能够聚焦语言，引导学生在比较、想象、朗读、体验的过程中，理解语言，品味语言，体会课文用词造句的精准妥帖，揣摩课文语言文字的情味感和分寸感。如此教学，彰显了说明性文章的语言特点，教出了说明性文章的语言所具有的独特魅力。而这，对于理解感悟说明性文章的语言来说，是甚为重要和必要的。因为只有如此聚焦语言，揣摩语言，才能够让学生在反复咂摸语言的过程中，品出“这一个”的真味，悟出“这一个”的真谛。

三、阅读教学要面向儿童，发展“每一位”的语言

阅读教学要面向儿童，发挥儿童的主观能动性，真真切切地让儿童在学语习文的过程中，历练运用语言文字的能力，提升运用语言文字的智慧。基于此，孙老师面向每一位儿童，立足儿童的实际，充分发挥文本的例子作用，着力引导学生学习语言文字的运用，发展“每一位”儿童的语言文字的运用能力。教学中，有两个环节，很值得玩味。

环节 1：学生在理解了课文的内容，把握了课文的要点，领悟了课文的表达之后，孙老师出示了这样的填空：“我是________龙，我长得________（什么样）。”来让学生介绍自己最喜欢的一种恐龙。一石激起千层浪。这道填空题激活了学生的思维。我们欣喜地看到，课堂上，学生兴致盎然地介绍着自己喜爱的恐龙，生动形象，绘声绘色，笑语盈盈，好不快乐。如此教学极富童真童趣，自然而巧妙地让学生在转换角色的介绍的过程中，既内化了文本的语言，又实现了个性化的表达。这样的教学怎不让人叫好称绝！

环节 2：几位同学介绍之后，孙老师提出了这样的问题：“从几个同学精彩的介绍中，你发现这些恐龙的名字和形态特点有什么联系吗？”在孙老师的启发下，学生发现“这几种恐龙都是根据它们的外形特点来给它们起名字的”。而后，孙老师出示 3 张恐龙图片让学生观察，并让学生根据它们的形态特点试着给它们起个形象的名字，并把它们介绍给大家。学生在观察、练说“穿山甲龙”之后，孙老师相机进行示范，出示了自己描写的“鼠龙”的文字让学生阅读、揣摩，启发学生能够运用课文中的一些说明方法来修改自己的介绍。这样的教学既朴实又扎实，有效地实现了为迁

移而教的教学意旨。

从以上两个教学环节，我们可以深切地感受到孙老师始终把发展每一位儿童的言语智慧作为自己教学的核心追寻。因此，他眼中有儿童，因而，他的课堂充满着生命的活力，充盈着儿童的情趣，张扬着儿童的个性；他心中有课程，因而，他的课堂散发着语文的味道，展现着语文的张力，彰显着语文的魅力；他手中有方法，因而，他的教学关注着学法的指导，强化着语言的迁移，培植着语言的智慧。而这，正是阅读教学的一种核心的价值追求。

附：孙庆博老师《恐龙》（苏教版语文三年级下册）教学实录

一、回顾内容，聚焦重点

师：这一节，我们继续学习《恐龙》这一课。看老师板书课题，“恐”是个上下结构的字，下面“心”字底的卧钩要指向字的中心。我们一齐读课题——

生：（齐）恐龙。

师：通过第一节课的学习，你们对恐龙的情况有了哪些了解？

生：我知道大约在两亿年以前，地球上就有了恐龙。

师：你知道了恐龙生活的年代离现在十分久远。

生：我知道大约在6500万年以前，这些恐龙在地球上就神秘地消失了。

师：恐龙在地球上生活了一亿多年。

生：我知道恐龙是卵生的。（该生把“卵”的读音luǎn错读成nuǎn）

师：注意看清“卵”的声母，把这个词再读一遍。

生：卵（luǎn）生。

师：恐龙虽然行走在陆地上，但它像鸟那样用蛋来繁殖自己的后代。

生：我知道恐龙大多以吃植物为主，也有专门吃肉的。

师：老师告诉你，以吃植物为主的恐龙一般来说性情很温顺，而食肉的恐龙一般来说都很凶猛。

生：恐龙的种类很多，形态千奇百怪。

二、引导探究，自主感悟

师：请大家快速浏览课文，找一找课文写了几种恐龙。请在它们的名称下面画上横线。（生读、画）

生：课文总共写了以下几种恐龙：雷龙、梁龙、剑龙、三角龙、霸王龙、鱼龙和翼龙。

生：我不同意他的看法。鱼龙和翼龙是恐龙的亲戚，它们不属于恐龙。

师：亲戚就是跟这个家族有点血缘关系的人，像我们的舅舅、姨妈。准确地说，他们还不属于这个家庭的成员。看来，课文写了五种恐龙，此外还介绍了恐龙的两个亲戚。清楚了吗？

生：清楚了。

师：恐龙的形态是千奇百怪的。课文描述的这五种恐龙各有什么特点呢？请大家默读课文，先把描写这五种恐龙形态的词句用波浪线画出来，再细细地朗读、品味，最好能用一两个词简要地概括每种恐龙的特点。（生读、品）

师：每种恐龙各有什么特点呢？把你品味到的内容跟你周围的同学先交流一下。（生相互交流）

师：下面就请你抓住所画的词语或句子谈谈你的理解和体会。我们先来看看雷龙。（出示图片）这就是雷龙。雷龙有什么特点呢？你是从哪些词语或句子中体会出来的？

生：雷龙很大。我是从"庞然大物"这个词体会出来的。

师：（板书：庞然大物）知道雷龙有多高、多大吗？（生：不知道）雷龙的脖子有8米长，整个身体站起来比我们上课的四层教学楼还要高呢。知道雷龙有多重吗？（生：比六头大象还要重）一头大象有上万斤，普通雷龙的体重都有六七万斤。（生发出"啊"的惊叹声）大吗？我们一齐来读这个词——

生：（齐）庞然大物。

师：它走起路来，轰隆隆，轰隆隆，听起来就像打雷一样。怎样才能把雷龙又大又重的特点读出来呢？请同学们试一试。（生练读）

师：你来读，让大家感受一下。

生："雷龙是个庞然大物，它的身体比六头大象还要重，它每踏下一步就发出一声轰响，好似雷鸣一般。"（掌声响起）

师：同学们都认为你读得好。你能介绍一下你朗读的经验吗？

生：在朗读的时候，我注意重读了"庞然大物""六头大象""雷鸣一般"等词语。

师：你的经验很值得大家学习，像他这样我们一起来读。（生齐读）

师：（出示图片）看，这是梁龙。它有什么特点呢？你又是从哪些词句中体会到的？

生：梁龙的身体很长。我是从"二十多米"这个词体会到的。

师：同学们算一算，我们上课的这个教室有十米长，“二十多米”也就是说梁龙有我们几个教室长？

生：有两三个教室长。

师：怪不得说它走起路来，好像是一架移动的吊桥，你看，说得多形象呀！谁能把梁龙的特点读出来？

生：“梁龙的身体很长，从头到尾足有二十多米，走起路来，好像是一架移动的吊桥。”

师：（走到一生跟前问）你觉得她读得怎样？

生：我感觉她读得不太好，好像梁龙还不够长。

师：你认为怎样读才能把梁龙“长”的特点突出出来？

生：应该重点强调“二十多米”和“吊桥”这两个词语。

师：你来读，让大家体会。（生读）

师：剑龙、三角龙和霸王龙又有哪些共同的特点呢？（出示图片和文字）请你抓住所画的词句继续来谈。

生：这三种龙都很威武，都很凶猛。我是从“剑板”“尾刺”“望而生畏”“锋利无比”等词语体会到的。

师：（板书：望而生畏）“畏”字的上边是个“田”，下边很容易写错，谁来提醒老师一下怎么写？

生：“畏”字下边是横、竖提、撇、捺。

师：“望而生畏”的意思是——

生：看到了就感到很害怕。

师：（出示三种龙的图片）看，它们的样子的确非常威武，非常凶猛，非常可怕。读出它们的特点来。（生读）

师：作者是怎样把这些恐龙的特点生动描写出来的呢？

生：使用了很多数字。

师：（板书：列数字）运用数字说明雷龙的体重、梁龙身体的长度、三角龙的长度。

生：很多地方使用了打比方。

师：（板书：打比方）具体谈谈作者是怎样打比方的。

生：把梁龙的身体比作一架吊桥，把剑龙的尾巴比作利剑，把霸王龙的牙齿比作匕首。

师：这样一打比方，事物的样子和特点就很突出了。

生：介绍时还与其他事物进行比较。

师：（板书：作比较）具体谈谈。

生：介绍雷龙时与打雷进行比较，介绍梁龙时与桥梁进行比较，介绍三角龙时与其他动物进行比较。

师：和其他熟悉的事物进行比较，就能给读者留下很深的印象。让我们再来读读作者的描写，体会作者这些独特的描写方法。（生分别朗读写这五种恐龙的句子）

三、内化语言，个性表达

师：（出示图片）在这五种恐龙中，你最喜欢哪种恐龙？能不能抓住它的形态特点，按照下列句式给大家介绍一下？要想介绍得好，首先要把描述这些恐龙的句子读熟、记住。自己先练读。（生练读，师出示）

我是__________龙，我长得__________（什么样）。

（生练说，然后选三个同学到台上介绍）

师：先说你是什么龙，再说你长得什么样，最后也可以适当介绍你的威力或者本领。

生：我是雷龙。我是个庞然大物，我的身体比六头大象还要重，我走路的时候，每踏下一步就发出一声轰响，好似雷鸣一般。不要轻易碰我，要不然我会把你压扁了。

师：介绍得很清楚。如果一边介绍，一边做一些动作，我想会更精彩。下面的两位可要注意了。

生：大家好！我是三角龙。（师插话：别看它可怕，还怪有礼貌的）我的脸上有三只大角，一只长在鼻子上方，另外两只长在眼睛上方，每只角都有一米长。（边说边用手比画）我这样的脸形，任何动物都望而生畏。要是惹恼了我，我就让你尝尝我三只大角的厉害。

师：这就叫绘声绘色。

生：我是霸王龙。我是一种非常凶猛的肉食恐龙。我大脑袋，短身子，牙齿就像锋利无比的匕首。如果你们中谁敢和我较量，我的牙齿一定会把他撕成碎片。

师：这三种恐龙大家都不要轻易去惹它们，一个能压死你，一个能吓死你，一个可以咬死你。（生大笑）

四、巩固方法，指导练写

师：从几个同学精彩的介绍中，你发现这些恐龙的名字和形态特点有什么联系吗？

生：这些恐龙都是根据它们的外形特点来起名字的。

师：前不久，科学家又发现一些恐龙。（出示图片）你看，还没来得及给它们起名字呢。你能不能根据它们的外形特点起个形象的名字，然后把它们介绍给大家？（生观察、练说）

生：我给第一种恐龙起名叫穿山甲龙。穿山甲龙是一种非常凶猛的恐龙。它小脑袋，短脖子，身上披着一层坚硬的盔甲，远远望去就像一个大穿山甲。

师：想象丰富，能抓住恐龙的特点进行描写。下面，老师来描述一下另一种恐龙。我给这种恐龙起的名字叫鼠龙。谁来替老师读？

鼠龙是一种非常狡猾的恐龙。它尖嘴巴，小眼睛，拖在身后的那条尾巴足有五六米长，蹲（dūn）在那里东张西望的时候，活像一只成精的大老鼠。

（生读，掌声）

师：看来，同学们都很喜欢我的描写。老师是如何描写的？

生：老师用了列数字、打比方的方法。

师：注意运用这些描写方法，进一步修改你的介绍。（生修改）

师：谁来读读自己修改以后的介绍？

生：我给第二种恐龙起名叫马龙。马龙是一种善于奔跑的恐龙。它的身体有三米多高。四条又细又长的腿，使它看起来非常挺拔和漂亮。马龙奔跑的速度很快，就连迅猛的猎豹都难以追上。

五、布置作业，深入探究

师：对于恐龙，将来你准备在哪些方面继续展开自己的研究？

生：我想研究恐龙神秘消失的原因。

生：我想通过高科技手段让恐龙复活。

生：我要研究除了鱼龙和翼龙，恐龙还有哪些亲戚。

师：恐龙的身上还有许多谜团，正等着同学们去破解。今天的作业是收集有关恐龙的图片、模型及文字资料，然后在班级里展示。再把你最喜欢的恐龙介绍给大家。（下课）

阅读，一种引导下的发现

卢珺老师是一位善于思考的优秀青年教师。听她执教的《石头书》第一课时，我感到无比兴奋。卢老师的教学基于儿童，关注文体，聚焦语言，氤氲着浓郁的语文味。卢老师有着较强的课堂驾驭能力，她在课堂上能够时而点，时而拨，激趣导情，给学生营造了一种轻松和谐的学习情境；学生在她的启发引导下，徜徉于文本之中，或生疑发问，或读文探究，或交流分享，自由自在，快乐成长。这样的课堂学习状态，不正是我们所期盼的吗？一位年轻的语文教师能够演绎出这般精彩的语文课堂是多么难能可贵啊！尽管卢老师的教学还存在着这样或那样的缺憾，但瑕不掩瑜，这堂课给予我们的思考和启发却是多元的。

一、课文就像一座房子

2013 年的诺贝尔文学奖获得者爱丽丝·门罗对小说有着独特的阐释。她说："小说不像一条路，它更像一座房子。你走进里面，待一会儿，这边走走，那边转转，观察房间和走廊的关联，然后再望向窗外，看看从这个角度看，外面的世界发生了什么。"这是多么耐人寻味的话语。她虽说的是小说，但课文何尝不像一座房子。这番话语，其实也道出了阅读教学的真谛。阅读教学何尝不是把学生带到课文这座房子里面去，让学生待在里面，走走转转，驻足流连，识写汉字，品味语言，把握关联，理解内容，体悟情感，掌握方法，培育能力，生成智慧。倘若用这样的眼光来审视语文课堂，我们就会欣喜地发现，卢老师能够用自己的教学智慧自然而然地把学生领到课文的这座房子里，让学生用自己的头脑去思考，用自己的眼睛去发现，用自己的心灵去感悟，用自己的语言去表达，欣赏着房子里面的迷人景致。

我们知道，阅读需要一种期待，如果没有了期待，人们对阅读就会失去兴致。所以，要把学生带到课文这座房子里面来，首先要激发学生的阅读期待，让学生能够满怀好奇地走进房子。卢老师深谙此道。所以教学伊始，她就引导学生由题生疑，提出自己感兴趣的问题，并点明解决问题的办法。这样让学生带着问题，带着期待，走进文本，学语习文，就使阅读有了一种方向感和目的性。这样，学生走进房子里面，才会欣赏到房间内的精彩世界。

当学生满怀好奇地走进课文这座房子之后，要让他们能够静心地待在里面，驻足凝视房子里的一切东西，找寻其间的相互关联，发现其中的丰富奥秘。卢老师在教学中尤为关注文本的语言文字，注意引导学生理解和感悟文本的思想内容和表达的情感，揣摩和领悟文本的遣词造句和谋篇布局。譬如，在认读生字、理解词语的时候，卢老师是这样引导学生来驻足凝视的：先是关注课文中的3位人物，引导学生读好叠词，并借助词典来帮助学生理解“勘探队员”这个专业性比较强的名词；再是关注课文中的3个多音字，引导学生读准字音，并借助图画来帮助学生理解“地壳”这个专有名词的意思；然后，关注课文中的一段话，引导学生读准字音，读通句子，并通过比较来帮助学生理解“脚印”和“足迹”这一组近义词，揣摩词语运用之妙，感受汉语词汇的丰富性，领悟汉语用词造句的特点。如此教学，巧妙地把认读生字、理解新词、朗读课文融为一体，自然地把理解词语的方法传授给了学生。其实，这样的教学，才能使学生在驻足凝视的过程中真切地感受到汉语言文字的张力和魅力。

我们知道，课文只是一个例子。事实上，作者和编者已经在课文这座房子里装上了一扇扇的窗户。如果我们只让学生在课文这座房子里转来转去，不去发现和打开这一扇扇窗户，不去转换角度，不透过这一扇扇窗户去瞭望外面的大千世界，那就逼仄了课文这个例子的作用，使其丧失了语文的神奇魅力。所以，当学生驻足凝视了房子里的一切东西之后，还要引导学生能够从这座房子里的窗户里领略外面丰富多彩的世界。卢老师在教学中就善于开启课文这座房子里的一扇扇窗户，让学生通过窗户，以小见大，开阔视野。

比如，她在引导学生理解和体会“脚印”和“足迹”这两个词语意蕴的过程中，丰富了学生的阅读经验，并点拨学生用此经验去观照写作，以获得一种语言文字的运用智慧；她在启发学生欣赏石头书上的字和画的过程中，让学生感受到了自然界的无穷魅力和亲近自然的无限乐趣。

课文真像一座房子，一座神奇的房子！

二、喊破嗓子不如甩开膀子

李克强总理在谈及改革时，说了这样的话：“改革贵在行动，喊破嗓子不如甩开膀子。”这是多么生动形象的比喻啊！他说的虽是改革，但阅读教学何尝不是如此。语文课堂，与其让教师喊破嗓子教，不如让学生甩开膀子学。因为语文是一门实践性很强的课程，学生语文素养的形成和提高必须依赖于听说读写的语文实践活动，所以，语文课堂要凭借文本的语言现象给学生创设形式多样的语文实践活动，尽可能多地让学生甩开膀子，亲历语文实践，在实践中养成习惯，在实践中历练能力，在实践中获得经验，在实践中生成智慧。

纵观卢老师这堂课，我们不难发现，卢老师具有强烈的生本意识和语文意识。课堂上，她淡化了自己的教，强化了学生的学，并努力使自己的教能够为学生的学服务。因而，学生在课堂上学得主动，学得积极，兴致盎然，乐此不疲。

当然，让学生甩开膀子学，首先要相信学生，给学生自主学习的时空。在卢老师的课堂里，我们时常听到这样的话语：“读读这三组词语，看看你有什么发现?”“从这几位同学的朗读中，你有什么发现呢?”“我们再来读读他们提出的这几个问题，看看你有什么新发现?”……从这些亲切的话语中，我们可以真切地感受到卢老师充分相信学生，把课堂学习的主动权交还给了学生，让学生自主阅读，自主思考，自主发现。正是因为卢老师给了学生充分的自由，学生才甩开了膀子，用自己的心智去阅读，去思考，去发现，所以，课堂上学生与卢老师之间的对话才会这样的精彩，这样的富有意味。真的，信任和自由，能够让儿童的膀子甩得更加自信，更加惬意！

然而，儿童毕竟是儿童，他们的认知水平还是有限的。有时候，他们对问题的认识还是浮于表面，甚至片面的。所以，让学生甩开膀子学，还要发挥教师教的作用，以教促学，教学合一，相得益彰。比如，在引导学生理清文脉的过程中，卢老师相机说了这样的两句话：“生动的对话描写是这篇课文的特色”，“这 6 个问题其实就是贯穿课文的线索”。这两句话看似随意，实为匠心独运。从这两句简单的话语中，我们可以强烈地感受到卢老师充分发挥了自己在教学中的主导作用，给以学生适时的引导和点拨。恰似落雪无痕般的点化，提升了儿童的认识，自然而巧妙地帮助儿童发现了课文的表达奥妙。真的，启发和点拨，能够让儿童的膀子甩得更有力度，更有美感！

三、寻找属于自己的句子

海明威有一句名言：“寻找属于自己的句子。”对于如何“寻找属于自己的句子”，著名作家陈忠实先生是这样说的：“遵循‘寻找—发现—探索’的循环途径，从平凡中发现不平凡，挖掘人内心的情感，只有这样的句子，才称得上属于自己的句子。”两位作家谈的虽是文学创作，但阅读和阅读教学何尝不是这样。其实，阅读的核心就是理解，理解就是一种解码和解释的过程，而在这个过程中，学生要把自己的心沉潜于文本的世界之中，精骛八极，心游万仞，“寻找属于自己的句子”；阅读教学就是引导学生潜心会文，让每一位学生都能够通过自主、合作、探究的学习方式，展开阅读对话，寻找、发现那些属于自己的句子。

审视卢老师的这堂课，我们可以发现，为了让学生在阅读中能够寻找到属于自己的句子，她颇费了一番心思。课堂上，她以“石头为什么会被称作书?”作为话题，开启学生的思维，激发学生的探究欲望。学生在卢老师的启发引导下，愉快地阅读，并通过阅读、比照、观察和想象等方式揣摩语言，理解内容。尤为叫绝的是，卢老师 3 次出示了一道同样的填空题，让学生把自己的阅读理解用简洁通顺的语言表达了出来。其实，学生概括的这 3 句话，就是这篇课文说明的要点。在此基础上，卢老师还引导学生把这 3 句话浓缩成一句简短的话。事实上，学生浓缩成的这一句话，就是这篇课文的主要内容。如此引导学生的阅读和表达，浑然天成，独具匠心，使学生在阅读中很自然地学会了表达，在表达中又很自然地加深了理解。只有在这样的阅读和表达的过程中，学生才能够走进文本，真情体悟，寻找到属于自己的句子。

爱丽丝·门罗说：“我想让读者感受到的惊人之处，不是发生了什么，而是发生的方式。”同样，阅读教学的成功之处，不只是让学生寻找属于自己的句子，更为重要的是引导学生以一种合适的方式去寻找和发现属于自己的句子。所以，卢老师在教学的过程中注意授人以渔。比如，课文中有一个关键词叫“刨根问底”，学生理解“刨根问底”这个成语的字面意思可能并不难，但对怎么“刨”，怎么“问”的理解和把握可能并不容易。卢老师是这样引导学生来理解“刨根问底”的意蕴的：先是让学生循着川川和磊磊提出的6个问题，读懂课文的内容；在此基础上，让学生再读这6个问题，感悟这6个问题的内在联系，从而让学生体会到只有层层递进，不停追问，才能刨出根、问到底。而这，才是“刨根问底”的意蕴所在。如此引导学生理解词语，不仅让学生“知其然”，还让学生获得了“知其然”的方法和智慧。

开启学生“语文的眼睛”，让学生崇尚阅读，学会阅读，寻找和发现属于自己的句子。这是阅读教学的价值追寻！

说真的，卢珺老师的这堂课让我开启了“语文的眼睛”，发现了阅读原来是一种引导下的发现。

附：卢珺老师《石头书》（苏教版语文三年级上册）教学实录

一、由题生疑，提出问题

师：同学们都很喜欢读书。今天，老师送给大家一本特别的书——（板书课题，师生齐读课题）

师：看到这个题目，你的头脑里会产生怎样的疑问呢？

生：石头书真的可以读吗？

生：石头书长什么样的？

生：石头书里有什么知识呢？

师：大家提的问题很有价值，归纳起来就是一个问题——石头为什么会被称作书？（板书“？”）要解决问题，最好的办法就是——

生：（齐）读书。

二、认读生字，理解词语

师：同学们对课题提出了许多疑问，看来大家对自己不了解的事物都充满着好奇心，就和这篇课文里的两个小主人公一样，就让我们跟着他们去寻找答案吧。

（出示：川川　磊磊　叔叔）

师：（指名读词）这是课文里的3个人物，其中叔叔的职业很特别，他是——

生：（齐说）勘探队员（指名读词）。

师：这是一个比较专业的词语，所以要通过查词典来理解才会更加准确。谁来读读它在词典里的意思？

生：查明矿藏分布情况，测定矿体的位置、形状、大小、成矿规律、岩石性质、地质构造等情况。

师：让我们和这3个人物亲切地打打招呼吧！（指名读，相机指导读好叠词的轻声）

（出示：地壳——贝壳　好奇——好处　藏着矿物——西藏）

师：读读这三组词语，看看你有什么发现？

生：这3组词语中都有多音字。

师：能够读准这些多音字吗？

生：地壳——贝壳。

师：（出示图片）地球的内部是一层一层的，最里面的是地核，接着是地幔，地球固体圈层的最外层就是地壳。（齐读词语）

生：好奇——好处。

生：藏着矿物——西藏。

（出示：脚印　足迹　雨痕　波痕　矿物　煤炭　矿石）

师：（指名带读）这组词语的大多数出现在课文里的同一段话——（出示）"有哇，你们来看：这是雨点留下的脚印，叫雨痕；这是波浪留下的足迹，叫波痕；还有那些小不点儿，黄的，黑的，红的，闪光的，透明的……叫矿物。"谁愿意来挑战一下，读好这段话？（指导学生读通顺、读流利）

师：这段话里有两个意思差不多的词语，你发现了吗？

生：是"脚印"和"足迹"。（师相机点出：脚印　足迹）

师：这样用词有什么好处呢？

生：这样不会重复。

师：是的，我们写作时，要注意用不同的词表达同一个意思，这样才能避免语言的重复，别人读起来也会觉得更有意思。

三、感知课文，理清文脉

师：请几位同学来朗读课文二至十三自然段。

（生朗读课文）

师：从这几位同学的朗读中，你们有什么发现呢？

生：我发现课文二至十三自然段写的是叔叔和两个小朋友的对话。

师：生动的对话描写是这篇课文的特色。我们来看看磊磊和川川一共问了几个问题？请去课文里找一找。

生：一共问了6个问题。

"叔叔，您在看什么呀?"

"书？哪里有书哇?"

"这书上有字吗?"

"这书上有画吗?"

"化石？化石能说明什么呢?"

"看懂了这些又有什么用呢?"

师：这6个问题其实就是贯穿课文的线索。川川和磊磊不断地追问叔叔，想把问题搞明白，你们发现这可以用书中的哪个词来形容?

生：刨根问底。

师：是啊，我们也要像书中的两位小朋友一样，将问题答案"刨"出来。

四、循疑读文，理解内容

师：作为勘探队员的叔叔说——（相机出示："石头就是书。"）那这石头哪里像书呢?（出示书和石头的图片）

生：因为书是一页一页的，而石头是一层一层的，它们长得很像。

师：长得很像，也就是样子很像，你能用这样的句子说一说吗?

（出示：因为______________，就像______________，所以石头就是书。）

生：因为石头是一层一层的，就像书是一页一页的，所以石头就是书。

师：仅仅是样子像就能说石头是书吗？我们平时看的书里还有什么呢?

生：书里还会有字。

生：书里还有图画。（板书：有字、有画）

师：那石头书上的字和画又会是怎样的呢？默读课文6—9自然段，思考：石头书上的字是什么？画又是什么？找到后用横线画下来。

生：石头书上的字是雨痕，还有波痕。

师：（出示两块石头图片）那老师想考考你，这儿有两块石头，你能帮我区分哪块是雨痕，哪块是波痕吗?

生：那块上面一点一点的是雨痕，就像是雨点打在石头上的痕迹。还有一块的上面是波浪线，所以是波痕。

师：你很会观察。"雨痕"会告诉我们——

生：这里曾经下过雨。

师："波痕"告诉我们——

生：波浪流过这里。

师：除了雨痕和波痕，石头书上还有很多小不点儿，它们有不同的颜色——

（师通过课件展示5幅不同的矿物标本图，引读）

生：（齐读）黄的，黑的，红的，闪光的，透明的……我们一起去认识一下这些小不点儿吧（相机出示矿物图片）。

师：看到石头书上的这些字，你能用哪些词语来形容它们？

生：五颜六色、五彩缤纷、色彩斑斓。

师：原来石头书这么有趣，你能通过朗读读出其中的趣味吗？（指导朗读）

（出示：因为__________，就像__________，所以石头就是书。）

生：因为石头书上有雨痕、波痕和矿物，这些就像书上的字，所以石头就是书。

师：石头书上有字这个问题解决了，接下来我们一起探究一下石头书有没有画，好吗？

生：石头书上的画有树叶、贝壳、小鱼。

（师通过课件展示各种不同的化石标本，师生一起逐一辨认：恐龙，兰草，鱼，蜘蛛，荷花，海星，小海螺，海虾……）

师：这些画真是千姿百态，充满趣味，这些有画的石头有一个名称，叫——化石。

（出示：因为__________，就像__________，所以石头就是书。）

生：因为石头书上有树叶、贝壳、小鱼，就像书上的画，所以石头就是书。

师："刨根问底"让川川和磊磊揭开了石头书的秘密，现在你明白石头为什么是书了吗？

生：因为石头是一层一层的，石头书上有字，石头书上有画，所以石头就是书。

师：看来你的收获真不少，能用简短的话来说一说吗？

生：因为石头是一层一层的，上面有字、有画，所以石头就是书。

师：看来同学们的疑问解决了，现在我们知道了石头书上真的有字有画，这些又会告诉我们什么呢？（出示化石的图片，引读课文）

师：因为这里有花有草，还有昆虫，我们知道了这里——

生：（齐读）原来是一片密林。

师：因为这里有小鱼、有贝壳，我们知道了——

生：（齐读）后来，这里变成了大海。

师：因为地壳慢慢上升，这里又——

生：（齐读）变成了高山。

师：大海变成高山要经过成千上万年，极其漫长。我们读的时候要把它表现出来，谁来试试？

（师指导朗读）

师：石头书里蕴藏的科学知识可真不少，如果你会读，它的（相机引读）——

生：用处可大了。这本书会告诉我们：哪座山下埋着煤炭，哪块地下藏着矿石……

五、刨根问底，适度拓展

师：刚刚我们和川川、磊磊一起刨根问底，读懂了这本有趣的石头书，知道了石头书很有用。我们再来读读他们提出的这几个问题，看看你有什么新发现？

生：这些问题都是围绕石头书提出来的，而且一个套一个，联系很紧。

生：前面四个问题是说石头书里有什么，后面的两个问题是说石头书有什么用。

师：是的，遇到不懂的地方或有趣的问题层层递进，不停追问，才能看清事物的根本，才能真的刨到底，才是真正的刨根问底。这也就是我们俗话说的——（出示拓展的句子）

生：（齐说）打破砂锅问到底。

师：这也就是古人说的——

生：（齐说）读书好问，一问不得，不妨再问。

从语言文字中汲取前行的力量

“站在语文的根基上前行”，是特级教师刘荃一贯秉持的语文教学主张。对《少年王冕》的教学就充分体现了他的这一教学主张和实践智慧。

一、引导学生学习语言文字的运用

新课标强调，语文课程是一门学习语言文字运用的综合性、实践性课程。可见，学习语言文字运用，乃为语文之根基。“站在语文的根基上前行”，就是要把握语文课程的本质，咬定语言不放松，用文本的语言去拨动学生的心弦，开启学生的心灵，滋养学生的心智，使学生在学习语言文字运用的过程中，能够真切地感受到母语的神奇魅力，从中汲取一种前行的力量。正是因为刘老师对语文课程有着深刻的理解和准确的把握，他才能在教学中充分发挥文本的例子作用，善于用文本来引导学生学习语文。对于文本中的那些有价值的教学资源，他都进行了合理的开发和巧妙的运用，努力为学生营造一种学习语言文字运用的情境，让学生在听说读写的实践中习得语言文字的运用智慧。课堂上，时时处处都显现出刘老师的匠心和智慧。比如，在板书课题的时候，他抓住学生最容易写错的字，分析字理，引导学生正确地书写汉字，感受汉字的美妙意味；在认读生字的时候，他利用多音字的特点，让学生根据意思来确定读音，体会汉字的神奇变化；

在朗读课文的时候，他给学生创设一种游戏的情境，让学生猜测老师的心理，引导学生用心揣摩文字，体会文字之中所蕴含着的情愫，享受朗读的快乐……刘老师就是这样善用、巧用文本的教学资源，引领着学生徜徉于文本的天地之中，使其乐此不疲地识字、写字、阅读、思考……而这，正是刘荃老师对语文课程的一种完美诠释。

二、引导学生进行个性化阅读

新课标指出，阅读是学生的个性化行为。可见，个性化阅读，乃为阅读教学的根基。而个性化阅读，是建立在自主阅读和平等对话的基础之上的。“站在语文的根基上前行”，就是要以实现个性化阅读为旨归，引导学生钻研文本，在主动和积极的思维和情感活动中，加深理解和体验，有所感悟和思考，受到情感熏陶，获得思想启迪，享受审美乐趣。刘老师深谙此道，所以，他课前就让学生自主阅读，潜心会文，进行批注；课堂上，他让学生自主汇报那些属于自己的阅读理解和感受。在这里，刘老师给学生自由，让学生选择——请大家选择一处自己认为最得意的地方谈一谈，它可以是一个词，一句话，也可以是一段话，甚至是一个标点，当然也可以是对整篇文章的感受和理解。加缪说得好：“自由应是一个能使自己变得更好的机会。”的确，相信学生，给以自由，可以创造出无限的精彩，这在刘老师的课堂上得到充分的演绎。我们欣喜地看到，学生的理解和感受是丰富而多元的，有的谈王冕的为人，有的讲课文的行文思路，有的说文章的谋篇布局……他们的思维触角伸向文本的每一处。而这，正是实现个性化阅读所要营造的一种场域。

其实，引导学生钻研文本，是实现个性化阅读的关键。那么，如何引导学生钻研文本，这是需要教师的教学智慧的。课堂上，刘老师能够把提问的主动权交还给学生，让学生提出自己在自主阅读过程中所遇到的问题。对于那些比较浅显的问题，则启发引导学生通过与伙伴的交流来解决。比如，有学生问：“王冕学画荷花，起初画得不好，为什么三个月之后，便大有长进，荷花的精神、形态、颜色，没有一处不像真的?”刘老师就把问题抛给了学生，而学生则联系课文内容，从兴趣、志向、努力三个方面来思考探究这个问题，回答得极为精彩。这时，刘老师相机作了点引——当我们在阅读中遇到疑难的时候，就得像他们那样，瞻前顾后地阅读，然后进行思考解答。如此，就把解决问题的基本策略教给了学生，让学生获得了一种前行的力量。

对于能够关乎文本意蕴的话题，则是在启发学生自主思考的基础上凝练而成的——王冕究竟是想还是不想在学堂里读书？这个关键性的话题生成之后，刘老师相机启发道：“不管你持何种见解，都得以理服人。”进而，让学生默读课文，瞻前顾后，边读边想，在文中找寻依据，把自己的发现及时圈画下来，并在空白处进行批注。如此，在话题的驱动下让学生再次走进文本，用心触摸文本的语言，体会人物的内心世界，从文字中获取一种震撼人心的力量。学生那些情真意切的话语道出了他们对王冕的理解、同情和感动。这些见解是学生自主钻研文本的感悟、发现和思考，见仁见智，丰富多元，充满思辨，体现个性。而这，正是个性化阅读所要追寻的一种自然境界。

三、引导学生关注文本的内容和形式

新课标在第三学段的阅读目标与内容中指出，在阅读中了解文章的表达顺序，体会作者的思想感情，初步领悟文章的基本表达方法。这就意味着，“站在语文的根基上前行”，还得要体现学段的特点，把语文课上成所教学段的语文课。正因如此，刘老师在教学中尤为注意彰显第三学段阅读课的特点，既关注文本的思想内容，也关注文本的表达形式，使得文本的内容与形式相得益彰。譬如，对于第五自然段的写景文字的揣摩和品味，就颇有一番意味。对这段写景文字的教学，刘老师是分三步来进行的：第一步，用朗读的方式，让学生边读边想象，把这幅美丽的画面通过朗读呈现出来，以体会文字所表达的画面及其意境；第二步，用默读的形式，让学生边读边思考：作者是如何把这幅美丽的画面呈现在我们眼前的？以揣摩作者的用词造句、表达顺序以及表达方法；第三步，质疑问难，让学生联系课题思考，这儿为什么要用大量的篇幅来对景物进行细致描写？以感悟环境描写对于塑造人物的独特作用。这里，刘老师相机引出了周敦颐《爱莲说》中的“莲，出淤泥而不染，濯清涟而不妖……花之君子者也”，巧妙地帮助学生化解难点，自然而然地让学生领悟到景色描写所具有的意味。如此教学，由表及里，批文入境，步步深入，让学生既欣赏到了雨后的美丽景致，又体会到了作者用词造句的精当妥帖，还感悟到了环境描写的丰厚意蕴。而这，正是语文教学所要展现的一种本然状态。

四、引导学生掌握语文学习的方法

新课标强调，语文教学应引导学生掌握语文学习的方法。这就意味着，

“站在语文的根基上前行”，就是要通过对一篇篇课文的学习，让学生掌握最基本的语文学习方法，从而能够在日常生活中自能阅读，自能写作。刘老师的语文课堂就是以此为追寻，引导学生学语习文，生长智慧。所以，在他的课堂上，我们可以强烈地感受到，激发学生的学习兴趣，培养学生的自主学习能力和习惯，已经成为课堂教学的一种主旋律。因而，在他的课堂中，我们时常可以聆听到那富有智慧的点拨方法的话语：“你关注到了两个细节，并且能结合课文的内容以及自己的生活实际来体会，这种阅读的办法真好。”“一字之差是小，但情意分别就大了。在阅读的时候，我们只有细细揣摩，才能咀嚼出词语的滋味来。”“今后我们在阅读写人、记事这一类文章的时候，对于写景的段落也得好好体会和玩味，这样才能读出别人读不出的内容。”……这些话语，亲切自然，画龙点睛，不仅折射出刘老师的教学机智，更能够体现出他对语文学习方法的高度关注。如此引导，其实就是彰显文本的例子作用，让学生获得一种语文学习的方法和智慧，以达成“教是为了用不着教”的目的。而这，正是语文教学所要追寻的一种价值取向。

五、引导学生培养广泛的阅读兴趣

新课标指出，阅读教学要重视培养学生广泛的阅读兴趣，扩大阅读面，增加阅读量，提高阅读品位。这就意味着，“站在语文的根基上前行”，还要着眼于培养学生广泛的阅读兴趣，让学生通过对一篇课文的学习，能够洞开一片天地，窥见更为精彩的书本世界。刘老师正是基于这样的思量，所以在课的尾声才有这样的结语：“同学们，《少年王冕》选自《儒林外史》，这部书写了近 200 个人物，整本书中，只有一个人是吴敬梓心目当中真正的君子，他就是王冕。王冕是真君子，我想不仅仅因为他的孝顺、勤奋，否则的话，他就不会被人誉为‘儒林楷模，学者榜样’了。感兴趣的同学可以去阅读《儒林外史》的第一回《说楔子敷陈大义　借名流隐括全文》，从中一定能够了解到更多的原因。”如此设计，由一个人引出一本书，激发学生阅读《儒林外史》的兴趣，教者的良苦用心，于此可见一斑。而这，正是阅读教学的一种应然追求。

“站在语文的根基上前行”，语文教学的步履才会坚实而稳健，语文素养的形成和提升才会自然而稳固，学生前行的力量才会强大而稳定！

附：刘荃老师《少年王冕》（苏教版语文五年级上册）教学实录

师：知道今天要学习哪篇课文吗？看老师写课题（红笔陆续标示“冕”

的上半部分)，“冕”的上半部分是“冒”字头，“冂”最初是表示扎在头上的头巾，里面的第一横是表示发髻，第二横是表示发髻下面的眉毛，发髻和眉毛是不能和头巾靠在一起的，所以这两横既不能靠左也不能靠右。请大家齐声读题。

师：请同学们自由读一读这些生字新词，注意咬准字音。(出示词语)

耽误　晶莹　贴补　高手　秦家　攒下来

孝敬　明媚　牵挂　隔壁　载着　腌鱼腊肉

师：这儿，老师有两个字要提醒大家注意。(出示)“载”是一个多音字，你能根据它的不同意思为下列词语选择正确的读音吗?

载 zǎi　①年；②把事情记录下来。

载 zài　①用运输工具装；②充满(道路)；③表示两个动作交替或同时进行，相当于“一边……一边……”。

载笑载言　载入史册　千载难逢　载歌载舞　怨声载道　三年五载

师：那么，文中的“载着”的“载”读什么音?(生齐答：zài)汉语中，一字多音是比较常见的语言现象，有时，我们可以根据它的意思来辨别它的读音，明白了吗?“隔壁”的“隔”的右半部读 lì，表示古代的一种炊具，相当于瓦罐。瓦罐值钱吗?

生：不值钱。

师：如果放在今天，就非常值钱了，那可是文物啊!(板书：¥)这个符号认识吗?

生：人民币的符号。

师：是的，“鬲”在当时是不值钱，所以看清楚了，这里面只有一横，不能写成人民币的符号。下面请大家在书后第三题旁边的空白处临写一个“隔”字。

师：下面老师要请同学们来读书，谁想读?你猜老师想请你读哪一个自然段?为什么?

生：(摇头，微笑)不知道。

师：不为难你，老师想请你读第二自然段，因为这一段的生字最多。行吗?

(生点头，读得正确、通顺、流利，还略有感情)

师：读书就该这样，要老老实实地把课文读通读顺。像这位同学，还能读出一些感情来，那就更好了。课文的第五自然段比较长，而且要求背诵，谁愿意读？

（生读的过程中，把“闷 mēn 热”读成了“闷 mèn 热”）

师：你读得也很好，只可惜把一个多音字的音给读错了。其他的同学听出来了吗？

生：他把“闷 mēn 热”读成了“闷 mèn 热”。

师：嗯，听得很仔细。课文的第二自然段中有“闷 mèn 得慌”，这儿有“闷 mēn 热”，你能告诉我们怎么区别这两个音吗？

生：我觉得吧，天气给人带来不舒服的感觉的时候念“mēn”，而心里觉得烦躁，心情不愉快的时候念“mèn”。

师：很好，这就是根据字的意思来区分它的读音。让我们一起来读一读这两个词语。

师：课前同学们还进行了批注，相信大家都有了属于自己的理解和感受。老师请大家选择一处自己认为最得意的地方谈一谈，它可以是一个词，一句话，也可以是一段话，甚至是一个标点，当然也可以是对整篇文章的感受和理解。

生：我觉得少年王冕是个孝顺的孩子，这从文章不少地方可以看出来，比如“王冕得了钱，就买些好东西孝敬母亲”，还有“春光明媚的时候，王冕就用一辆牛车载着母亲，到村上湖边走走”。

师：你关注的是王冕的为人，说得有理有据。（板书：孝顺）

生：我想补充，王冕还是很勤奋刻苦的，他舍不得花秦家给的点心钱，积攒下来到书贩子那儿买书看；放牛的时候，还坐在柳树阴下看书呢！

师：确实，王冕还是一个勤奋刻苦的人。（板书：勤奋）

生：我觉得王冕还非常懂事。课文第二自然段中写母亲让他放弃学业，给人家放牛，他却说：“我在学堂里也闷得慌，不如帮人家放牛，心里倒快活些。”他这是为了安慰母亲，好让母亲放心。

生：课文主要写了两件事，第一件事写王冕放牛，第二件事写王冕学画。

师：你关注的是文章的主要内容，你的概括能力很强。那么，课文的哪些段落分别记叙了这两件事情？

生：课文的二至四自然段主要写了王冕放牛，五至六自然段写王冕学画。

师：这样一来，文章自然而然就分为了 4 段，请拿出笔，用双竖线做上标记。

生：我发现这篇文章是按照王冕的年龄顺序写的。

师：很好，你关注了文章的写作顺序。能说得具体些吗？

生：文章从王冕七岁开始写起，然后写到十岁，再写到“不知不觉三四年过去了”，也就是十三四岁，最后写到十七八岁。

师：你有一双火眼金睛。这条年龄线索隐藏在文中，只有留心才能捕捉到。其余的同学发现了吗？请你们拿出笔圈画出这些表明年龄的语句。

师：同学们，课题是“少年王冕”，于是作者写了王冕七岁一直到十七八岁这12年间的生活经历。请同学们浏览一下课文，看看作者详写了王冕几岁的事情，略写了几岁的事情，哪几岁没有写？

生：作者详写了王冕十岁时放牛以及十三四岁时学画的事情，略写了七岁丧父和十七八岁成才的事情，而八九岁、十五六岁没有写。

师：请大家思考一下，作者这样安排写作的顺序和详略，有哪些好处呢？

生：按照年龄顺序来写，显得有条有理，层次清楚，而且与“少年王冕”这个题目相吻合。更重要的是，如果每个年龄阶段都去写的话，会给人“记流水账”的感觉，分不清重点了。

生：我想补充的是，这样写能够突出重点，更能让我们看出王冕是一个懂事孝顺、勤奋好学的人。

师：是啊，用典型的“放牛”“学画”这样的事例来表现人、塑造人，能使人物的特点鲜明突出。

生：这样写有详有略，使得重点突出了。

师：体会得真不错，不但有详有略，更重要的是还要有舍弃，这样就使得事例集中而突出，能够更好地为塑造人物服务。

师：同学们不用老师教，就已经读懂了许多许多，真了不起。那么，你们还有哪些疑问没有解决，请提出来。

生：我不知道“黄梅时节”是什么意思？

师：“黄梅时节”指的是初夏，长江中下游一带出现的一段持续较长的阴沉多雨天气的季节。在这段时间里，正是梅子发黄成熟的时候，所以称之为“黄梅时节”，又称为“黄梅天”。

生：我想问的是，王冕学画荷花，起初画得不好，为什么三个月之后，便大有长进，荷花的精神、形态、颜色，没有一处不像真的？

师：是啊，王冕是自学成才，没有名师指点，他的进步为什么这么快呢？文章没有明写，谁来猜猜看。

生：我来猜。王冕读书勤奋刻苦，学画也一定如此，所以在这三个月中，他花了很多的心思，所以才有这么大的进步，把荷花画得栩栩如生。

师：嗯，有道理。

生：我在书上找到这句话，“天下哪有学不会的事?”这说明王冕已经立下了雄心壮志，俗话说“有志者事竟成”，是志向使他有了无穷的动力，所以他才能在短短的三个月中取得如此进步。

师：好一个“有志者事竟成”！言之有理。

生：老师，我还想补充，文中写王冕看得入了迷，他想把这荷花画下来。我觉得王冕对画荷花充满了兴趣，兴趣也是他取得进步的一个重要原因。

师：（面向提问的同学）这些同学的回答，你感到满意吗？（生点头）兴趣、志向、努力是王冕学画成功的重要因素，这几位同学分析得太透彻了。当我们在阅读中遇到疑难的时候，就得像他们那样，瞻前顾后地阅读，然后进行思考解答。

师：我有个疑问，让我们一起来读读王冕说的这句话。（出示）

“娘，我在学堂里也闷得慌，不如帮人家放牛，心里倒快活些。这样可以贴补些家用，还能带几本书去读呢。”

师：课后习题4围绕这一句话提出了一个问题：母亲让王冕放弃读书，去给人家放牛，王冕这样说，是不是不想在学堂里读书了？谈谈你的看法。请同学们思考一下。

生：我的看法是王冕不想在学堂里读书了。

生：我也这样认为。

师：有没有同学认为王冕是真的不想在学堂里读书了？（有极少数学生举手）（板书：想？不想?）究竟是想还是不想，这就是我的疑问。不管你持何种见解，都得以理服人。下面就请同学们默读课文，瞻前顾后，边读边想，在文中找寻依据，把你的发现及时圈画下来，在空白处进行批注。

师：同学们边读边想，边想边记，有了许多的发现和感悟，下面就让我们一道来分享大家阅读、思考的成果。先请持“想在学堂里读书”意见的同学发言。

生：我觉得王冕想在学堂里读书，我从“还能带几本书去读呢”看出来的。如果不想读书了，又何必在放牛的时候带着书去读呢？

师：是啊，想着在放牛的时候“还能带几本书去读呢”，足以看出王冕是个好学的孩子。这么好学的孩子怎么可能不想在学堂里读书呢？同学们发现没有，文中也有不少细节是反映王冕的勤奋好学的，找找看。（引导学生连读那些反映王冕刻苦学习的句段）

师：这样一个抓住任何机会，一有空闲就读书的好孩子，怎么不想在学堂里读书呢？说王冕想在学堂里读书还有别的理由吗？

生：我来补充。母亲怕耽误王冕，但家庭贫困，在没有办法的情况下才跟王冕提出放牛的想法。王冕说他不想在学堂里读书了，这是为了安慰母亲的，并不是他真正的本意。

师：理由充分。这是一句善意的谎言，故意说自己不想在学堂里读书了，是要让母亲放心。这是一个多么懂事、孝敬的孩子啊！（指向板书）现在这“想”的后面的问号能擦掉换成感叹号吗？（能）如果你是王冕，你会用怎样的语气来说这段话呢？（逐个问，然后请回答的学生用毫不犹豫、痛快、故作轻松等语气有感情地朗读。）

师：下面，请持“不想”意见的同学发言。其余的同学如果觉得这两种理解都可以的话，也可以发表自己的观点。

生：我觉得王冕这么懂事、孝顺，他看到自己的母亲这么辛苦，想减轻母亲的负担，所以有可能真的不想在学堂里读书了。

生：我想补充，王冕不想在学堂里读书，是因为他可以在放牛的时候读书，这样就能一举两得，既减轻了母亲的负担，又读了书。

师：综合两位的意见，可不可以这样说——王冕想读书，但由于家境原因，他不想在学堂里读书了，而是想在放牛的时候读书了。（生点头）

师：（面向全体学生）同意这两位同学的意见吗？（同意）同学们，课文第2自然段开头有这样的语句“眼看三个年头过去”，我想问，这是怎样的三个年头？

生：是年成不好的三个年头。

生：是父亲去世的三个年头。

生：是母亲做针线活供王冕读书的三个年头。

师：这是父亲去世、母亲做针线活、年成不好的三个年头，王冕生活的那个时代是“男耕女织”的农业社会（板书：男耕女织），缺少“男耕”，仅凭“女织”做些针线活来赚钱维持生活，还要供王冕读书，家庭的贫寒、生活的窘迫可想而知！也难怪母亲会这样说——一起读（出示）。

“孩子呀，不是我要耽误你。这几年年成不好，只靠我做些针线活儿挣的这点钱，实在供不起你读书。如今只好让你到隔壁人家去放牛。”

师：从这句话中，你体会到母亲说这番话时的心情了吗？（请回答的学生用无奈、愧疚的语气有感情地朗读）

师：这是一位无奈、难受、愧疚的母亲。文章还有一处描写母亲的细节，请大家找出来。（出示）自己读一读，然后想一想，这是一位怎样的母亲？

母亲谢了秦家，替王冕理理衣服，说道：“你在这里处处都要小心，每天早出晚归，免得让我牵挂。”王冕一一答应，母亲含着眼泪回去了。

生：这是一位慈爱的母亲。我从“理理衣服”“含着眼泪”体会到的。我们平时遇到什么事要出门的时候，妈妈总会亲切地帮我们“理理衣服”；“含着眼泪”说明母亲心疼王冕，毕竟他才十岁啊。

师：你关注到了两个细节，并且能结合课文的内容以及自己的生活实际来体会，这种阅读的办法真好。老师想问大家，为什么母亲“含”着眼泪，而不是“流”着眼泪呢？

生：我认为母亲不想让王冕看见自己流泪，怕王冕伤心难过，所以强忍着不使眼泪流出来。

师：一字之差是小，但情意分别就大了。用“含”更能体现出慈母的情怀。在阅读的时候，我们只有细细揣摩，才能咀嚼出词语的滋味来。就在母亲说的这句话里，有一个词语也值得我们细细咀嚼。仔细看，用心想，看看是哪一个？

生：我觉得是“小心”。母亲担心儿子做事不认真，会受到秦家人的责罚。

生：我觉得是“早出晚归”，因为秦家人对王冕很好，但提了一个要求，“做事要勤快些”。所以母亲要王冕“早出晚归”，尽心尽力地做事。这样，秦家人不但不会责罚他，而且会加倍地对王冕好。

师：是啊，“晚归”比“早归”更加能够体现出母亲的慈爱，作者用词造句的匠心就在于此。如果不去留意，不去揣摩，我们还能品出这般滋味吗？

师：同学们，一个细节描写往往胜过千言万语！从这三个细节的描写中（点击“理理衣服”“说道”“含”），我们看到了一个对子女无比疼爱的慈母形象。要不是家庭实在困难，母亲是绝对不会让年仅十岁的小王冕辍学放牛的。同学们，在这三年中，如果你是王冕，你可能会看到、听到些什么？

生：我可能会看见，母亲的白发越来越多了，皱纹越来越深了。

生：我可能会看见，母亲在油灯下熬夜做针线活的身影，不时还捶着自己的腰。

师：如果你是王冕，目睹此情此景，此时听到母亲要你放牛的要求，你能理解母亲的苦衷吗？你能"一心只读圣贤书，两耳不闻窗外事"吗？你能心安理得地坐在学堂里上课吗？你心里烦吗？你会怎样想？

生：我会想，母亲的担子太重了，我这么大了，得为家里出点力了，放牛的时候也可以读书嘛。

生：我会想我不能心安理得地坐在教室里读书了，我要去放牛，这样可以贴补些家用，好让母亲减轻些压力。

师：是啊，现在也只有放牛才能减轻家庭的负担，才能为母亲分忧，所以你毫不犹豫、故作轻松地说——一起读。（出示）

"娘，我在学堂里也闷得慌……还能带几本书去读呢。"

师：（指向板书）现在这"不想"后面的问号能擦掉换成感叹号吗？（能）如果说王冕想在学堂里读书，那么善意的谎言折射出王冕的好学与体贴；如果说王冕不想在学堂里读书了，那么焦灼的心情包蕴着王冕的懂事与孝顺。想也好不想也罢，这都是王冕孝心的真实写照！

师：同学们，王冕不仅是著名的诗人，还是一位画家。他之所以产生学画的念头，得益于一次雨后的美景。下面就让我们把目光聚焦到这段文字上（出示幻灯片）。请同学们自由练读，争取读出感情来。

转眼间，阴云密布。一阵大雨过后，天空中黑云边上镶着白云。阳光透出来了，照得湖水通红。山上青一块，紫一块；山下树木葱茏，青翠欲滴。树枝像水洗过一般，绿得尤其可爱。湖里有十来枝荷花，花苞上雨水点点，荷叶上水珠晶莹透亮。

师：谁有信心读好这段文字？（指名2人读，其余的同学跟着默默地读）老师还想请一位同学朗读，争取通过朗读把这幅美丽的画面呈现在我们的眼前。谁愿意？其余的同学闭上眼睛注意听，一边听一边展开想象。

师：读得真好！老师想请同学们默读这段话，想一想：作者是如何把这幅美丽的画面呈现在我们眼前的？

生：作者在写这段话的时候，用了一些表示颜色的词，比如"黑""白""通红""绿"等。

师：这样一来，画面上的色彩就丰富艳丽了。

生：我发现作者是按照“空中——山上——山下”这样从上到下的顺序写的。

师：是啊，按照一定的顺序来写，画面上的景物就有了层次，错落有致。

生：我还发现作者用了“镶”“透”“照”这些动词，写出了动感。

师：动静结合，画面就生动了。同学们，这么美的风景，这么美的语言，让我们一起有感情地读一读，然后再试着背一背。（生自由读、背）

师：同学们，学到这儿，我又有一个疑问了。文题是“少年王冕”，在这儿为什么要用大量的篇幅来对景物进行细致描写呢？难道仅仅是为了交代王冕学画的原因吗？请你小声地再去读一读这一段文字，结合文章中说到的王冕的生活经历，结合王冕这个人想一想，这样的描写还有别的作用吗？

（生冷场）

师：上学期我们学过《宋庆龄故居的樟树》这篇文章，那散发香气，能够拒虫的樟树象征着一身正气、令敌人闻风丧胆的宋庆龄。那么，现在让我们再来看看这段话，“阴云”“大雨”象征着什么？

生：象征着王冕以前那段艰苦的生活。

师：那么，雨后那美丽的景色又预示着什么呢？

生：我想可能是预示着王冕那段苦难的生活要过去了，从后文也可以看到他的生活出现了变化。

师：那么，荷花又喻指谁呢？

生：我想指的是王冕。

师：知道为什么吗？

生：荷花散发着清香，就像王冕那纯洁的品质。

师：答得不错。莲花自古以来就是文人墨客赞美的对象，我们一起来看这么一段话（出示），相信你的理解会更深刻。

莲，出淤泥而不染，濯清涟而不妖……花之君子者也。——《爱莲说》

【注释】莲花出自于淤泥而不沾染污秽，它经过清水的洗涤，显得纯净而不妖媚……莲花是花中的君子啊！

生：我知道了，莲花是花中的君子，王冕就是人中的君子了。

师：同学们，借景写人，即景抒情，这就是吴敬梓这位大家的匠心所在。今后我们在阅读写人、记事这一类文章的时候，对于写景的段落也得好好体会和玩味，这样才能读出别人读不出的内容。下面，让我们再来读一读这一段文字，读时眼前不仅要出现这幅美景，更多地还要读出内心的喜悦及对王冕的赞颂之情，好吗？

师：同学们，《少年王冕》选自《儒林外史》，这部书写了近 200 个人物，整本书中，只有一个人是吴敬梓心目当中真正的君子，他就是王冕。王冕是真君子，我想不仅仅因为他的孝顺、勤奋，否则的话，他就不会被人誉为“儒林楷模，学者榜样”了（板书）。感兴趣的同学可以去阅读《儒林外史》的第一回《说楔子敷陈大义　借名流隐括全文》，从中一定能够了解到更多的原因。

从"教课文"向"学语文"的转变

——南京市2011年"王兰杯"小学语文教师高年段课堂教学竞赛综述

6月7—9日，南京市2011年"王兰杯"小学语文教师课堂教学大赛高年段的竞赛在浦口实验小学进行。在两天半的时间中，共有17位教师展示了自己的课堂教学风采。这17堂课从文本的体裁来看，语文课程标准中提出的三类文体都有涉及，其中，有2位教师上了诗歌，一首唐诗，一首宋词；有3位教师上了说明性文章；有12位教师上了叙事性作品。这17位教师从性别上来看，男女教师的比例基本平衡，其中，男教师8位，女教师9位。这17堂课风格各异，精彩纷呈，充分展示了南京市近几年在阅读教学方面的研究成果，给我们带来了美好的享受。下面，就来具体谈谈这17堂课带给我们的一些收获和体会。

一、从学科性质上看

从学科性质上看，这17堂课较好地彰显了语文课程的基本属性，还语文教学的本来面目。

新课标指出：语文课程是一门学习语言文字运用的综合性、实践性课程。工具性与人文性的统一，是语文课程的基本特点。这17位教师在教学过程中都能够恪守语文姓语不动摇，紧紧抓住语言这个中心，强化语言文字的运用，着力培养学生的语文能力（听、说、读、写、书），提高人文素养，努力为学生营造语文实践的“场”。读、写、思、问是学生最基本的语文实践活动，能够提高语文学习的文化品位。这 17 位教师能够比较好地处理语文的工具性与人文性之间的关系，使两者达成了一种平衡，非语文抑或泛语文的东西少了，还语文教学的本来面目。

二、从教学目标上看

从教学目标上看，这 17 堂课较好地体现了语文课程标准中有关高年段阅读教学的目标，还语文的清爽与干净。

布卢姆说得好：“有效的教学始于准确地知道希望达到的目标。”这 17 位教师有着比较强烈的目标意识，能够在课堂上贯彻落实语文课程标准的目标要求。具体说来——

1. 把语文课上成了语文课

这 17 位教师都想把语文课上成语文课。在课堂上，他们关注文本的语言，以语言学习为中心，引导学生正确地理解、积累和运用祖国的语言文字，努力地干好语文该干的事情。

2. 把语文课上成了高年段的语文课

高年段的语文课不同于中低年级的语文课。这 17 位教师都想在课堂上凸显出高年段阅读教学的特点。所以，在教学中，他们注意引导学生推敲重点词句，体会词句的感情色彩和表达效果。这是其一。

其二，他们都注意引导学生揣摩文章的表达顺序，体会作者的思想感情，初步领悟文章基本的表达方法。

其三，他们都注意以读书为主线，加大思维力度，致力于培养学生的阅读能力和习惯。

第四，他们都注重语言积累和运用。

3. 把语文课上成了符合那种文体特征的语文课

对于叙事性作品的教学，老师们注意引导学生了解事件梗概，简单描述自己印象最深的场景、人物、细节，说出自己的喜欢、憎恶、崇敬、向往、同情等感受。

对于诗歌的教学，老师们注意引导学生利用注释大体理解诗歌的意思，想象诗歌描述的情境，体会作品的情感。在教学中，能够强化诵读，让学生在诵读中加深对诗歌的理解和感悟。

对于说明性文章的教学，老师们注意引导学生抓住要点，了解文章的基本说明方法。令人欣喜的是，这次3位教学说明性文章的教师在教学中有许多匠心独具的设计，把这类文体教得很有语文味和人情味。比如，卢江老师教学《大自然的文字》时，引导学生做资料检索，写读书心得；黄剑老师教学《变色龙》时，引导学生进行合作学习，教会学生做批注，揣摩体会说明性课文语言的特点——准确、生动。

三、从教学内容上看

从教学内容上看，这17堂课较好地发挥了课文的例子作用，实现了由“教课文”向“教语文”的华丽转身。

我们认为，语文教学要坚守语文的本真，要关注语言文字本身的物质存在，要着眼于从一个个标点、一个个词语、一个个句子开始构建或更新学生的语言世界和精神世界，让学生的语言和精神同生共构。

这17位教师有着强烈的语文意识，能够发掘课文中的语文元素，精心选择教学内容。

歌德说得好：“内容人人看得见，含义只有有心人得之，形式对于大多数人是一个秘密。”遗憾的是我们的语文教学目前还停留在人人看得见的内容层面。但是这17位教师在教学中，能够向只有有心人得之的含义层面迈进，有些还注意到了向对于大多数人是一个秘密的形式层面迈进。比如，姚为中老师执教的《姥姥的剪纸》一课，赵和春老师执教的《鞋匠的儿子》一课，晋欢老师执教的《爱之链》一课，黄剑老师执教的《变色龙》一课，等等。这些教师的课堂呈现出以下几个鲜明的特征——

1. 在教学中，他们能够关注文本语言的音、形、义，引导学生揣摩语言文字的音、形、义，品味语言的色、香、味。

2. 在教学中，他们能够关注文本的用词造句、语言风格，引导学生探寻和发现语言的特点和规律。

3. 在教学中，他们能够关注文本的“文质”“情采”，引导学生掂量和品味语言文字的质地、情味、分寸和美感。

4. 在教学中，他们能够关注文本的布局谋篇，引导学生揣摩和发现作者是怎么写的和为什么这么写。

5. 在教学中，他们能够关注文本的体裁样式，引导学生感悟文体的特征。

还有的老师对教材进行了大胆重组，取得了比较理想的教学效果。像晋欢老师教学《爱之链》，姚为中老师教学《姥姥的剪纸》，李昕老师教学《伊索寓言》，等等。

四、从课堂形态上看

从课堂形态上看，这 17 堂课较好地彰显了学生的主体地位，还语文课堂的本真状态。

语文课堂应该是儿童的学堂，是学生充分施展和表现才能，取得学习成果的时空。在课堂上，不管教师表现了多么高超的语文才华，如果学生没有充分活跃起来，没有思维、想象、情感的迸发，就算不上一堂好的语文课。

我们非常欣喜地看到，这 17 位教师能够正确处理课堂教学中的师生关系，能够合理地退位让学，尽可能地把课堂还给学生，引导学生潜心会文，圈点批注，课堂上学生学得积极主动，学得生动活泼，具有生命的活力。

综观这 17 堂课，在多数课堂中，学生是自由的，是思想的。课堂上有时呈现出一种丰富的安静，使学生能够自由地读，自由地思，自由地说。课堂上既有一定的深度，又有一定的温度。

五、从学习氛围上看

从学习氛围上看，这 17 堂课较好地体现了民主平等的思想，贴近学生，回归常态。

在这 17 堂课中，教师都甘愿做学生的知心朋友。课堂上，教师和蔼可亲，笑容可掬，与学生展开平等的对话，进行着心与心的交流、情与情的融通，努力为学生营造一种良好的学习心理氛围。教师的语言能够贴近儿童的实际，没有大段地煽情和独白；课堂上始终洋溢着一种民主的、和谐的学习氛围；学生的学习是愉悦的，是幸福的。

六、从学法指导上看

从学法指导上看，这 17 堂课较好地体现了“教是为了达到用不着教”的理念，授人以渔。

语文教学要寻求一种平衡，这种平衡应该是以学生为本体，以教材为凭借，是一种能够使课堂和谐而有序地流动起来的平衡。有了这种平衡，教师的“教”与学生的“学”就能够有效互动起来；有了这种平衡，教师就会在课堂上致力于为学生创设一种有效的学习语文的情境，引领学生亲历言语实践的过程，学语习文，得言得意。

这17位教师在教学中努力寻求这种平衡的状态，他们有着强烈的读法、写法、学法指导的意识，而且有切实可行、灵活多样、适合那篇课文的读法、写法的策略，并且能够使之内化为适合学生自己的读法、写法、学法，使学生具有较强的学习力。

在本次赛课中，在语文学法指导上有许多创新的举措。比如，赵和春老师引导学生对词句的理解，朱志林老师引导学生利用注释理解诗意，都是这次竞赛中可圈可点的亮点。

七、从学生发展上看

从学生发展上看，这17堂课的教学效率较高，学生获得了比较好的发展。

教育是为了学生的发展。课堂应该是学生灵性和智慧生长的地方。这17位教师深谙此道，在教学中他们关注学生的学，努力为学生提供具体的语文实践来提升语文素养。在这17堂课中，我们都能够真切地感受到学生的进步和发展，学生能够经历由不懂到懂、由不会到会、由不熟练到熟练、由不喜欢到喜欢、由知之甚少到知之甚多的发展过程。

八、从教学个性上看

从教学个性上看，这17堂课较好地展示了师生的智慧和才情，彰显出语文课程的独特魅力。

从这17堂课中，我们可以强烈地感受到学生得到了充分的、自主的、个性化的发展，这是语文教学的价值追寻。在此过程中，教师教学的个性化充分地彰显了出来。语文教材是一篇篇不同的选文。不同的课文，就应该采用不同的教学方法；每篇课文都应该选择最适合教材的个性化的方法。当然，不同的老师、不同的学生，也应该有不同的教学设计。

当然，这次高年段的阅读课还给我们带来了以下一些思考：

第一，对教材的处理和目标的把握要更准确一些，才能使教学更加符合文本的特点，体现编者的意图，更好地贴近学生的最近发展区，走在学生发展的前面。也就是说，我们应该有一种更加强烈的课程意识和目标意识。

第二，对教学容量的理解要更科学一些，才能使教学更加符合实际，要知道容量未必与内容成正比。抑或说，我们应该有一种比较清楚的课时意识。

第三，对语言文字的揣摩和品味要更实在一些，才能更好地还原文本，而不是挖掘微言大义，不能只见树木不见森林。或者说，我们应该有一种更加强烈的整体意识和篇章意识。

第四，对一篇课文当中该完成的规定动作一定要不折不扣地完成，要知道小学语文是打基础的课程，语文课一定干好语文该干的事，真正让每一位学生在课堂上能读好书，写好字，听得明白，说得清楚，写得通顺，打好听说读写的基础。换言之，我们应该有一种更加强烈的打基础的意识。

第五，对文本的体裁样式的研究要更深刻一些，要知道对文本形态的认识和关注重于文本的本身。也就是说，我们应该有一种更加清楚的文体意识。

第六，对问题的设计要少而精当一些，要建构富有思维含量的话题，用话题驱动课堂教学，引导学生深入钻研文本。我们的语文教学要变烦琐的提问为适时的追问，因为追问是一种顺学而导，能把学生的思维引向深入。也就是说，我们应该有一种更加清楚的话题意识。

第七，对资料的拓展要更适度一些，不能把文本淹没在无度拓展的资料当中，语文教学要咬定语言不放松，立根就在文本中，一篇文章之所以能变成课文，它一定是有说道的，课堂教学一定要把握这个道，对文本进行实实在在的教学。换言之，我们应该有一种更加强烈的用教材来教的意识。

导学

为迁移运用而教

巧用句式写景物

《三顾茅庐》（苏教版语文四年级下册）这篇课文后面有一道练习题：“认真读读课文里描写隆中‘景色秀丽宜人’的有关语句，用‘来到……，只见……’的句式写一处景色。”这是一道用规定句式来仿写的题目，那么，如何完成这样的仿写呢？

语文课上，同学们围绕《三顾茅庐》第三自然段的写景内容，与语文老师展开了热烈讨论：

师：这里的美好景象为什么能如此清晰地展现在我们的眼前呢？

生：因为作者选择了松林、溪流、竹林这几种有代表性的景物来描写山冈的景象。

生：作者还用上了蜿蜒起伏、疏疏朗朗、清澈见底、青翠欲滴、秀丽宜人这些生动优美的词语，写出了景物的特点。

生：作者在这里用了形象的比喻来描写景物，把蜿蜒起伏的山冈，比作一条等待时机腾飞的卧龙，显得很有气势。

师：其实，这样比喻还有一番意味，我们只要联系文中的有关人物就能体会到。

生：我知道，这样的比喻，就是说诸葛亮就是一条等待机会腾飞的卧龙。现在，刘备三顾茅庐，邀请他出山，就是给诸葛亮施展才华的机会。

师：说得好！让我们再来读一读这一自然段，用心体会作者的匠心独运！

生：（齐读）他们来到隆中，只见那里的山冈蜿蜒起伏，好像一条等待时机腾飞的卧龙。冈前几片松林疏疏朗朗，潺潺的溪流清澈见底，茂密的竹林青翠欲滴，景色秀丽宜人。

师：同学们也去过许多地方，见过不少美景吧。想不想把你见过的一处美景，仿照着课文的写法描绘出来呢？

生：（齐答）想！

师：有两点友情提醒：第一，要用"来到……只见……"的句式来写；第二，要选择有代表性的景物，并抓住它们的特点来写。

（同学们在课堂上很快就把自己见过的一处美景，用"来到……只见……"的句式描绘了出来，于是，同学们与语文老师又交流了起来）

师：谁愿意把自己描写的景物读给大家听听？

生：星期天，我和妈妈来到南湖公园散步，只见碧绿的草坪好像一块软绵绵的地毯。道路旁边的假山形态万千，树木郁郁葱葱，鲜花争奇斗艳，湖水清澈见底，真是让人流连忘返啊！

师：分享了潘鼎描写的南湖公园的景色，你们有什么感觉？

生：南湖公园很美，是个景色宜人的地方，我有一种身临其境的感觉。

生：在这样美丽的公园里散步，心情一定很爽。

师：是呀！潘鼎同学选取了南湖公园里有代表性的几处景物：草坪、假山、树木、鲜花、湖水，用上了"软绵绵""形态万千""郁郁葱葱""争奇斗艳""清澈见底"这些词语，写出了景物的特点，所以，给我们一种身临其境的感觉。

师：还有谁愿意把自己写的景物拿出来与同学们分享？

生：春天来了，我们全家来到梅花山，只见漫山遍野的梅花竞相开放，红的像火，粉的似霞，白的如雪，争奇斗艳，好一片花的海洋啊！

师：听了王芳的朗读，大家都陶醉了，让我们把最热烈的掌声送给她，感谢她给我们带来美妙的享受！

请同学们再来读读《西游记》中《三打白骨精》的一段描写，细细体会作者是怎样运用"来到……只见……"的句式来描写景物的。

一天，唐僧师徒四人来到一座高山前，只见山高路险，虎狼成群，阴风惨惨，腥臭阵阵。唐僧有些心惊，说："徒弟，这山十分险峻怕人，连龙马的脚都打战，大家须要仔细小心。”悟空说：“师父放心。有我们在，怕什么？”舞着铁棒，大吼一声，吓得狼豹四散奔逃。四人在深山中走了半天，见前面仍是乱石险峰，崎岖难走，唐僧有些手脚酥软，说：“悟空，走了这么多山路，我肚中早就饿了。在这儿歇一歇，你去哪儿化些斋来吃。”……

这段文字的第一句话就是景物描写，作者采用了“来到……只见……”的句式，抓住了山、路、狼、虎、阴风、腥臭这些事物，描写出了山势险峻、阴森恐怖的环境特点，烘托了气氛。常言道：“山高有怪，岭峻有精。”这样的景物描写自然而巧妙地点明了白骨精的生活环境和孙悟空三打白骨精的发生地点，为下文做了铺垫。

同学们，你去过哪些美丽的地方？请你也仿照课文的样子，用上“来到……只见……”的句式，把最让你陶醉的一处美景描绘出来，与同学们分享。

巧妙借"物"来喻"人"

《宋庆龄故居的樟树》（苏教版语文四年级下册）是一篇构思巧妙、写法别致的课文。课文主要描写宋庆龄故居的两棵樟树的外形和生长特点，以及具有拒虫的香气且能永久保持的可贵之处，字里行间饱含着对樟树的赞美和对宋庆龄的爱戴与怀念的思想感情。

课文的重点放在了对樟树的描写上，第四、五两个自然段用大量的笔墨由外而内、井然有序地描写了樟树：先写樟树的外形特征，写出樟树四季常青和蓬蓬勃勃的特点；再写樟树的可贵之处，写出樟树所独有的能永久保持的香气。这里，又将笔墨的重点放在对樟树可贵之处的描写上，通过与别的树木的对比，非常准确地写出了樟树与众不同的特点与个性，同时又非常自然地赋予樟树某种耐人寻味的象征意义。

从表面上看，课文是写樟树。其实，只要留意一下课文的开头和结尾，就不难发现课文从不同的角度点明并强调了这两棵樟树所生长的地方——宋庆龄故居，宋庆龄对这两棵樟树情有独钟——"我舍不得这两棵树"；人们对这两棵樟树珍爱有加——总爱在这两棵樟树前留个影，作为永久的纪念。这样，就把宋庆龄与樟树非常巧妙地融合了起来，达到了树人合一的效果。课文的布局因此而匀称合度，课文的意趣因此而凝练厚重，课文的情感因此而浓郁真挚。

不著一字尽得风流。如此看来，这篇课文其实是借树写人，写树的目的就是为了写人，以树喻人，托物寄情。这种别致的写法就叫做借物喻人。

学完课文，方越宁同学尝试着用借物喻人的方法写了一篇作文。

老宅院里的梅花树

爷爷是首批企业改革而下岗的车工，后在一家外资企业干着老本行，至今还不肯退休。

爷爷的老宅院里有一棵梅花树。我时常看到爷爷给它修剪枝干，或浇水施肥。

去年冬天，爷爷家拆迁了。乔迁时，爷爷特意带着我到老宅院里“慰问”梅花树。

沐浴着冬日的暖阳，我跟着爷爷进了院子。风，送来了一阵淡淡的幽香。我抬头望去，呀，梅花开了！盛开的梅花真美！一朵朵，一串串的花朵缀满了枝头，散发出沁人心脾的清香。我端详着这些在凛冽的寒风中舒展着娇小身姿的梅花，不由得想起陆游的词句：“零落成泥碾作尘，只有香如故。”

我见爷爷出神地望着梅花，好奇地问道：“爷爷，这梅花是不是让你想起什么啊?”

爷爷摸摸我的头，说道：“这株梅花树陪伴我快 30 年了。你看，别的花儿已经枯萎凋零，而梅花却在刺骨的寒风中默默开放，装点着清冷的冬季。”

天，愈来愈寒；而梅花，愈开愈旺！这，不正像爷爷吗？尽管天寒地冻，却依然兢兢业业地坚守着自己的岗位。

方越宁的习作，你读后有什么样的感觉？请你把这篇习作与《宋庆龄故居的樟树》比较一下，细细地揣摩揣摩，看看小作者借物喻人的方法运用得是否恰当?

读完方越宁的习作，再来读读许地山先生《落花生》的片段。读后，相信你对借物喻人的方法会有更深的领悟的。

父亲说：“花生的好处很多，有一样最可贵：它的果实埋在地里，不像桃子、石榴、苹果那样，把鲜红嫩绿的果实高高地挂在枝头上，使人一见就生爱慕之心。你们看它矮矮地长在地上，等到成熟了，也不能立刻分辨出来它有没有果实，必须挖起来才知道。”

我们都说是，母亲也点点头。

父亲接下去说：“所以你们要像花生，它虽然不好看，可是很有用。”

我说："那么，人要做有用的人，不要做只讲体面，而对别人没有好处的人。"

父亲说："对。这是我对你们的希望。"

我们谈到深夜才散。花生做的食品都吃完了，父亲的话却深深地印在我的心上。

读到这里，不知你有没有发现和领悟借物喻人的写作奥妙。写作时，恰当运用借物喻人的方法可以使习作表达得更含蓄，更深远。运用借物喻人的方法，以下两点至关重要：

第一，事物的特点与人的品格要有相通或相似之处。这样写出来的作文，才会让人清楚地认识到物与人之间的联系，知晓借物来喻怎样的人。否则，借物喻人就失去了价值。

第二，对事物的特点要进行重点描写，要把"人"的特点寓于事物特点之中。比如，《老宅院里的梅花树》重点描写了梅花的样子和爷爷的话语，写出了梅花不畏严寒的品格，习作的最后把物与人巧妙地联系了起来，点明了意旨，彰显出借物喻人的张力和魅力。

同学们，请你去仔细观察身边的人和事物，也学着用借物喻人的方法来写一篇作文。

明白意图，诚意回信

书信，是与人交往的一种方式。《高尔基和他的儿子》（苏教版语文五年级上册）这课后面就有一道书信练习题：“请你代高尔基的儿子给高尔基写一封回信。”回信，顾名思义，就是收到来信之后的回复。写好回信，最重要的是要读懂来信的内容。

《高尔基和他的儿子》这篇课文通过高尔基和他10岁儿子之间发生的“栽花赏花”以及“写信教子”两件生活小事，反映了父子之间的浓厚亲情和高尔基育子有方的教育艺术。

这里，我们不妨聚焦课文中高尔基给儿子的信的三段摘要。这三段文字，言简意丰，表达出高尔基对儿子的关爱之情，读来令人感动，深受启发。

第一段文字写高尔基看到儿子栽种的鲜花开放的感受。儿子虽然回去了，可是，他栽种的鲜花姹紫嫣红，芳香扑鼻。这里，强调鲜花是儿子“留”下的“美好的东西”，一方面借此表达自己的愉悦之情，一方面也为下文蓄了势。

第二段文字写高尔基自己的观点。这里，紧承“留”和“美好的东西”展开议论，表明观点，无论什么时候，什么地方，你留给人们的都是美好的东西，那你的生活就会获得很大的愉快。由己及人，推广开去。

第三段文字写“给”永远比“拿”愉快。“给”是奉献，

“拿”是索取。高尔基希望他的儿子明白人生的快乐在于奉献，而不在于索取。这是高尔基托物喻理，教诲儿子，但也让我们从中获得教益，领悟深刻哲理。

由此可见，这三段文字透发出的不仅仅是父子间的那种亲情，还有高尔基对儿子完善人格教育的那片真情。

周子旋同学按照高尔基来信的内容，代高尔基的儿子写了这样一封回信：

亲爱的爸爸：

您好！

您在小岛上生活得还好吗？从您的来信中，我知道了我栽种的那些花儿现在都已经开放了，它们能给父亲带来好心情，这让我非常高兴。我仿佛也看到了姹紫嫣红的花儿，闻到了那漫天的清香，感受到了别样的快乐……

正如您所说，“给”永远比“拿”愉快：蜜蜂的快乐，在于辛勤劳动，为人们酿造出香甜的蜂蜜；蜡烛的快乐，在于点燃自己，为人们奉献出灿烂的光辉；鸟儿的快乐，在于消灭害虫，为大地增添片片清凉的绿荫……幸福和快乐，不在于索取，而在于付出，只有做到这一点，人与人的关系才能更加和谐。

还记得我教伙伴们种花的情景，在烈日的曝晒下，在辛勤的劳作中，在汗水的付出后，我们尝到了收获的喜悦。伙伴们都笑了，灿烂的笑容荡漾开去，我的心田在那一刻也开满了绚烂的花儿。

亲爱的爸爸，您让我明白了快乐的真谛，谢谢您！祝您身体健康，永远快乐！

永远爱您的儿子

××年×月×日

读了周子旋同学代写的这封回信，我们可以真切地感受到高尔基儿子对父爱的感激和对父亲心愿的理解。同时，这封回信，也让我们体会到了写回信的一些秘诀。

这里，请同学们再来读读鲁迅先生给颜黎民的一封回信（节选）：

颜黎民君：

昨天收到十日来信，知道那些书已经收到，我也放了心。你说专爱看我的书，那也许是我常论时事的缘故。不过只看一个人的著作，结果是不大好的：你就得不到多方面的优点。必须如蜜蜂一样，采过许多花，这才能酿出蜜来，倘若叮在一处，所得就非常有限，枯燥了。

专看文学书，也不好的。先前的文学青年，往往厌恶数学，理化，史地，生物学，以为这些都无足重轻，后来变成连常识也没有，研究文学固然不明白，自己做起文章来也糊涂，所以我希望你们不要放开科学，一味钻进文学里。譬如说罢，古人看见月缺花残，黯然泪下，是可恕的，他那时自然科学还不发达，当然不明白这是自然现象。但如果现在的人还要下泪，那他就是糊涂虫。不过我向来没有留心儿童读物，所以现在说不出哪些书合适，开明书店出版的通俗科学书里，也许有几种，让调查一下再说罢。

其次是可以看看世界旅行记，借此就知道各处的人情风俗和物产。我不知道你们看不看电影；我是看的，但不看什么“获美”“得宝”之类，是看关于非洲和南北极之类的片子，因为我想自己将来未必到非洲或南北极去，只好在影片上得到一点见识了。

……

就这样的结束罢。祝

你们好。

鲁迅

四月十五夜

鲁迅先生给颜黎民的这封回信主要是针对颜黎民的来信中所提到的而回的：他很爱看鲁迅的著作，而且专爱看文学书，希望鲁迅介绍一些儿童读物给他。在这封回信中，鲁迅先生具体地指导青年人该怎样读书，字里行间都流露出对青年一代的真诚关怀和殷切希望。

从上述的两篇例文中，我们不难发现，写好回信要注意以下几点：

第一，来信的意图要明白。这是写好回信的关键。比如，周子旋同学就是在充分读懂课文，深入理解高尔基心愿的基础上，代高尔基儿子写了封回信；鲁迅先生在明白颜黎民来信的意图之后，给颜黎民写了一封回信。因而，这两封回信都富有很强的针对性，情真意切，耐人寻味，给人启迪。

第二，书信的格式要规范。书信属于应用文体，应用文体都有一定的基本格式。书信一般包括称呼、正文、祝贺语、署名和日期五个部分，有的还在“称呼”下面加上“问候语”。这两封回信的格式就很规范，值得效仿。

第三，书信的语气要委婉。在书信中，要把自己的思想情感传递给对方，就要心平气和地与对方交流对话，让对方能够接受你的意见，理解你的心思。

第四，书信的书写要工整。认真工整的书写，能够让对方从中看出你诚心诚意的态度。

言简意赅写“小传”

《诺贝尔》（苏教版语文五年级上册）这篇课文的后面有这样一道题目：“利用本课提供的材料，为诺贝尔写一篇一百多字的小传。”小传，是一种简略记载人物生平事迹的文章。写人物小传，一般是为了让人们能够了解人物的生活经历、性格特点和思想状况。那么，怎样来给人物写小传呢？

《诺贝尔》这篇课文写了瑞典化学家诺贝尔为了发明炸药，把他的整个生命投入科学研究的生动事迹，表现了诺贝尔为造福人类而甘作奉献的可贵精神和从事研究一丝不苟的科学态度，塑造了一个令人崇敬的人物形象。

课文条理清楚，事例典型，用质朴的语言给我们介绍了诺贝尔的生平事迹。

课文首先写了诺贝尔奖授奖仪式举行的时间和地点，以及诺贝尔的出生地点和逝世时间。

接着，重点写了诺贝尔发明炸药的艰难过程。这部分，先概括交代诺贝尔在机械和化学方面有过许多发明，最突出的是炸药；随后，用典型的事例和生动的细节描写了诺贝尔为发明炸药所付出的代价和取得的成绩。这里，具体介绍了诺贝尔发明炸药的艰难历程：最先，他发明成功的是液体炸药，但在运输中容易爆炸；然后，他潜心研制成功了固体炸药——黄色炸药，但他不止于此；于是，他又连续不断地加紧做实验；终于研制成功了爆炸力更大的炸药。从诺贝尔发明炸药的艰难历程中，可以强烈地感受到诺贝尔这位为民造福的科学家的那种献身科学、锲而不舍、精益求精的探索精神。这种精神多么令人感佩啊！

最后，简要介绍诺贝尔立下遗嘱，设立诺贝尔奖。结尾的段落既呼应了课文的开头，又体现了诺贝尔寄希望于将来的科学发展，用诺贝尔奖来激励越来越多的人献身科学，为民造福。

学完这篇课文后，曹可艺同学利用课文提供的材料，为诺贝尔写了一篇小传：

科学的伟人——诺贝尔

1833 年 10 月 21 日，在斯德哥尔摩诞生了一位伟人——诺贝尔。他一生最突出的发明是炸药。诺贝尔为了解决人们劈山筑路之苦，最先，他发明成功液体炸药，但在运输中容易爆炸；随后，他研制成功了固体炸药；后来，他又发明了爆炸力更大的炸药。

1896 年 12 月 10 日，诺贝尔在意大利逝世。临终时，他立下遗嘱，设立诺贝尔奖，用自己的发明的奖金和专利费的年利息作为奖金，分别奖给物理学、化学、生物学或医学、文学、和平五个领域中成就最突出的人。

读了曹可艺同学为诺贝尔写的小传，你对人物小传可能有了一些感知了吧。请你再来读读《鲁迅自传》，细细揣摩鲁迅先生是怎么给自己写小传的。

鲁迅自传

我于一八八一年生于浙江省绍兴府城里的一家姓周的家里。父亲是读书的；母亲姓鲁，乡下人，她以自修得到能够看书的学力。听人说，在我幼小时候，家里还有四五十亩水田，并不很愁生计。但到我十三岁时，我家忽而遭了一场很大的变故，几乎什么也没有了；我寄住在一个亲戚家里，有时还被称为乞食者。我于是决心回家，而我的父亲又生了重病，约有三年多，死去了。我渐至于连极少的学费也无法可想；我的母亲便给我筹办了一点旅费，教我去寻无需学费的学校去，因为我总不肯学做幕友或商人，——这是我乡衰落了的读书人家子弟所常走的两条路。

其时我是十八岁，便旅行到南京，考入水师学堂了，分在机关科。大约过了半年，我又走出，改进矿路学堂去学开矿，毕业之后，即被派往日本去留学。但待到在东京的预备学校毕业，我已经决意要学医了。原因之一是因为我确知道了新的医学对于日本维新有很大的助力。我于是进了仙台医学专门学校，学了两年。这时正值俄日战争，我偶然在电影上看见一个中国人因做侦探而将被斩，因此又觉得在中国医好几个人也无用，还应该有较为广大的运动……先提倡新文艺。我便弃了学籍，再到东京，和几个朋友立了些小计划，但都陆续失败了。我又想往德国去，也失败了。终于，因为我的母亲和几个别的人很希望我有经济上的帮助，我便回到中国来；这时我是二十九岁。

我一回国，就在浙江杭州的两级师范学堂做化学和生理学教员，第二年就走出，到绍兴中学堂去做教务长，第三年又走出，没有地方可去，想在一个书店去做编译员，到底被拒绝了。但革命也就发生，绍兴光复后，我做了师范学校的校长。革命政府在南京成立，教育部长招我去做部员，移入北京；后来又兼做北京大学，师范大学，女子师范大学的国文系讲师。到一九二六年，有几个学者到段祺瑞政府去告密，说我不好，要捕拿我，我便因了朋友林语堂的帮助逃到厦门，去做厦门大学教授，十二月走出，到广东做了中山大学教授，四月辞职，九月出广东，一直住在上海。

我在留学时候，只在杂志上登过几篇不好的文章。初做小说是一九一八年，因为一个朋友钱玄同的劝告，做来登在《新青年》上的。这时才用“鲁迅”的笔名；也常用别的名字做一点短论。现在汇印成书的有两本短篇小说集：《呐喊》，《彷徨》。一本论文，一本回忆记，一本散文诗，四本短评。别的，除翻译不计外，印成的又有一本《中国小说史略》，和一本编定的《唐宋传奇集》。

阅读了以上两篇例文，你可能从中已经悟出了怎样写人物小传了吧。

人物小传一般有两类：一类是记述他人的生平事迹。像曹可艺写的就属此类。还有一类是记述自己的生平事迹。鲁迅先生写的自传就属此类。

写人物小传，首先，要交代清楚人物的一些基本情况，比如，人物的生卒年月、籍贯、身份等。否则，人家看完了小传，连人物的生卒情况，是哪里人，从事什么工作，都不知道，岂不遗憾。比如《鲁迅自传》的开篇鲁迅先生就用了几句简短的话语把自己的出生年月、籍贯、家庭的基本情况等作了清楚明白地介绍。

其次，要交代清楚人物的主要生平事迹。这是写小传的重点。小传因篇幅短小，不可能记录人物一生中的各种活动，只能选择一些最能体现人物性格特点和思想的事情来写。一般来说，要按照时间顺序组织材料，比如《鲁迅自传》就是按照时间顺序，选写了鲁迅先生求学、工作经历中的一些事情，来概括自己50年的人生经历。当然，对于典型的事情要尽可能写得详尽一些。比如，曹可艺给诺贝尔写的小传中，把发明炸药和设立诺贝尔奖写得就比较详细。

再次，人物小传要用准确形象的语言来表达。小传的语言，既可以是朴实无华的语言，也可以是生动活泼的语言，但必须要精确妥帖，要符合人物的思想及性格特点，切不能故弄玄虚，华而不实。由于人物小传短小精悍，建议你在写时尽可能运用形象生动的语言，这样显得饶有趣味，也才能更好地吸引读者。

读了《鲁迅自传》，你或许有了为自己写小传的欲望，就请你拿起笔来为自己写一篇小传吧！

驰骋想象，畅想海洋

《海洋——21世纪的希望》（苏教版语文六年级下册）这篇课文后面有一道练习题："你心目中未来的海洋是什么样子的？结合课文内容，搜集相关资料，写一篇短文。"这是一个想象作文的题目，那么，我们怎么来完成这道题目呢？

海洋与人类有密切的关系，21世纪人类迎来开发海洋、利用海洋的新时代，海洋成了人类在新世纪里的希望。学习了《海洋——21世纪的希望》这篇课文之后，张孝鸿同学写成了这样一篇短文：

未来的海洋

未来的海洋就像一座巨大无比的城市，每家人都住在"海洋球"里。"海洋球"的外形就是一个大圆球，它是用水晶橡胶制成的，就算海底火山喷发都能安然无恙。球体涂上"变色龙"防水喷漆，随时可以变换成自己想要的颜色。如果有海啸、台风等灾害来袭，"海洋球"会自动启动保护程序——先下沉到海底，然后架设钛合金支柱，这样就不用担心"海洋球"被海水卷得到处乱漂了。"海洋球"里的设施齐全——"可加压舒适床""高智能电脑""压缩游泳池""电动摇椅""海水动能机器人"等，最引人注目的就是"随心所欲传送机"了，如果你想到陆地上溜达溜达，或到朋友家玩，它就可以派上大用场。

未来的海洋里每个海域都有一个“海洋中心”，你可以到那里购物、吃喝、玩乐，还可以去海洋公园观赏各种鱼类：闪闪发光的银光鱼、绚丽的五彩鱼、憨厚可爱的胖头鱼、凶猛的大白鲨、巨大的座头鲸……还可以穿上潜水衣，和海豹、海豚、海狮一起嬉戏，还可以给它们喂食……

未来的海洋真是有趣的生活乐园！

怎么样，张孝鸿同学的想象够大胆吧。在他心目中，未来的海洋是多么神奇而有趣啊！其实，蔚蓝色的海洋一直就给人们带来美好的憧憬。一百多年前，法国科幻小说家儒勒·凡尔纳就驰骋想象，写成了《海底两万里》这部经典小说。在小说中，作者对海底世界的描绘十分精彩。这里，不妨来读读其中的一段描写。

阳光能够照亮水面以下三十英尺的海水，其强度令我吃惊。太阳的光线很容易地穿过海水，使海水的颜色变淡。离我一百米远的东西，看得清清楚楚。一百米以外，海底的颜色就像群青石似的有了细微的变化，再远些，海底呈蓝色，然后，就只有一片模糊，什么也看不清了。实在说来，我身体周围的水也只是另一种空气，比陆地上的空气密度大些，但几乎是一样清澈。往上看，我能瞥见平静的海面。

我们走在一片细沙之上。沙滩一平如镜，不像海边的沙滩那样，留着波浪造成的痕迹。像地毯似的细沙，是真正的反光镜，它以令人吃惊的强度把太阳的光线折射回去。大片大片的反射光从沙滩上反射回去，把海水照得通明。如果我肯定地说，在三十英尺深的海里，我看东西像大白天一样清楚，会有人相信吗？

当时是上午十点。太阳光还是斜的，照射着波浪起伏的海面。水中的花、岩石、胚芽、贝壳和珊瑚虫，一接触因折射而变了形的七彩阳光，就像通过棱镜似的，颜色都有些轻微变化。总而言之，绿的，黄的，橙色的，紫的，靛青的，蓝的等等各种色调的糅合，构成一个真正的万花筒，变成一个善于使用颜色的疯狂画家的调色板；这是一种奇景，令人大饱眼福！

——摘自《海底两万里》之《漫步海底平原》

漫步海底平原，欣赏如此奇妙的海底景色，怎不令人陶醉！美妙壮观的海底世界在儒勒·凡尔纳心目中充满着异国的情调和浪漫的色彩，然而，凡尔纳并没有到过海底，却能够把海底的景色描绘得这般栩栩如生，引人入胜，靠的就是他非凡的想象力。

同学们，要做好这道题目，从张孝鸿的《未来的海洋》和儒勒·凡尔纳的《漫步海底平原》的片段描写中，我们是不是可以得到以下一些启发。

第一，要了解海洋。人类只有全面认识了海洋，才能更好地去开发、利用海洋，造福人类。我们只有了解了海洋，才能满怀希望地去畅想未来的海洋。我们对心目中未来的海洋的样子的描写是建立在对课文内容的学习和搜集相关资料的基础上的。“结合课文内容，搜集相关资料”，是我们完成这次畅想的依据和基础。

第二，要驰骋想象。我们只有大胆地去想象，才能把心目中未来的海洋的样子描绘得像张孝鸿和儒勒·凡尔纳描绘得那样神丽而又动人。这其实是我们完成这次畅想最为关键的地方。

同学们，你心目中未来的海洋是什么样子的呢？请拿起笔来把它描绘出来，与大家一同分享吧！

把握特点，转换角色

《航天飞机》（苏教版语文三年级上册）这篇课文后面有一道练习题："根据课文内容，为航天飞机写一段自我介绍。"这是以航天飞机的口吻来介绍航天飞机的相关知识。

《航天飞机》是一篇很有情趣的科学童话。课文从普通飞机的视角，用拟人化的手法向我们介绍了航天飞机的基本特点和相关知识，展现了现代科学技术在航天事业上的新成果。

课文语言生动，构思巧妙。先写普通飞机在天空中自由自在地飞翔，觉得很得意。这里用"一会儿……一会儿……一会儿……"的句式，把普通飞机在蓝天下悠然自得的不俗本领表达了出来，"很得意"则表现出普通飞机有些自以为是，妄自尊大。接着写航天飞机升空的气势——"一声呼啸""腾空而起"，庞大的外形——"庞然大物""三角形的翅膀""尖尖的脑袋""方方的机尾"，极快的速度——"转眼间"就"无影无踪"，这些让普通飞机感到惊讶。然后课文通过智慧老人的话，介绍了航天飞机比普通飞机飞得"更高更快"的特点以及它能在太空中释放、回收人造卫星的特殊本领。最后写普通飞机在智慧老人的启发下，认识到自己和航天飞机各有各的长处，各有各的作用，既不应妄自尊大，也不应妄自菲薄，照应了课文的开头。

课文虽然是介绍科学知识，但是由于采用了我们喜闻乐见的童话手法，巧妙地将航天飞机的相关知识融于与普通飞机的比较之中，所以读来妙趣横生。

学习了课文，夏昕玥同学根据课文内容，为航天飞机写了一段自我介绍。我们不妨来读读：

大家好，我叫航天飞机。我虽然是个庞然大物，但是长得还是挺可爱的：尖尖的脑袋，三角形的翅膀，方方的尾巴。我飞得很高，一般飞机只能飞两万米高，而我却能飞几十万米高；我飞得很快，从东海之滨到帕米尔高原，一般飞机要飞四个多小时，而我只要飞行七分钟。我的本领可大了！我能绕着地球转圈圈，在太空中释放和回收人造地球卫星。如果卫星出了毛病，我就伸出巨大的手臂，把卫星捞回机舱，带到地面来维修。

这就是我——航天飞机。

读了夏昕玥同学写的这段话，对于如何来给航天飞机写自我介绍，我们从中也许得到了一些启发。

著名科学家高士其爷爷写过一本叫《菌儿自传》的书。在书中，高士其爷爷以妙趣横生的语言、生动活泼的形式给我们揭开细胞的不死之谜。这里不妨节选其中的一段来读读：

我的身躯，永远是那么幼小。人家由一粒“细胞”出身，能积成几千，几万，几万万细胞，变成一根青草，一把白菜，一株挂满绿叶的大树，或变成一条蚯蚓，一只蜜蜂，一头大狗，大牛，乃至于大象、大鲸，看得见，摸得着。我呢，也是由一粒细胞出身，虽然分得格外快，格外多；但只恨它们不争气，不团结，所以变来变去，总是像一盘散沙似的，孤单单的，一颗一颗，又短又细又寒酸。惭愧惭愧，因此今日自命做“菌儿”。称“儿”的原因，是因为小。

至于“菌”字的来历，实在很复杂，很渺茫。屈原所作《离骚》中，有这么一句：“杂申椒与菌桂兮，岂维纫夫蕙茝。”这里的“菌”，是指一种香木。这位失意的屈先生，拿它来比喻贤者，以讽刺楚王。我的老祖宗，有没有那样清高，那样香气熏人，也无从查考。

不过，现代科学家都已承认，菌是生物中的一大类。菌族菌种，很多很杂，菌子菌孙，布满地球。你们人类所最熟识的，就是煮菜煮面所用的蘑菇、香蕈之类；那些像小纸伞似的东西，黑圆圆的盖，硬短短的柄，实是我们菌族里的大汉。当心呀！勿因味美而忘毒，那大汉，有的很不好惹，会毒死你们贪吃的人呀。

至于我，我是菌族里最小最小，最轻最轻的一种。小得使你们肉眼，看得见灰尘的纷飞，看不见我们也夹在里面飘游。轻得我们好几十万挂在苍蝇脚下，它也不觉着重。真的，我比苍蝇的眼睛还小1000倍，比顶小一粒灰尘还轻100倍哩。

因此，自我的始祖，一直传到现在，在生物界中，混了这几千万年，没有人知道有我。大的生物，都没有看见过我，都不知道我的存在。

读了这段文字，对于如何写好自我介绍，我们可能有了更深的理解和感悟。

我们要为某一事物写一段自我介绍，要注意以下几点：

第一，把握特点。任何事物都有其自身的特点，只有把握住了这特点，我们才能把它与其他事物区别开来。这其实是写好自我介绍最为关键的地方。比如，高士其爷爷就抓住菌儿小而轻的特点，通过对比的方式给我们介绍了细菌的有关知识。

第二，转换角色。自我介绍就是以自述的形式来介绍自己，也就是要转换角色，采用拟人的手法，赋予事物以生命，让被介绍的事物开口说话，像人一样会行动、有情感。这样，写出来的自我介绍可以给人以亲切、生动、有趣之感。

第三，语言鲜活。用生动鲜活的语言来介绍事物的特点，这也是写好自我介绍的重要一环。阅读高士其爷爷的文字，我们就会发现，他的语言生动俏皮，情趣盎然，好像有一种磁性在深深地吸引着我们去读。

放飞想象绘美景

《庐山的云雾》（苏教版语文三年级下册）这篇课文后面有一道练习题：“仿照课文第二、三自然段的写法，写一处景物。”仿照课文的写法，就是以课文为例子，把我们自己的见闻、体验和想法写清楚。这是一种模拟性思维训练，是我们学习写作的一种基本方法。

《庐山的云雾》这篇课文以优美明快的语言描绘了庐山云雾千姿百态、瞬息万变的奇丽景象，字里行间流露出作者对庐山的热爱之情。

课文第二、三自然段都是采用先总后分的写法，具体形象地描绘出庐山云雾的特点。

第二自然段描写了庐山云雾千姿百态的特点。课文先是用一句话总写庐山云雾的特点——千姿百态。然后，按照“山头——山腰——山谷——山峰”的顺序，把漂浮于庐山不同方位的云雾的独特姿态具体地描写了出来。作者在这里展开丰富的想象，运用恰当的比喻，把庐山云雾的形态之美生动形象地表达了出来。比如，把“笼罩在山头的云雾”想象为“戴在山顶上的白色绒帽”，把“缠绕在半山的云雾”比喻成“系在山腰间的一条条玉带”，如此丰富的想象，如此精妙的比喻，既贴切又形象，给我们带来一种美妙的享受。

第三自然段描写的是庐山云雾瞬息万变的特点。这一段也是先概括了庐山云雾瞬息万变的特点。然后，作者通过丰富的联想，把庐山云雾变化之多、变化之快的动态之美具体形象地表达了出来。用“一缕轻烟”“一泻千里的九天银河”“四蹄生风的白马”和“漂浮在北冰洋上的一座冰山”描写出庐山云雾变化之多；以“刚刚还是”“转眼间就变成了”“明明是”“还没等你”“又变成了”等词语，强调庐山云雾变化之快。不仅如此，最后还用省略号表明庐山云雾的“瞬息万变”。这样的联想，这样的表达，既生动又传神，给我们一种如临其境、如见其行的感受。

学习了《庐山的云雾》之后，邱涵同学仿照课文的写法，写了一篇习作。

海南的海

风景优美的海南，有椰林、有棕榈、有海岛、有沙滩，那碧波浩渺的大海更给它增添了几分迷人的色彩。在海边漫步，随时都有调皮的浪花跑到脚边挠挠我的小脚丫。飞驰海上，常常有一种置身仙境、飘飘欲仙的感觉。

海南的海色彩多样。那些洁白的浪花，由远远的天际翻滚而来，就像是层层叠叠移动的楼梯；那些蓝色的海水，又像是一块巨大的蓝宝石。海水湛蓝，它是明朗的天空；海水碧绿，它是晶莹的翡翠。

海南的海千变万化。眼前的大海，前一刻还是一位温柔安详的母亲，转眼间就变成了气势逼人的雄狮；明明是艳阳高照，风平浪静，骤然间，它又风云突变，波涛汹涌，卷起巨大的浪花直扑海岸……

纯净清丽的海南，真令人流连忘返。

与《庐山的云雾》对照一下，你觉得邱涵同学的这篇习作写得怎么样？

请同学们再读读朱自清先生写的《春》的片段，细细地体会作者是如何通过丰富的想象来描绘春天的景物的。

春（节选）

朱自清

“吹面不寒杨柳风”，不错的，像母亲的手抚摸着你。风里带来些新翻的泥土的气息，混着青草味儿，还有各种花的香，都在微微润湿的空气里酝酿。鸟儿将巢安在繁花嫩叶当中，高兴起来了，呼朋引伴地卖弄清脆的喉咙，唱出宛转的曲子，跟轻风流水应和着。牛背上牧童的短笛，这时候也成天嘹亮地响着。

雨是最寻常的，一下就是三两天。可别恼。看，像牛毛，像花针，像细丝，密密地斜织着，人家屋顶上全笼着一层薄烟。树叶儿却绿得发亮，小草儿也青得逼你的眼。傍晚时候，上灯了，一点点黄晕的光，烘托出一片安静而和平的夜。在乡下，小路上，石桥边，有撑起伞慢慢走着的人，地里还有工作的农民，披着蓑戴着笠。他们的房屋，稀稀疏疏的，在雨里静默着。

这两段如诗如画的文字，以丰富的想象、恰当的比喻，生动形象地描绘出了春天的迷人景象。读着这样清新自然的文字，一幅幅美丽的图画就会在我们的眼前徐徐展开，那么温馨，那么美妙。细细品味这两段文字，我们便会发现这两段文字在写法上与《庐山的云雾》第二、三自然段有着异曲同工之妙。

第一，抓住了春风、春雨的特点。朱自清笔下的春风、春雨的特点十分鲜明，春风是轻柔的，春雨是细密的，给人以深刻的印象。

第二，把情融入景物描写之中。朱自清笔下的春风、春雨显得那么美丽动人。风中的柳枝是温柔的，风中的乐声是悦耳的，风中的气息是怡人的。那绵绵的春雨是寻常的，是飘渺而朦胧的，雨中的景色更是迷人的。作者把对春天的挚爱之情，自然而不留痕迹地融入了景物描写之中，读来回味无穷。

第三，展开了丰富的想象。朱自清的想象极其丰富，比如，把春风想象为“母亲的手抚摸着你”，把春雨比喻为“牛毛”“花针”“细丝”，这样的比喻真是令人叫绝。试想，如果没有作者丰富的想象，哪能写出如此精彩的文字！

同学们，现在正是春光明媚的时节，到美好的大自然中去走一走，用心观察，展开想象，把你眼中的美丽景色仿照课文的写法写下来。

描绘诗“景”，抒发诗“情”

改写，是一种根据原文的内容，改变表达方式的写作实践。苏教版小学语文教材四年级上册《秋天》这篇课文后面就有一道改写练习题：“选择诗歌中所描绘的一种景象，以‘走进秋天’为题，将描绘这种景象的诗句改写成一段话。”要完成这道练习，我们首先要走进诗歌中，理解诗歌所描绘的景象，体悟诗歌所表达的情感。

《秋天》这首诗歌描绘了秋天原野上流芳溢彩、生机盎然的迷人景色和丰收景象，表达了作者热爱秋天、赞美秋天的思想感情。

全诗共七小节，可分三个部分。

第一部分（第一小节），总写了秋天的特点。这里描绘了秋天的太阳和空气这两个具有代表性的景物，传达一种喜悦之情。

第二部分（第二至六小节），具体描绘了秋天的迷人景色和丰收景象。这里，先写秋风送走了火热的夏天，迎来了桂子飘香的金秋，为下文的描绘发挥先导的作用；接着，课文从不同的视角，抓住富有秋天特征的事物，描绘秋天田野上的美好景象；第三小节，是抓住“稻穗”“蝉儿”“向日葵”“野菊花”等来描绘田野的迷人风姿；第四小节，是抓住“苹果”“葡萄”来描绘果园里的成熟景象；第五小节，是抓住

"玉米""高粱"来描绘田野里的丰收景象；第六小节，概括了秋风的特点，用形象化的语言描绘了秋风、秋光改变了田野的面貌，以及人们怀着愉快的心情，在秋天的田野上辛勤劳动的动人情景。

第三部分（第七小节），描绘了秋阳明丽、黄叶降临的景象。这里，写作者在明丽的秋阳下，捡一片秋叶珍藏，表达出作者对秋天喜爱和留恋的感情。

这首诗歌以饱含真情的笔触，采用拟人化的手法，以活泼优美的语言，描绘了秋天那绚丽多彩的景象，令人心驰神往。

学了《秋天》之后，畅骏同学把诗歌中描绘田野丰收景象的诗句改写成了这样几段话。

走进秋天

秋风，吹走了夏的燥热，吹来了秋的成熟。

田野里，一棵棵粗壮的玉米横竖成行排着整齐的方阵，健硕挺拔，个个举着红缨，向人们致敬。一些调皮的玉米粒，似乎忘掉一个夏天的烦恼，急不可耐地从苞中探出了小脑袋，欣赏着外面怡人的秋色。

一株株高粱高高地举着红红的火把，威武地站在那里。一簇一簇的高粱穗儿连成一片片，就像燃烧着的火焰，火红火红的。那沉甸甸的高粱穗儿，籽粒饱满，圆鼓鼓的，在阳光下闪着亮光。在秋风中，高粱地里不时传出阵阵欢笑，一曲甘醇的酒歌已在人们的心中酿造，让人兴奋，令人陶醉。

走进秋天的田野，我们会发现迷人的秋色就在秋风中荡漾！

读了畅骏同学的改写，你有什么样的感受呢？从这样的改写中，你是否领悟到了一些改写诗歌的方法呢？

为了帮助我们更进一步地领悟改写诗歌的奥妙，文老师特地把我们在二年级学习过的高鼎的《村居》这首古诗改写成了如下一篇文章：

乡村的乐趣

早春二月，阳光明媚，春意盎然。

我走出居所，漫步在乡间小道上。看，小草在春雨的滋润下，从松软的泥土里，探出了嫩绿的小脑袋。几只欢快的黄莺在空中无拘无束地飞舞着，歌唱着。它们的舞姿是那么轻盈，歌喉是那么甜美，为迷人的春景增添了无穷的生趣。

和煦的春风徐徐地吹着，堤岸上的柳树轻轻地摇曳着嫩绿的枝条，像亭亭玉立的少女在梳理着秀发。在阳光的映衬下，柔嫩的柳枝显得光彩夺目，似乎每一片嫩叶上都有一个新的生命在颤动。

这如诗如画的春光使我沉醉了！

“放风筝喽！”一阵银铃般的童音从身后传来。寻声望去，原来是一群散学早归的孩童正手持各式各样的风筝准备去放飞。他们穿着花花绿绿的春装，脸上洋溢着灿烂的笑容。

东风吹来，孩子们一手拽着线，一手举着风筝，在草地上飞快地奔跑着。那五颜六色的风筝都陆陆续续地飞上了天空，自由自在地翱翔着。孩子们追赶着，嬉戏着……

这番欢腾的景象，似乎把我带回了那天真烂漫的孩童时代！

太阳已经偏西，仍旧不知疲倦地吐洒着光辉。眼前的那草，那莺，那柳，还有那放飞风筝的孩童，构成了一幅动人的春色图，谱成了一曲和谐的春之韵。

读了文老师这篇改写的《乡村的乐趣》，你对改写诗歌也许有了更深的理解和体会了吧。

从上述两篇例文中，我们不难看出，改写诗歌，要注意以下两点：

第一，理解诗歌的意蕴，这是改写诗歌的基础。我们知道，诗歌的语言是含蓄的，凝练的，而其表达的意蕴却是丰厚的。上述两篇例文之所以改写得精彩，是因为改写者对诗歌的内容及其抒发的情感有着正确、深刻的理解和体会。其实，只有在理解了诗歌意蕴的基础上的改写，改写出来的内容才会忠实于原诗的意蕴，与原诗的感情基调保持一致。

第二，展开合理的想象，这是改写诗歌的关键。上述两篇例文之所以能够生动地再现原诗的“景”，表达原诗的“情”，是因为改写者结合了自己的生活经验，展开了合理的想象，对诗句所描绘的景象及其表达的感情进行了具体描写和适当补充、扩展，浓墨渲染，把有韵的诗句改成了精美的文字，形象生动而鲜明，准确地反映了原诗的意境和神韵。

把握了写作秘诀，请你选择诗歌中所描绘的一种景象，以“走进秋天”为题，将描绘这种景象的诗句改写成一段话，相信精彩的文字一定会从你的笔端流淌出来！

赏诗

咂摸经典的味道

诗由心生情亦真

——赏析刘邦的《大风歌》

汉高祖刘邦曾是一个长期在市井厮混，没有读过书的人，可他却给我们留下了著名的诗篇，就是他皇袍还乡时，即兴吟诵的《大风歌》。

大风歌

大风起兮云飞扬。

威加海内兮归故乡。

安得猛士兮守四方！

《大风歌》作于公元前 196 年，此时刘邦已做了 7 年皇帝。这年，他为消灭黥布叛兵，御驾亲征。得胜回朝时，顺便回故乡一游。刘邦的故乡，即今日江苏的沛县。14 年前，他就是从这里起兵；14 年后，他成为至高无上的天子了。不过，刘邦毕竟是平民出身，懂得民间疾苦。这时他虽贵为天子，却一点也不摆架子，而是以乡里的身份亲切地同人们促膝谈心。

一连多日他大摆宴席，把父老乡亲请来，同他们一道饮酒作乐。又召集故乡少年 120 人，亲自教他们唱歌。他得意、自豪，充满了胜利的喜悦。14 年来南征北战，削平群雄，统一中原，回顾过去，展望未来，千种情怀，万般感慨，一起涌上心头。于是，他在酒酣兴浓之时，随口吟出了一首《大风歌》。他没想到自己竟作出诗来，高兴极了，当场配上音乐，自己一边敲起一种叫“筑”的乐器，一边对着众人放声唱起来。他又教那 120 名少年唱这支新歌，叫他们反复练习，同自己一起合唱。

刘邦回想 14 年前，各路起义军纷纷起来推翻暴虐的秦王朝，声势之浩大，真像“大风起兮云飞扬”啊！在起义的群雄中，我刘邦是历史的幸运儿，竟然当上了皇帝，今天我的威力可以控制整个国家了！在这个时候，回到我亲爱的故乡，是多么令人高兴啊！“安得猛士兮守四方”今日是美好的，要珍惜它，保卫它，美好的江山要有勇猛神勇的将军才能守卫，而人才多么难得啊！刘邦最大的特点，就是善于用人，他凭手下良将谋士的努力，成就帝业。现在为巩固政权，还得防止“黥布们”的图谋不轨，“安得猛士兮守四方”，除了思贤若渴之心，还有一种居安思危之感吧！

七步之诗八斗才

——赏析曹植的《七步诗》

曹丕和曹植都是曹操的儿子，且都是卞太后所生，属真正的同胞手足。因为曹植的才智高于其兄曹丕，曹操曾一度想立曹植为嗣。据《世说新语·文学》中说，曹丕（魏文帝）做了皇帝以后，因害怕曹植跟自己争夺王位，一直对他心怀忌恨。

有一次，他命令曹植要在七步之内作诗一首，如果做不到就将行以大法处死他。而曹植不等曹丕话音落下，便应声吟诵了出来：

煮豆持作羹，
漉豉以为汁。
萁在釜下燃，
豆在釜中泣。
本是同根生，
相煎何太急？

因为这首诗限制在七步之中作成的，所以后人称之为《七步诗》。

由于整首诗是在七步之内完成的，诗人的情感也经历了一个由平缓到迸发的过程。名为吟物，实则是一首带有讥讽的寓言诗。然而由于诗人与其谴责对象的特殊关系，因而诗人的口吻是委婉又深沉的，讥讽之中有提醒和规劝。这一方面反映了曹植的聪明才智，另一方面也反衬了曹丕迫害同胞手足的残忍。

据说曹丕听了这首诗以后深有惭色，这不仅因为曹植在咏诗中体现了非凡的才华，具有出口成章的本领，使得文帝自叹不如，而且由于诗中以浅显生动的比喻说明兄弟本为手足，不应互相猜忌与怨恨，晓之以大义，自然更令文帝羞愧万分，无地自容。但是，尽管曹丕听了诗心有所动，感到惭愧，但是始终害怕曹植与他争夺王位，一直将他终身软禁。

这首《七步诗》情采并茂，语言精练，用语浅显，最能够体现曹植的才华。所以，谢灵运曾这样称赞道："天下才共有一石（一石即十斗），曹子建独得八斗，我得一斗，自古及今同用一斗。"

压卷之作，千古绝唱

——赏析王昌龄的《出塞》

唐开元12年（公元724年）秋，27岁的王昌龄在京城长安科考落第，正在他失意彷徨之际，忽然接到少时好友、在云中都护府任军中斥候统领的吴吉虎的盛情之邀。吴吉虎邀请他到云中去游览，以排解胸中的郁闷。唐时的云中都护府，在现在的呼和浩特市和林格尔县境内。

王昌龄从长安出发，单骑简从，出关过河来到云中都护府。老朋友相见，格外高兴，吴吉虎在军中设盛宴款待了他。吴吉虎虽然身为武将，但从小就敬佩王昌龄的诗才，席间便向王昌龄索要诗作，王昌龄点头默许了。

第二天，吴吉虎带领几名贴身护从陪同王昌龄游览大青山。当他们登上高高的山峰，将秦城汉关尽收眼底，王昌龄望着眼前蜿蜒起伏的群山，心潮澎湃，感慨万千，胸中的郁闷也一扫而光。此时正是仲秋时节，满山的红叶在秋风中摇曳，夕阳西下，一轮明月从峰顶冉冉升起。王昌龄登上一座烽火台，举目远望，再也按捺不住心中的激情。于是，一首千古绝唱，便从他的口中流淌了出来：

出　塞

秦时明月汉时关，
万里长征人未还。
但使龙城飞将在，
不教胡马度阴山。

高亢而悲壮的韵律久久地回荡在茫茫夜色之中，吴吉虎和随从的士卒们被诗人高亢的情绪所感染，交口称赞："好诗！真是绝妙的好诗啊！"

这首诗气势博大，意境深邃，充满历史的凝重感，被后世称之为唐人七绝中的压卷之作。

明月千里寄相思

——赏析李白的《闻王昌龄左迁龙标遥有此寄》

王昌龄和李白都是唐时著名的诗人，两人是很要好的朋友。

天宝晚期一个春花凋零的暮春时节，李白忽然听到自己的好友王昌龄远贬龙标的消息，犹如晴天霹雳。眼看着杨花凋落飘零，耳听着子规悲切哀啼，李白心中不禁为流落远方的王昌龄担忧起来。怎能不令人担忧呢？五溪就已经是很偏远的地区了，而龙标却还在更荒僻的远方，朋友这一路将是多么的艰辛啊！

明月呀，我李白不能陪伴王昌龄同行，就将自己的这一片忧愁之心托寄给你，请你带着我的愁心，陪伴我的友人一路前行，一直跟随到夜郎西部，让我的朋友的旅途不孤单和不劳累。

就这样，李白遥对着朋友所在的方向，情不自禁地吟诵起这首寄给王昌龄的诗：

闻王昌龄左迁龙标遥有此寄

杨花落尽子规啼，
闻道龙标过五溪。
我寄愁心与明月，
随君直到夜郎西。

这首诗就事写景，借景抒情，是友情诗中不可多得的名篇。在诗里，李白大胆想象，直接袒露自己听到朋友被远谪后的内心情感。有道是“明月千里寄相思”，李白所寄托的是对好友身遭贬谪的同情，是对好友的担忧；是对好友的一片深情，是告慰好友的一种情怀……所有这些，真切地传达出李白得知友人遭贬后的心灵震撼以及由此而引发出来的强烈的主观感情。

悲切的怨情，唐音的典范

——赏析王之涣的《凉州词》

唐朝开元年间，王之涣与高适、王昌龄到酒店饮酒，遇到梨园歌女便请她们唱曲宴乐，以助酒兴。当时他们三人私下约定，以歌女演唱各人所作诗篇的情形定诗名高下。结果三人的诗都被歌女唱到了，而诸多歌女中最美的一位女子所唱则是王之涣的《凉州词》：

凉州词

黄河远上白云间，
一片孤城万仞山。
羌笛何须怨杨柳，
春风不度玉门关。

王之涣心中窃喜，觉得自己的这首《凉州词》在当时已成为广为传唱的名篇了。

王之涣的这首诗写的是戍边士兵的怀乡之情。写得苍凉而慷慨，悲切而雄壮，虽然极力渲染戍卒不得还乡的怨情，但是丝毫没有半点颓丧消沉的情调，充分表现出了盛唐诗人的广阔胸怀。

诗的首句抓住自下（游）向上（游）、由近及远眺望黄河的特殊感受，生动地描绘了这样的画面：辽阔的高原上，黄河奔腾而来，远远向西望去，好像是从白云中流出来的一般。次句写塞上的孤城在高山大河的环抱下，巍然屹立。这两句描写了祖国山川的雄伟气势，勾勒出这个边防重镇的地理形势，突出了戍边士卒的荒凉境遇，为后两句刻画戍守者的心理提供了一个典型环境。

在这种环境中忽然听到了羌笛声，所吹的曲调恰好是《折杨柳》，这怎能不勾起戍边士卒的离愁呢？古人有临别折柳相赠的风俗。“柳”与“留”谐音，赠柳表示留念。所以当戍边士卒听到羌笛吹奏着悲凉的《折杨柳》曲调时，就难免会触动离愁别恨。于是，诗人用豁达的语调排解道：羌笛何须老是吹奏那哀怨的《折杨柳》曲调呢？要知道，玉门关外本来就是春风吹不到的地方，哪有杨柳可折！说“何须怨”，并不是没有怨，也不是劝戍边士卒不要怨，而是说怨也没用。用了“何须怨”三字，使诗意更加含蓄，更有深意。

也许正因为《凉州词》悲切雄壮的情调，才成为广为流传的“唐音”的典型代表。

空守家园心不甘

——赏析李贺的《南园》

唐朝大诗人李贺是唐朝宗室的后裔，只是家道早已衰落，沦入寻常百姓之列。他七岁能诗文，声名远播。但因他的父亲名叫李晋肃，当时嫉贤妒能的人就说“晋肃”与“进士”音近，应该避其父讳，不能参加科举考试。虽然韩愈著《讳辨》一文为李贺辩护，但他仍没能参加科举考试，终生抑郁不得志，而且体弱多病，死时年仅二十七岁。

这位少年时代就才华横溢的诗人，被堵塞了仕途之路，有志难伸。他只好苦吟作诗，排遣自己的苦闷。生活的磨难使他未老先衰，但没有泯灭他的锐气。他的个性，他的锋芒，都完好无缺地保存在他的诗里。

他以男儿自许，壮怀激烈，绝不是偶发狂言，故作惊人之举。李贺生活的时代，唐王朝已呈衰落趋势。四方藩镇，拥兵自重，不听朝廷指挥。据史书上说，当时河南、河北五十余州，朝廷不能节制。李贺既哀叹自己赋闲乡园，又感慨国事衰微，更渴望能驰骋疆场，为国效力。实际上，他并没有弓刀马上的本事，不过抒发一下心志而已。

贞观 17 年（643 年），唐太宗诏令，在凌烟阁画上长孙无忌等二十四位功臣的肖像，这二十四人都有王侯之尊，但其中没有一个是靠读书取得优宠的地位的。这让李贺更加不能理解，他想，生命属于每个人只有一次，为什么偏偏自己的命运竟这样的悲惨。如此空守家园，他又是多么不甘心啊！

南　园

男儿何不带吴钩，
收取关山五十州？
请君暂上凌烟阁，
若个书生万户侯？

这样，抒发个人愤懑就成了李贺诗歌的一个主题。于是，李贺在家中以自己读书的地方“南园”为题，写了十三首诗来咏叹自己的感慨。

生平的第一快诗

——赏析杜甫的《闻官军收河南河北》

公元763年正月，唐代“安史之乱”的叛军头子史朝义（史思明的儿子）兵败自杀，部将田承嗣、李怀仙相继投降，河南河北相继收复，延续了七年多的“安史之乱”才彻底平息。当时在四川剑门关南逃避战乱的杜甫听到唐军胜利的消息，激情澎湃，欢喜若狂，在极度兴奋中，一改过去沉郁顿挫、含蓄蕴藉的诗风，以轻快活泼、爽朗奔放的语言，写下了这首脍炙人口的七律名作。

闻官军收河南河北

剑外忽传收蓟北，
初闻涕泪满衣裳。
却看妻子愁何在，
漫卷诗书喜欲狂。
白日放歌须纵酒，
青春作伴好还乡。
即从巴峡穿巫峡，
便下襄阳向洛阳。

诗的大意是说，我在剑门关外忽然听到消息：官军已经收复蓟北，叛乱终于平息了。刚刚听说这一喜讯，我就涕泪横流，洒满了我的衣裳。回头看看妻子儿女，他们往日的忧愁已经不知到哪里去了。我顺手卷起了案几上的书卷欢喜得几乎发狂了！面对着晴朗的天空，正应该放声高歌开怀畅饮。趁着明媚的春天还能伴随我们，正好要赶快返回家乡。我想立即顺江而下，经过巴峡穿过巫峡，再经过祖籍襄阳城，便能回到我日思夜想的洛阳了……

这首诗感情热烈奔放，节奏欢快而鲜明，如山谷之泉突泄入江，几个动作极传神地勾勒出喜极时的心情。杜甫之所以这样满心欢快，不仅仅是因为他从此可以结束颠沛流离的生活，更主要的是因为从此祖国可以重归统一，人民可以免受战乱之苦，字里行间都流露出强烈的爱国情感。难怪后人评此诗为杜甫诗中的“第一快诗”呢！

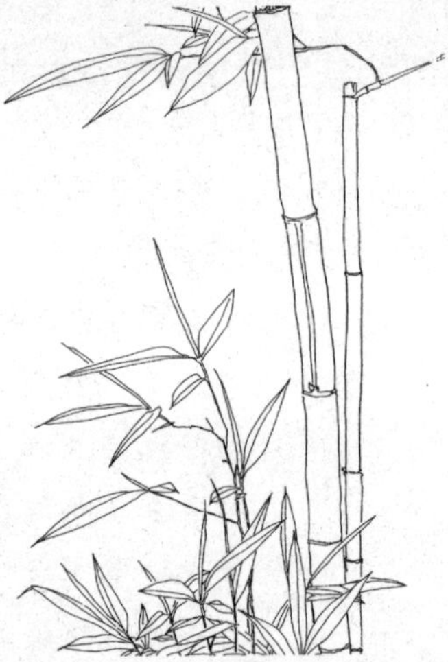

吟咏菊花，抒发情怀

——赏析黄巢的《题菊花》

自从陶渊明“采菊东篱下，悠然见南山”的名句一出，菊花就和孤标傲世的高士、隐者结下了不解之缘，几乎成了古代文人孤高绝俗精神的一种象征。然而唐朝末年的农民起义领袖黄巢对菊花却有另一番情致。

在黄巢看来，满院的菊花迎风霜开放，显出它的劲节，但时值寒秋，菊花在飒飒秋风中似乎带着寒意，散发着幽冷细微的芳香，不像在风和日丽的春天开放的百花，浓香竞发，因此蝴蝶也就难得飞来采掇菊花的幽芳了，真是开不逢时，令人惋惜。这不能不说是一件极大的憾事！假如有朝一日自己作了“青帝”，就一定要让菊花和桃花一起在春天开放。本来菊花和桃花一样同为百花之一，理应同样享受着春天的温暖，然而，菊花独处寒秋，蕊寒香冷，这实在是天公极大的不公平啊！

作为一位农民起义领袖，黄巢感到这满院的菊花就是社会上千千万万处于最底层的贫苦人民的化身。他多么希望自己领导的这次起义能够推翻旧政权，取得胜利。这样，广大劳苦大众就都能生活在温暖的春天里了。于是，他就借用菊花来抒发自己的情怀，写下了《题菊花》这首托物言志的诗：

题菊花

飒飒西风满院栽，
蕊寒香冷蝶难来。
他年我若为青帝，
报与桃花一处开。

黄巢在诗中成功地运用了比兴手法来抒写自己的豪情壮志，含蕴而不粗豪。这使得那些文人学士表达自己胸襟抱负的各种豪言壮语都相形失色。

朦胧草色胜烟柳

——赏析韩愈的《早春》

唐穆宗长庆三年（823年），韩愈写了一首小诗送给水部员外郎张籍。张籍在兄弟辈中排行十八，故称“张十八”。所以，韩愈把诗的题目定为《早春呈水部张十八员外》，这是一首清新自然、以景寓情的小诗。

早　春

天街小雨润如酥，
草色遥看近却无。
最是一年春好处，
绝胜烟柳满皇都。

这首诗的佳妙之处，尽在“草色遥看近却无”一句中，这句能传早春之神、摄早春之魂。试想，早春二月，在北方，当树梢上、屋檐下都还挂着冰凌儿的时候，春在何处？连影儿也不见。但若是下过一番小雨后，第二天，你瞧吧，春来了。雨脚儿轻轻地走过大地，留下了春的印迹，那就是最初的春草芽儿冒出来了，远远望去，朦朦胧胧，仿佛有一片极淡极淡的青青之色，这是早春的草色。看着它，人们心里顿时充满欣欣然的生意。可是当你带着无限喜悦走近去看个仔细，反而看不清什么颜色了。韩愈像一位高明的水墨画家，挥洒着他饱蘸水分的妙笔，隐隐泛出了这一抹青青之痕。

这设色的背景，全是那落在天街上的纤细小雨。透过雨丝遥望草色，更给早春草色增添了一层朦胧美，而小雨又滋润如酥。受了这样的滋润，那草色还能不新吗？有这样的背景来衬托，那草色还能不美吗？这初春草色比那满城处处烟柳的景色不知要胜过多少倍啊！是的，一年之计在于春，而春天的最好处却又在早春呀！

这首诗吟咏早春，富有无穷的美感趣味，甚至是绘画所不能及的。韩愈没有彩笔，但他用诗的语言描绘出极难描摹的色彩。如果没有锐利深细的观察力和高超的诗笔，便不可能把早春的自然美提炼为艺术美。

客行悲故乡

——赏析温庭筠的《商山早行》

一个深秋时节，应举屡屡不中的温庭筠离开了长安，奔赴襄阳投奔好友徐商。途经商山天色已晚，他就在商山的旅店住了下来。

次日大清早，他从床上起来的时候，听到院子里已响起了车马的铃铛声，旅客们要驾车上路了。他们可能一夜都没休息好，想到新的一天的奔波又要开始，心中不免又升起了一阵思乡的悲苦之情。来到院子里，远处传来雄鸡的啼鸣，看看天色，一弯残月还高悬于幽暗的天际。此时，温庭筠收拾起行装又踏上旅途，路上十分空旷、沉寂，板桥上铺满白霜，留下行人的踪迹。路边槲树的叶子落满山径，枳树的白花把驿站的墙照得亮亮的。叶花本无情，但这叶落归根怎能不撩起羁旅之人的思乡之情呢？枳花让驿墙更醒目，这怎能不使羁旅之人又倍感异乡奔波的劳顿之苦呢？

走在商山的路上，温庭筠的思绪又回到了昨晚的梦境之中，昨晚梦见自己回到了家乡杜陵，那里已是春光满园了，成群的野鸭、大雁挤满了暖暖的池塘，嬉戏游玩，自得其乐，好不惬意！可是自己却远离家乡，独自一人正在这崎岖的山路上辛苦地奔波着，心中不免涌起一丝惆怅。

走着，走着，温庭筠情不自禁地吟哦了起来：

商山早行

晨起动征铎，
客行悲故乡。
鸡声茅店月，
人迹板桥霜。
槲叶落山路，
枳花明驿墙。
因思杜陵梦，
凫雁满回塘。

一首巧状商山早行之景，尽抒羁旅思乡之情的经典诗篇就这样诞生了。

拼搏奋进的弄潮儿

——赏析潘阆的《酒泉子》

汉魏六朝以来已有观钱塘大潮之风，至唐宋大盛。每年农历八月十八日是潮汛的高潮，当时皇帝把这一天定为“潮神生日”，举行观潮庆典，场面蔚为壮观。词人潘阆有幸亲睹过这天下之奇观，历久难忘，时常梦见这个令人惊心动魄的场面。

酒泉子

长忆观潮，满郭人争江上望。来疑沧海尽成空，万面鼓声中。

弄潮儿向涛头立，手把红旗旗不湿。别来几向梦中看，梦觉尚心寒。

常常记起钱塘江大潮到来那天观潮的情景，满城的人争着到江边观看。潮水排山倒海而来，简直使人怀疑大海里的水都被倾倒在这钱塘江里了。涛声轰隆，就像万面战鼓齐敲，真是天下奇观！那些弄潮儿迎向潮头，手举红旗，出没于惊涛骇浪之中，他们腾身百变，然而红旗不湿。这种与波浪搏击的场面，蔚为奇观，令人目眩神迷，之后多次在梦中看到这场景，就连梦醒了还心有余悸呢！

钱塘观潮，撼人心魄。作为性情狂放、笔力遒劲的豪放词人潘阆，就以《酒泉子》为词牌，写下了自己回忆观潮盛况的名作。词中的一个“寒”字最见功力：观潮之情景若要如实写来哪能写尽道完？着一“寒”字，化实为虚，将种种惊险、热烈、奇伟、壮观留给别人去想象，这就收到了以一当十，以有限写无限的艺术效果。梦觉之“觉”也极有表现力。“心寒”有昔日观潮而生心寒、梦中心寒、梦觉心寒，这三者中唯梦觉心寒能涵容三者，而且梦醒之后，已明知是假，还以假为真，所以它刻画的恐惧感比梦中心寒更强烈。

豪放之人当然要写豪放之词，潘阆的这首词既状写了大潮的壮美，更赞颂了弄潮儿的英武，使全词洋溢着拼搏奋进的激情和自然伟大而人更伟大的美感。

反复推敲，一字生辉

——赏析王安石的《泊船瓜洲》

北宋诗人王安石在一次旅途中写下的《泊船瓜洲》这首抒情小诗，是千古传诵、妇孺皆知的著名诗篇。

泊船瓜洲

京口瓜洲一水间，
钟山只隔数重山。
春风又绿江南岸，
明月何时照我还？

这首小诗描写的是诗人路过瓜洲，停船过夜时，在月光下眺望江南、怀念金陵的情景。诗的首句写泊船瓜洲，近观京口的情况；次句写远望钟山，几山相隔的景象；第三句展示极目江南，绿意浓浓的春色；末句抒发何时明月，伴“我”回家的情怀。全诗由近及远，由眼前景到未来情，逐层生发，一气呵成，节奏明快，情韵悠长。但凡读过这首小诗的人一定会被其美妙的意境和真挚的感情所打动，这或许就是这首诗的魅力之所在。

这首诗最为人称道的是警句“春风又绿江南岸”，诗眼“绿”是经过诗人反复推敲，反复修改，才提炼出来的。据洪迈《容斋随笔》所载，王安石开始时写“春风又到江南岸”，觉得“到”字太一般化了，于是把“到”改为“过”字，又改作“入”字、“满”字……都不满意，改了十多次，最后才定为“绿”字。因为他觉得改成“绿”字，不仅色彩鲜明，赋予春风活泼的生命，而且形象地写出了春风与江南景物的关系，春风有色，转瞬之间染绿了江南花草树木，用这一个富有动感的“绿”字，生动而形象地渲染出春风的功力，使全诗无论从色彩、声响、形象还是从感情方面，都能够巧妙地反映出色彩亮丽的江南春色，都能够真切地表达出思念家乡的醇厚感情，从而达到“一字生辉”的艺术效果。

由此看来，好的诗篇佳作是修改出来的呀！

神奇的雨，绝妙的诗

——赏析苏轼的《六月二十七日望湖楼醉书》

宋神宗熙宁五年（1072）六月二十七日，骄阳似火，苏轼来到了位于西湖边的望湖楼上饮酒休闲。

他正在开怀畅饮，酒兴正酣之时，忽然见到天上黑云翻滚，就像浓浓的墨汁在天边翻转，远处的山巅在翻腾的乌云中依稀可辨，就在乌云压近湖面的同时，一阵如注的骤雨也随即打落了下来。大雨裹挟着白色的雨点砸在船上，水花四溅，仿佛千万颗珍珠，从天上倾倒而下。“好大的一场雨啊！”正在苏轼忘情地感受暴雨的壮观场面的时候，一阵狂风席地卷来，一下子吹散了乌云和大雨。云开日出，望湖楼下水面平静如镜，空气清新，远远望去，水天一色。

这夏日的天气变化真是太神速了，简直就像一位神奇的魔法师在变戏法一样，让人感到目不暇接！

目睹着这般颇有戏剧性变化的场面，苏轼欣喜万分，诗兴大发，于是，便借着酒兴，用跌宕起伏的笔，把夏日西湖上一场来去匆匆的暴雨景象记录了下来：

六月二十七日望湖楼醉书

黑云翻墨未遮山，
白雨跳珠乱入船。

卷地风来忽吹散，

望湖楼下水如天。

真是一首描绘神奇自然的绝妙好诗啊，尤其是“白雨跳珠乱入船”一句，最为生动传神。苏轼自己也非常欣赏这首诗，以至于他50岁时再到杭州时，特意又写诗说：“还来一醉西湖雨，不见跳珠十五年。”足见他对这首诗的喜爱。

一首富有哲理的诗篇

——赏析朱熹的《观书有感》

南宋大学者朱熹在读书后，时常有一种豁然开朗的感觉。

观书有感

半亩方塘一鉴开，
天光云影共徘徊。
问渠那得清如许，
为有源头活水来。

这首富有哲理性的诗篇写的就是朱熹读书之后的体会。他以象征的手法，借半亩方塘清澈明净的形象，来譬喻读书体会，从而将这种内心的感觉，化作可以感触的具体形象描绘了出来，既富于理趣，又充满诗情。

这首诗明丽清新，展现出一派恬静安适的田园风光。你看，半亩大小的方形池塘里的水清澈明净，就好像一面打开的镜子。这清澈的池塘是那么静谧可爱，蓝天和白云的影子倒映在水面上，池塘里，天色依旧是那么明朗，云彩还是一样在浮动。这池塘里的水为什么如此明净清澈呢？因为源头总有那永不枯竭的活水一直不停地流下来。

多么清新明快的自然风光啊！流连其间，令人心旷神怡，浮想联翩。可不是吗，大学者朱熹就把这迷人的意境给升华了，与读书融合了，于是创作出了这首绮丽的哲理诗。

朱熹在诗中道出了自己读书的领悟，他把读书给人心灵带来的畅快、清澈、活泼，以水塘和云影的映照畅叙出来了。告诉人们，人的心智也是由不断读书，不断汲取书中的新知，才能更加开阔，更加敏锐。

朱熹的这首诗，给了我们诸多启示。让我们学习朱熹，与书籍交朋友，多利用时间去阅读一些好书，做一个快乐的读书人，这样才会让我们的思想永远活泼，情操永远高雅，才思永远敏锐。

享受乡村的情趣

——赏析杨万里的《宿新市徐公店》

诗人杨万里为官清廉，曾遭奸相嫉恨，被罢官后长期村居，他对农村生活十分热爱。

暮春的一天傍晚，杨万里在一家姓徐的客店住了下来。第二天早晨，一阵阵清脆的鸟鸣，把他从梦中唤醒。他从床上爬了起来，走到窗前，卷起窗帘，推开窗户，一股清新的气息立刻飘了进来，杨万里情不自禁地深吸了几口，举目望去，田野沐浴在金色的阳光中。

杨万里走出门，信步踏上一条小路。路两边疏疏落落的篱笆，顺着蜿蜒的小路伸向远方。路边的地里菜花盛开，金灿灿的一片，蜜蜂和蝴蝶不时在菜花间飞舞着。路旁的桃花、杏花都谢了，那碧玉般的嫩叶正在枝头上悄悄地长着。

“快！快!”身后传来了孩子银铃般的喊叫声。杨万里刚要回头，几个孩子已从身边跑了过去，他不由自主地加快了脚步。原来，这几个孩子正在追赶几只黄色的蝴蝶。那些蝴蝶好像在逗他们玩，一会儿在小路上低飞，一会儿在他们头上转圈，一会儿又落在路旁的篱笆上。孩子们刚跑到跟前，那些黄蝴蝶却倏地飞走了。孩子们追呀追，眼看又追上了，蝴蝶一下子飞入了金色的菜花丛中。孩子们瞪大眼睛找呀找，怎么也找不着那些漂亮的黄蝴蝶了。它们已经融入金色的菜花之中了。

看了这番情景，杨万里情不自禁地吟了起来：

宿新市徐公店

篱落疏疏一径深，
树头花落未成阴。
儿童急走追黄蝶，
飞入菜花无处寻。

人与自然的交响

——赏析李清照的《如梦令》

李清照，一位富有鲜明个性和文化教养的才女。富于文化氛围的家庭，使她养成了舞弄文墨、吟咏花月、游怡溪塘的雅兴。

在少女时代发生的一件事情，一直留在了她的记忆中，挥之不去，抹拭不掉。

那是一个荷花盛开、气候宜人的初秋时节。

这天，李清照与邻家的几个小姐妹一起去荡舟漫游。她们划着船儿在溪亭饮酒嬉戏，个个都喝得酩酊大醉。黄昏时分，她们竟然不知道归家的路怎么走了。

就这样在沉醉未醒、意态朦胧之中，她们任由着船儿荡漾。不知不觉中，她们便随着船儿来到了一个新天地：斜阳映照着湖面，荷叶田田，藕花亭亭，清香飘溢。这幽雅适意的境界，让人爱，叫人醉，使人流连忘返。置身在这境界中，谁又忍心唤醒沉醉其中的姐妹们呢？

瞧，她们正寻路而归呢。正在这进退不便、左右两难之际，李清照从醉意迷蒙之中惊醒过来。她们还想流连在这藕花世界之中，但已暮色苍茫。要想把船儿划出这藕花深处，却又无路可通了。她们在焦急之中，不自禁发出了“怎么渡，怎么渡”的呼声。不料，这呼声惊动了栖息在湖边的水鸟，“呼啦”一声，腾空而飞。暮色苍茫的天空，突然出现一群雪白的鸥鹭，与湖面碧绿的莲叶、火红的荷花，交相辉映。宁静的湖面上空，突然奏起人声、鸟声和水声的交响乐章，这是一种多么扣人心弦、令人陶醉的境界啊！

这件有趣的事情，真让人难以忘怀啊！于是，李清照便用《如梦令》这个词牌，创作了一首词，记录下了这件值得回味的往事。

如梦令

常记溪亭日暮，
沉醉不知归路。
兴尽晚回舟，
误入藕花深处。
争渡，争渡，
惊起一滩鸥鹭。

慷慨雄健，掷地有声

——赏析李清照的《夏日绝句》

宋高宗建炎三年（1129 年）春，金人挥师南下，接连侵占了徐州等地，宋高宗赵构也从扬州渡江南逃。

就在这年，李清照的丈夫赵明诚罢守江宁府，移任湖州。这时李清照随丈夫乘舟沿江去芜湖，途经西楚霸王项羽兵败自刎处的乌江。回想当年，项羽在垓下一战，不敌刘邦，逃至乌江。乌江亭长劝他暂避江东，重整旗鼓，但是他认为“无颜见江东父老”而拔剑自刎。西楚霸王这种生为人杰、死作鬼雄的豪壮气概，着实惊天地，泣鬼神。然而宋室南渡之后，主降和主战两派斗争激烈，由于赵构无心抗战，投降派在朝中操纵着大权，中原恢复无望，民族危机日趋严重。此时，主张活得出众、死得壮烈的李清照触景生情，感慨万千，于是她借古讽今，写下了这首荡气回肠的《夏日绝句》（原名为《乌江》）。

夏日绝句

生当作人杰，
死亦为鬼雄。
至今思项羽，
不肯过江东。

这首诗起调高亢，鲜明地提出了人生的价值取向：人活着就要作人中的豪杰，为国家建功立业；死也要为国捐躯，成为鬼中的英雄。爱国激情，溢于言表，在当时确有振聋发聩的作用。南宋统治者不管百姓死活，只顾自己逃命；抛弃中原河山，但求苟且偷生。这不禁让李清照思念起了不肯“东渡”的项羽来。这是对英雄气度的张扬，更是对畏缩怯懦、苟安逃命而“南渡”的宋高宗赵构等贪生怕死之徒的无情鞭笞和辛辣讽刺。

全诗仅 20 个字，一连用了“人杰”“鬼雄”和“项羽”三个典故，但毫无堆砌之弊，因为这都是李清照的心声。如此慷慨雄健、掷地有声的诗篇，出自女性之手，实在是压倒须眉了。

倾吐心头的义愤

——赏析林升的《题临安邸》

公元1126年，金人攻陷北宋首都汴梁，俘虏了徽宗、钦宗两个皇帝，中原国土全被金人侵占。赵构逃到江南，在临安即位，史称南宋。

南宋小朝廷并没有接受北宋亡国的惨痛教训而发愤图强，当政者不思收复中原失地，只求苟且偏安，对外屈膝投降，对内残酷迫害岳飞等爱国人士；政治上腐败无能，达官显贵一味纵情声色，寻欢作乐。面对这种黑暗的现实，诗人林升为了痛斥南宋朝廷的昏庸，倾吐郁结在自己心头的义愤，表达对国家民族命运的关切，奋笔在临安城一家旅店的墙壁上题了他即兴创作的《题临安邸》这首诗。

题临安邸

山外青山楼外楼，
西湖歌舞几时休？
暖风熏得游人醉，
直把杭州作汴州。

这首诗构思巧妙，措词精当，冷言冷语的讽刺，偏从热闹的场面写起；愤慨已极，却不作谩骂之语。诗的前两句“山外青山楼外楼，西湖歌舞几时休？”抓住临安城的特征——重重叠叠的青山，鳞次栉比的楼台和无休止的轻歌曼舞。这一片虚假的繁荣太平景象怎能不使诗人林升触景伤情，感慨万端呢？不禁长叹：西子湖畔这些消磨人们抗金斗志的淫靡歌舞，不知什么时候才能罢休？

诗人林升在诗的后两句“暖风熏得游人醉，直把杭州作汴州”中，更进一步地抒发了自己的感慨。“暖风”一语双关，既指自然界的春风，又指社会上的淫靡之风，正是这股“暖风”把人们的头脑吹得如醉如迷，像喝醉了酒似的。“游人”是特指那些忘了国难、苟且偷安、寻欢作乐的南宋统治阶级。“熏”“醉”两字用得精妙无比，把那些纵情声色、祸国殃民的达官显贵的精神状态刻画得惟妙惟肖，跃然纸上。结尾的“直把杭州作汴州”，是直斥南宋当局忘了国恨家仇，把临时苟安的杭州简直当作了故都汴州。辛辣的讽刺中蕴含着极大的愤怒和无穷的隐忧。

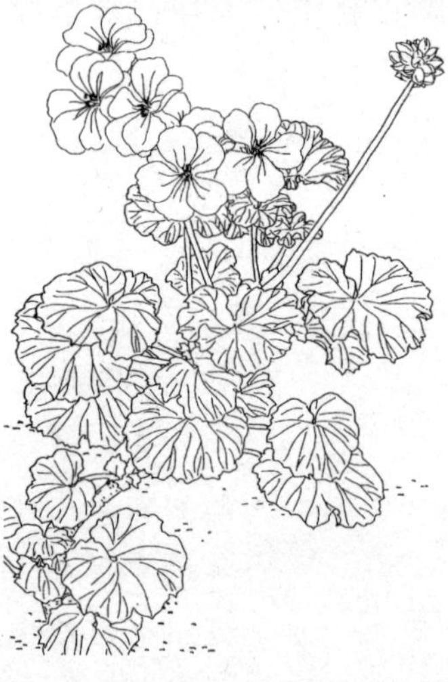

满腹哀怨，一腔悲痛

——赏析辛弃疾的《菩萨蛮·书江西造口壁》

宋高宗建炎三年（1129），由于南宋朝廷腐败无能，准备不足，金兵趁机大举南侵，如入无人之境。金兵兵分两路，一路下建康，陷临安，猛追高宗，直捣福建。另一路从湖北进军江西，紧追隆祐太后。隆祐太后由南昌仓猝南逃，直到赣州才得到喘息机会。当时，赣西一带遭受金兵的侵扰，人民的损失极其惨重。

宋孝宗淳熙三年（1176），辛弃疾在赣州任江西提点刑狱（主管司法与监察并兼管农桑）。一天，辛弃疾路过造口，登上郁孤台，目睹着郁孤台下的滔滔江水，触景生情。他不禁联想到了四十年前金兵侵扰江西时给人民造成的苦难，感到这滔滔的江水中间不知有多少难民的血泪。他举目遥望西北，只可惜长安被无数座青山遮挡着，那北方领土，包括他自己的故乡山东济南，至今还在金兵的手里。重重青山，你隔断了人们远望长安的视线，却阻拦不了江水滚滚向前，更阻止不了人们对中原沦陷地区的关怀与想念啊！江上暮色降临，青山的深处又传来几声鹧鸪鸟的鸣叫。这怎能不让人产生对江山易主却无法收复的深切悲痛和无限愁思呢？

此时此刻，千种滋味，万般感慨，就像这滔滔的江水一样从辛弃疾的心头涌起。于是，他便满怀哀怨地吟诵了起来：

菩萨蛮·书江西造口壁

郁孤台下清江水，中间多少行人泪！西北望长安，可怜无数山。
青山遮不住，毕竟东流去。江晚正愁余，山深闻鹧鸪。

漾满幸福的愉悦

——赏析辛弃疾的《西江月·夜行黄沙道中》

盛夏的夜晚，皎洁的明月把它的清辉洒在黄沙岭上，整个黄沙岭就像披上了一层薄薄的轻纱。树影迷离，光斑点点，就好像天上的星星，闪闪烁烁。

此时，辛弃疾正独自一人，漫步在黄沙岭的路上。突然，几只鹊儿扑棱棱飞起，大概是被这明亮的月光惊醒了。鹊儿惊飞，使得树枝摇曳，好像在为鹊儿的舞蹈鼓掌。清风吹拂，带来了丝丝凉意，传来了声声蝉鸣，也送来了阵阵稻花的清香和片片热闹的蛙声。听，这此起彼伏的蛙声，多么像一曲咏唱丰收的赞歌啊！倾听着这阵阵蛙声，怎能不让辛弃疾的心中漾满幸福的愉悦呢！

不知不觉中，辛弃疾走到了岭下，他抬头眺望天边，只有天边那几颗星星在闪烁着光芒。也许是月朗星稀的缘故吧，天边的那几颗显得如此耀眼，像钻石、似眼睛。看着那几颗调皮的星星，辛弃疾怎能不神思遐想呢！

突然，“滴答，滴答”一滴又一滴雨珠落进了小溪里，溅起了一朵又一朵美丽的水花，原来是头顶上的那几片乌云落下了轻微的阵雨。这滴滴答答的雨声，时而缓，时而急，时而欢快，时而悠柔，多么像一首美妙动人的催眠曲。这阵过云雨虽是大雨的预兆，但这并没有打消辛弃疾的兴致，他仍旧津津有味地一边走路，一边赏景。在小溪的桥边转弯的时候，辛弃疾忽然见到了自己久违了的旧茅店，这座茅店坐落于社庙的丛林旁，不但是观景的最佳方位，还是避雨歇脚的好地方。于是，他便加快了步伐向前走去，雨也渐渐大了……

回到茅屋，辛弃疾挥毫写下《西江月·夜行黄沙道中》这首千古绝唱。

西江月·夜行黄沙道中

明月别枝惊鹊，清风半夜鸣蝉。稻花香里说丰年，听取蛙声一片。

七八个星天外，两三点雨山前。旧时茅店社林边，路转溪头忽见。

字字含情，声声是泪

——赏析陆游的《秋夜将晓出篱门迎凉有感》

宋光宗绍熙三年（1192）秋天，当时六十八岁的陆游，回到故乡山阴（今属浙江）定居已经四年了，但是他依然时刻不忘收复北方的失地。

初秋的一天，天快要亮的时候，因为天气的闷热，加之压在心头的多年夙愿的煎熬使得陆游辗转反侧，难以入睡。于是他起身下床，步出篱门，出外乘凉，举目遥望着沦陷的中原，想到那中原的大好河山，更想到那处在水深火热之中的平民百姓。

可不是吗，浩浩荡荡的黄河水，从天边流来，一直向东奔去，注入大海。高峻挺拔的华山，屹立在西北高原，直插云霄。唉，这样的大好河山，如今已经落在了金国统治者的手里，老百姓倍受蹂躏，痛不欲生，他们把眼泪都哭干了！一天天地遥望着南方，他们多么希望南宋军队去收复中原，解救他们。可怜的人啊，就这样盼了一年又一年！

想到这里，陆游不禁心潮起伏。他是多么深切地怀念沦陷的河山和苦难的百姓；他是多么热切地盼望南宋王朝的军队能够早日收复国土，让北方人民摆脱苦难；他又是多么痛切地悲愤腐败无能的南宋朝廷……千种滋味，万般感慨，化作了这首千古传诵的绝句：

秋夜将晓出篱门迎凉有感

三万里河东入海，

五千仞岳上摩天。

遗民泪尽胡尘里，

南望王师又一年。

吟咏着这字字含情、声声是泪的诗作，陆游不觉老泪纵横……

言词谆谆，情意深深

——赏析陆游的《冬夜读书示子聿》

在一个冬天的夜晚，大诗人陆游把儿子陆聿喊了过来，让他坐在自己的身边，就读书学习的问题与儿子促膝谈心。

陆游语重心长地对子聿说："子聿呀，你要知道，学习是非下苦功不可的。古往今来但凡有所作为的人没有一个不是这样的。做学问绝对没有投机取巧可行，必须不遗余力，全心全意地学习才能获得真正的知识。"子聿听了点头称是。陆游接着说道："学习是没有任何捷径可走，青少年时期就必须苦下功夫，只有循序渐进地不断努力，日积月累，才能水到渠成，有所成就。任何梦想一夜之间成就大业的想法都是痴人说梦，绝对不可能的。"子聿听了暗下决心，对父亲说："我一定不辜负您的希望，抓紧时间，勤奋学习。"

陆游笑着又对子聿说："这很好！但是你要明白光从书本上一味地死读书终究是没有什么深度的。你只有把在书本里学到的知识放到实践中去，这样才能获得最为鲜活的知识。纸上谈兵是绝对没有用的！"子聿听了更加明白应该如何去读书了，他对父亲说："今晚，听了您的一席肺腑之言，真让我茅塞顿开呀！今后，我一定要把读书与实践紧密地结合起来，做到事事躬行，绝不做赵括式的人。"

陆游听了爽朗地笑了，对子聿说道："我送给你一首诗吧！让它时时刻刻提醒你该如何去读书与实践。"说罢，就声情并茂地吟诵起来：

冬夜读书示子聿

古人学问无遗力，
少壮工夫老始成。
纸上得来终觉浅，
绝知此事要躬行。

“好诗！真是好诗呀！”子聿情不自禁地赞叹道。

壮志未酬身先死

——赏析陆游的《示儿》

公元1210年的一天，病卧在床榻上的陆游已经三天不能说话了，他清楚地知道自己不久将离开人世，回想起一生壮志未酬，心中无限感慨。陆游生活在民族矛盾尖锐的宋代，年轻时就眼睁睁地看着金兵蹂躏中原，老百姓生活在水深火热之中。为了祖国的统一，他一心要挥戈跃马血洒疆场，但都被软弱无能的南宋朝廷拒绝了，一腔爱国之情付之东流。几十年过去了，山河依然破碎，而自己却已走到了生命的尽头。想到这里，他心潮澎湃，挣扎着坐起来，示意家人打开窗户，透过窗户翘首北望，不一会儿滴下了英雄泪。他指指书案，家里人明白他又要写诗了。儿子端过笔砚。他哆哆嗦嗦地写下了这一生中最后的一首诗：

示　儿

死去元知万事空，
但悲不见九州同。
王师北定中原日，
家祭无忘告乃翁。

诗的意思是说，当人死去后，世上的万事万物对他来说都变得毫不相干，因而用不着牵挂了。我只有一种无法排遣的悲痛，就是没能亲眼看到支离破碎的祖国重新统一。有朝一日，朝廷军队向北方挺进收复中原的时候，你们在家祭的时候，不要忘记把这件事告诉你们的父亲。

这首诗如血，如火，如泣，如诉，悲愤交集，真挚感人，堪称陆游诗中掷地有声的压卷之作。在诗中，陆游既道出了自己的毕生心事、热切盼望和坚定的信念，也寄托着把自己呼号一生“北定中原”的心愿和未了的事业要下一代来继承的愿望，希望孩儿们努力奋斗，实现遗志。陆游这种临终不忘祖国统一的情怀，感天地，泣鬼神，可谓是“忠愤之气，落落二十八字间。”

江山代有才人出

——赏析赵翼的《论诗》

赵翼是清朝著名的诗人和史学家。他积极主张诗歌创作要推陈出新，与时俱进，反对一成不变的刻意模仿。

在赵翼看来，像李白、杜甫这样的大诗人，他们的诗篇之所以能独步千古，达到不可学步的艺术高峰，是由于他们各以炉火纯青的艺术技巧展示了他们所处的那个时代。然而，滚滚向前的历史车轮早已将那个时代定格在遥远的过去了。这对于今天来说，他们所生活、描绘的那个时代早就不新鲜了，跟今天的时代有着天壤之别了。可是，总有许许多多的人还一成不变地去刻意模仿李、杜，并自以为是诗歌的正宗渊流继承者，这实在是文学的悲哀、历史的悲哀，更是时代的悲哀。

其实，一个时代应该有一个时代的文学，像唐诗、宋词、元曲、明清小说都是各时代的特色，引领时代风骚的文学样式。一个时代应该要有一个时代的诗人，历史的车轮永远都是滚滚向前的，又怎会永远的前有古人而后无来者呢？

于是，赵翼就把自己对诗歌创作的见解，以《论诗》为题表达了出来。

论 诗

李杜诗篇万口传，
至今已觉不新鲜。
江山代有才人出，
各领风骚数百年。

赵翼论诗，独具慧眼，他道出了一个亘古不变的道理——创新！可不是吗，创新是时代发展的不竭动力。赵翼论诗，也是他对富有创新能力的诗人的出现的热切期望。

充满真情的呼唤

——赏析龚自珍的《己亥杂诗》

道光十九年（1839年），按干支纪年这年为己亥年。

在这一年，48岁的龚自珍，因不满清朝官场的黑暗，辞官南归，于农历四月廿三日离开北京，七月初九回到杭州，九月十五日北上接家眷。十月廿六日抵达江苏昆山。这一年，他在往返京杭道中，共作七绝315首，统名《己亥杂诗》。

一日，龚自珍经过镇江的一座道观时，看到赛神会上的玉皇、风神、雷神等形象，不禁联想到清王朝统治下人们的思想十分压抑，社会一片死寂，人民痛苦不堪。他感到，大自然要保持生气勃勃的状态，就要有这些风神、雷神的激荡，如果总是在死气沉沉的空气中则一切都会窒息。同样，中国要重现勃勃的生机，也必须要实行重大的变革。像现在这种死气沉沉的局面，实在让人感到无限悲哀，难以忍受。天公啊，你应该重新奋发，抖擞精神，打破常规，向祖国大地降下各式各样的杰出人才，打开崭新局面，彻底改变这死气沉沉的社会现实！

这时，道观里的道士来向龚自珍求字，他借口要对庙里供的天神说话，于是就采用了象征的手法，巧妙地联系“天公”“风雷”进行构思，创作了这首感情激越的诗。

己亥杂诗

九州生气恃风雷，
万马齐喑究可哀。
我劝天公重抖擞，
不拘一格降人才。

在这首诗中，龚自珍借题发挥，极力提倡“更法”，既揭露社会的矛盾，批判黑暗的现实，更憧憬未来，充满理想，呼唤变革，呼唤人才，呼唤光明，呼唤一个生气蓬勃的全新的中国。他在诗中独辟奇境，想象奇物，别开生面，气势生动，催人奋进，使满腔爱国热情跃然其中。

江苏凤凰教育出版社
《行知工程》系列丛书目录

系列	序号	书　名	主编	定价
行思讲坛系列	1	《灵动而朴素地教语文——潘文彬的微格教育生活》	潘文彬	30.00
	2	《师爱无疆——润泽学生心灵的教育故事》	侯忠彦	30.00
	3	《怎样反思更有效——促进教师专业发展的反思策略》	诸贝贝	30.00
	4	《成为高度自觉的教育者——写给后课标时代的数学教师》	许卫兵	30.00
	5	《哲思数学课》	刘全祥	30.00
	6	《把学生教聪明》	严育洪	30.00
	7	《教师最应该规避的教育误区》	杨坤道	30.00
	8	《用语文的方式教语文——潘文彬教学主张与实践智慧》	潘文彬	30.00
	9	《怎样让阅读教学更有效 ——提升教学能力的十种读诵模式》	汪秀梅	28.00
	10	《让生命在润泽中起舞——当代小学生最需要的主题班会》	吴联星　罗　琳 冯卫东	30.00
	11	《让生命欢快拔节——当代中学生最需要的主题班会》	冯卫东　吴联星	30.00
	12	《课堂因生成而精彩——高效教学的生成智慧》	张文质	30.00
	13	《回到每一个人的生命化教育 ——张文质二甲中学教育行动录》	张文质	30.00
	14	《智慧数学课——黄爱华教学思维的实践策略》	黄爱华	30.00
教育探索者系列	15	《和雅文化——校本课程的创新构建》	汤善香	30.00
	16	《让个性绽放精彩——学校课程体系整合与创生》	谢建伟　徐淑萍	30.00
	17	《让每个学生都幸福——最能润泽生命的学校文化建设》	谢建伟　张新喜	30.00
文化班级系列	18	《做幸福的班主任》	吕　丽	26.00
生态化校园系列	19	《点燃学习的激情——构建校园生态化学习型组织》	杨树岳	30.00
	20	《课改突围——构建学校生态化教学体系》	杨树岳	30.00
信息化教学系列	21	《巧用白板教语文——信息技术与语文教学操作指南》	蒋丽清	30.00
	22	《跨越式实现高效课堂 ——信息技术与课程整合高效教学方案评析》	陈　玲　刘　禹	30.00

系列	序号	书名	主编	定价
创新教学探索系列	23	《最能培养学生探究能力的课堂——小学科学与信息技术单元整体课程实施与评价》	李怀源	30.00
	24	《最能激发学生运动天赋的课堂——小学体育单元整体课程实施与评价》	李怀源	30.00
	25	《最能提升学生艺术素养的课堂——小学艺术单元整体课程实施与评价》	李怀源	30.00
	26	《打造有生命力的课堂——“两步八环节”教学模式探索与实践》	查联智	30.00
	27	《“生命语文”探索——焕发语文生命力的思考与实践》	王自成	30.00
	28	《粘连作文教学：让习作成为有个性的自我建构》	黄瑞夷	30.00
	29	《备学式教学——在体验中建构数学思维》	单广红　范雪梅	30.00
	30	《向着自主进发——自主教育的创新实施智慧》	朱亚红	30.00
	31	《写中学——让学习更有效的学科写作教学》	钟传祎	30.00
	32	《小学科学实验总动员——大科学课堂有效提升学生创新力》	江美华	30.00
	33	《小学语文单元整体课程实施与评价》	李怀源	30.00
	34	《小学英语单元整体课程实施与评价》	李怀源	30.00
	35	《小学数学单元整体课程实施与评价》	李怀源	30.00
教育新思考系列	36	《语文教育向何处去》	王　丛	26.00
	37	《教育，就是做好普通的事》	孙志毅	27.00
	38	《走出语文的偏见——让学生体悟文本的原义》	丛智芳	30.00
	39	《让语文教学更高效——批注式阅读教学探索》	韩中凌	30.00
	40	《读写互促——探寻学以致用的语文教学》	曹　龙	30.00
	41	《跳出数学教数学——用文化融通数学教学》	马建秀	27.00
教师必读系列	42	《教师必学的16堂修养课》	武宏伟	30.00
	43	《教师不可不知的教学心理效应》	叶勇军	30.00
	44	《班主任不可不知的管理效应》	奚一琴	30.00
	45	《教师不可不知的教育心理效应》	孙　媛	30.00
	46	《校长不可不知的管理效应》	谢申刚　张金豹	30.00
	47	《成为好教师的7项修炼》	王福强　李维华	30.00
	48	《如何让学生会学习》	龙　冰	30.00
	49	《如何让学生爱学习》	周震宇　许小燕	30.00

系列	序号	书　　名	主编	定价
名师感悟系列	50	《让心灵伴着歌声成长——22位音乐名师的教育智慧》	陈　璞	30.00
	51	《超越自我的教师——32位名师的成长感悟》	李卫东　李秀伟	35.00
	52	《心灵的守护者——19位名班主任的教育智慧》	王晓松　曲文弘	30.00
	53	《名师感悟班主任有效工作艺术90例》	符礼科	30.00
	54	《名师感悟有效教学90例》	林高明　徐玉烟	30.00
教育家核心思想系列	55	《多元智能理论的本土化应用》	刘治富	30.00
	56	《大教育家最具施教力的教学思想》	白刚勋	30.00
教育管理力系列	57	《“走”出教育的精彩：走动式学校管理文化构建》	罗　军	30.00
	58	《校长兵法：学校管理四十六计》	皮大鹏	30.00
核心教学主张系列	59	《新生代语文名师核心教学主张》	许友兰	30.00
学生心理解码系列	60	《孩子问题行为一点通 ——只有好老师才知道的学生心理谜底》	严育洪	30.00
高效能教学系列	61	《让作文落地生根——提高写作实效的教学策略》	黄桂林	30.00
	62	《高效能作文教学5项修炼》	陈步华	30.00
	63	《高效能校长的10个好习惯》	张　勤	30.00
	64	《高效能教师的10个好习惯》	谢　英	30.00
	65	《高效能语文教学5项修炼》	王其华	30.00
教育求索系列	66	《思政教学的人文力量》	戴晓华	30.00
	67	《师道新说——给教育者的30条箴言》	徐　卫	30.00
中国教育变革之路丛书	68	《百年树人师何为——教师队伍建设困顿与出路》	将丽珠　李玉向	30.00
	69	《入园何时不再难——学前教育困惑与抉择》	曾晓东 范　昕　周　慧	30.00
	70	《三尺书桌何处寻——流动人口子女教育困难与破解》	范先佐	30.00
	71	《苦旅何以得纾解——高考改革困境与突破》	郑若玲	30.00
	72	《择校纠结何时了——择校问题困局与治理》	曾晓东　周文海 曾娅琴	30.00
创新教学思想系列	73	《“大问题”教学的形与神》	黄爱华　张文质	30.00

系列	序号	书名	主编	定价
校长领导力系列	74	《高品质学校生长要素》	王益民	30.00
	75	《校长高校教学领导力提升策略》	徐世贵　郭文奇	30.00
教育漫笔系列	76	《课堂，诗意地栖居》	吴书华	30.00
新思维系列	77	《教育中的“不一定”——打破教育的19种思维惯式》	严育洪	30.00
教学全手册系列	78	《小学习作教学全手册》	郭家海	30.00
	79	《中学写作教学全手册》	郭家海	30.00
	80	《情境教学操作全手册》	冯卫东	35.00
	81	《合作教学操作全手册》	李春华	35.00
	82	《探究教学操作全手册》	周新桂	35.00
	83	《自主教学操作全手册》	诸葛彪	35.00
	84	《创新教学操作全手册》	王　玮	35.00
	85	《班主任工作全手册》	刘沛华	35.00
	86	《新教师工作全手册》	周震宇	35.00
	87	《学生心理健康教育全手册》	刘海莉　刘春杰	35.00
	88	《高效教学操作全手册》	马友平	35.00
校本研修系列	89	《特色校本课程开发范例解读》	刘永平　李秀伟　张雪梅	30.00
	90	《高效校本研修模型构建艺术》	刘素雁	30.00
	91	《走向实践的教研——中小学教育科研引领与应用》	江　敏	30.00
教学提升系列	92	《有思想地教阅读——让学生学会品读文字真意》	王学东	30.00
教育艺术提升系列	93	《藏在师生体态语言里的教学智慧》	张　宇　廖生波	30.00
幼师成长系列	94	《幼儿行为背后——教师如何读懂幼儿的心思》	吴亚英	30.00
	95	《最具教育力的22种幼儿教育思想》	杨　达	30.00
	96	《幼儿教师必知的安全应急措施》	杨　达	30.00
	97	《幼儿教师必备的教育技能》	李　玲	30.00
	98	《卓越园长21条幼儿园管理策略》	周　丹　江东秋	30.00

系列	序号	书名	主编	定价
创新人才培养系列	99	《创新人才培养校园科普精品课程开发与指导——人大附中创新人才培养》	罗 滨	30.00
	100	《创新人才培养特色校本课程开发与创新人才培养——清华附中“国际安全下的科学技术”课程构建与实施》	王殿军 方 研 赵宏雁	30.00
	101	《创新人才培养：学校实验室建设与管理》	刘克文 杨发丽 杨 平	30.00
	102	《创新人才培养：数学探究活动开发与指导》	马云朋 韩继伟	30.00
	103	《创新人才培养：化学研究活动开发与指导》	王 磊	30.00
	104	《创新人才培养：物理探究活动开发与指导》	廖伯琴	30.00
	105	《创新人才培养：地理探究活动开发与指导》	张建珍 陈 澄	30.00
	106	《创新人才培养：生物探究活动开发与指导》	张迎春	30.00
	107	《创新人才培养：理念探索与思维突破》	王晶莹	30.00
教育思想者系列	108	《教育，一切从孩子出发》	黄 俭	30.00
新生代通派名师系列	109	《简约数学教学》	许卫兵	30.00
	110	《语文教学的本真——情意课堂展现母语之美》	吴建英	30.00
	111	《语文课堂的理想追求——欢快达成三维目标》	董一红	30.00
	112	《阅读教学的真髓——意象构建读出文学的真美》	祝 禧	30.00
	113	《美术教育的真谛——审美人生教育让生命绚丽成长》	陈铁梅	30.00
	114	《语文教学的理想境界——无痕教学润泽生命》	李 凤	30.00
	115	《儿童作文的本义——嬉乐作文让儿童乐并成长着》	王笑梅	30.00
	116	《名师是怎样炼成的》	王建明 王笑君	35.00